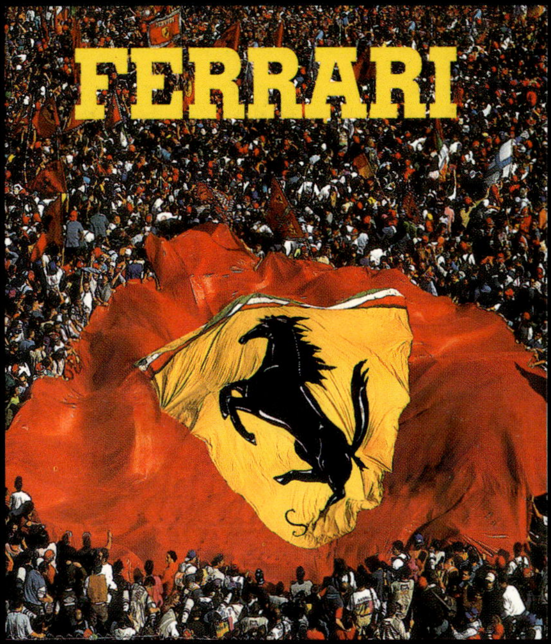

PAIXÃO E MITO

por Mike Doodson, Francisco Santos e Alberto Antonini.

A história da equipe mais carismática de todo o automobilismo. A Scuderia vista pelos homens que fizeram o mito: engenheiros e projetistas, de González a Surtees, de Scheckter a Barnard. Montezemolo e Todt. Os carros de sonho, do mítico 250GT ao F550.

23,5x28 cm – 96 págs. **BRASIL: R$39,00**

PORTUGAL: À venda nos Hipermercados MODELO e CONTINENTE.

FÓRMULA 1 98/99 *por Francisco Santos*

O primeiro anuário de FÓRMULA 1 em língua portuguesa. Publicado desde 1972 no Brasil e na Europa. Textos dos melhores jornalistas internacionais. UM LIVRO DE REFERÊNCIA. Crónicas de todos os Grandes Prémios com estatísticas e fotos. Enrique Scalabroni, engenheiro da Williams, escreve sobre os "Segredos da McLaren". Análise técnica com desenhos técnicos dos principais carros. Análise desportiva. O abandono da Tyrrell. F3000, F3, F Opel, e F Ford. Mais de 250 fotos a cores.

23x31cm - 204págs. **– Capa mole: 1.450$00 / R$34,00**

ENCOMENDAS POR TELEFONE

PORTUGAL: (01) 412.0535

BRASIL: (011) 571.2477

TALENTO - Edições, Publicidade e Promoções, Lda.
Av. General Norton de Matos, 63B - Miraflores – 1495 Algés
Tel.: (01) 412.0535/43/62 – Fax: (01) 412.0553
E-mails: talent1@IBM.net

EDIPROMO - Edições e Promoções, Ltda.
Rua Gaspar Lourenço, 567 - 04107-001 São Paulo - SP
Fone: (011) 571.2477 - Fax: (011) 570.4325
E-mails: ediprom@IBM.net

À TALENTO - Edições, Publicidade e Promoções, Lda - Av. Gen. Norton de Matos, 63B, Miraflores - 1495 Algés
À EDIPROMO - Edições e Promoções, Ltda. - Rua Gaspar Lourenço, 567 - 04107-001 - São Paulo - SP

Gostaria de receber na minha morada o seguinte livro pelo respectivo preço:

___ FÓRMULA1 98/99 a **1.450$ /** ***R$34,00*** .... ________
___ FERRARI - Paixão e Mito a ***R$39,00*** .... ________
___ TOTAL (incluindo custos de envio) .... ________

CUSTOS DE ENVIO: PORTUGAL: 1 livro - 350$; 2 a 4 livros - 500$; 5 a 8 livros - 800$.
BRASIL: *R$3,00* **–** *Seddex S. Paulo: 1 exemplar-R$6,00; 2 a 3 exs-R$7,00; 4 a 5 exs-R$8,00.*
Norte/Nordeste: 1 exemplar-R$15,00; 2 a 3 exs-R$17,00; 4 a 5 exs-R$20,00.
Outros Estados: 1 exemplar-R$10,00; 2 a 3 exs-R$13,00; 4 a 5 exs-R$16,00

Pagamento: ☐ envio Cheque ☐ Vale Postal, nominal à Talento, Lda.
☐ debitem o meu Cartão de Crédito ☐ Visa ☐ Mastercard ☐ *Credicard* ☐ *Diners* ☐ *AMEX*

nº ______ / ______ / ______ / ______ Válido até ___ / ___ pelo valor total da encomenda.

Nome ____________________
Endereço ____________________
Cód. Postal ________ ____________ Tel.: (___) ____________
CEP _____ - ____ *Cidade* ____________ *UF* ___ *Fone* (___)
RG ____________ *CIC* ____________ Assinatura ____________

AUTOCOURSE

CART™

ANUÁRIO OFICIAL

1998-99

índice

AUTOCOURSE CART WORLD SERIES ANUÁRIO OFICIAL 1998-99

é publicado por Hazleton Publishing Ltd., 3 Richmond Hill, Richmond, Surrey TW10 6RE, England.

publisher
RICHARD POULTER

autor
JEREMY SHAW

art editor
STEVE SMALL

production manager
STEVEN PALMER

managing editor
PETER LOVERING

publishing development manager
SIMON MAURICE

business development manager
SIMON SANDERSON

sales promotion
CLARE KRISTENSEN

production assistant
IMOGEN McINTYRE

chief photographer
MICHAEL C. BROWN

race car illustrations
PAUL LAGUETTE

U.S. advertising representative
BARRY PIGOT
2421 N. Center Street, Suite 128
Hickory, North Carolina 28601
Tel. and fax: (704) 322 1645

Direitos exclusivos para a língua Portuguesa adquiridos por:

© – 1999 – TALENTO,
Edições, Publicidade e Promoções, Lda.
Av. Gen. Norton de Matos, 63B
Miraflores – 1495-148 Algés – PORTUGAL
Tel.: (01) 412.0535 – Fax: (01) 412.055
E-mail: talent1@ibm.net
ISBN: 972-8065-68-X

© – 1999 – EDIPROMO,
Edições e Promoções, Ltda.
R. Gaspar Lourenço, 567
04107-001 - São Paulo - SP – BRASIL
Fone: (011) 571.2477 – Fax: (011) 570.4325
E-mail: ediprom@ibm.net
ISBN: 85-7369-

publicidade
TALENTO E EDIPROMO

traduções
HELDER DE SOUSA, CARLOS MOURA

revisão editorial
FRANCISCO SANTOS

paginação
ANA RITA BORGES, LUISA ARAÚJO

fotolitos e montagem
CSS, ATELIER GRÁFICO DE FOTOLITO, LDA

impressão e acabamento
PRINTER PORTUGUESA

fevereiro 1999
10.000 EXEMPLARES

agradecimentos

O autor e os editores querem agradecer a ajuda prestada para a criação do Anuário CART 1998-99 a: Andrew Craig, Randy Dzierzawski, Cathie Lyon, T.E. McHale, Ron Richards, Steve Shunck, Mark Tate, Mike Zizzo; Nancy Altenburg, Tom Blattler, Lisa Boggs, Susan Bradshaw, Francois Cartier, Amy Dangler, Monica Davis, Kevin Diamond, Rick Downey, Steve Fusek, Elizabeth Giacchino, Deanna Griffith, Bronko Gruichich, Jade Gurss, Jeff Hampel, Robbin Herring, Alison Hill, Christine Horne, Trevor Hoskins, Paul Laguette, Dan Luginbuhl, Michael Knight, Kathi Lauterbach, Brian Lawrence, Sean Marchant, Scott McKee, Woody McMillin, Chris Mears, John Oreowitz, Max d'Orsonnes, Paul Pfanner, David Phillips, Steve Potter, John Procida, Patty Reid, Scott Reisz, Mark Robinson, Adam Saal, Mike Sack, Jed Selkowitz, Ken Severson, Rick Shaffer, Marc Spiegel, Mike Stoller, Carole Swartz, Clayton Triggs, Brian Wagner, Kathy Weida, Carol Wilkins; e James P. Chapman, vencedor do prêmio Tamy Valkosky.

Este livro é dedicado à memória de Kenneth Dale Fox, Sheryl Ann Laster e Michael Terry Tautkus.

fotografia

As fotografias publicadas no Anuário *Autocourse CART Official Champ Car Yearbook 1998-99* tiveram o contributo de:

Michael C. Brown; Allsport USA/Al Bello/John Ferrey/Darrell Ingham/Robert Laberge/Pascal Rondeau/Jamie Squire, Dan Boyd, Wayne Johnson/At Speed Photographic, John Morris/M-Pix, Peter Nygaard/GP Photo, Jori Potiker, Team Rahal, Bryn Williams.

prefácio

por Alessandro Zanardi campeão PPG de 1998

Tudo na vida tem um fim. Para mim, meu sonho americano terminou em novembro em Fontana. Foi, no entanto, um bom final. Na verdade, parecia uma bonita história escrita por um artista da caneta cujo trabalho é chegar ao coração de todo o mundo. O meu companheiro de equipe e grande amigo Jimmy Vasser venceu a corrida de forma maravilhosa e eu pude juntar-me a ele no pódio, pois terminei no terceiro lugar. Isso proporcionou-me o 15º pódio desta temporada...nem posso acreditar! Acima de tudo, pude, uma vez mais, ver o sorriso dos "meus rapazes" como resultado da sua dedicação e trabalho duro.

Enquanto escrevo estas linhas sinto a nostalgia do que poderiam ter sido as coisas se tivesse tomado uma decisão diferente em relação ao meu futuro. Mas tomei esta e não posso culpar ninguém exceto a mim próprio. Estou deixando muitas coisas para trás, mas tenho recordações maravilhosas e, entre lágrimas e abraços, dei-me conta de todo o amor que recebi, não só dos fãs, mas também da minha equipe, a Target/Chip Ganassi Racing.
Por último, devido à minha carreira, viajei à volta do mundo durante mais de 15 anos, e esse foi, mais ou menos, o tempo que demorei a encontrar um amigo como o Jimmy.

Jimmy, aprecio-te imenso. Boa sorte. Contei-te todos os meus segredos – agora vai e mostra o que és capaz de fazer.

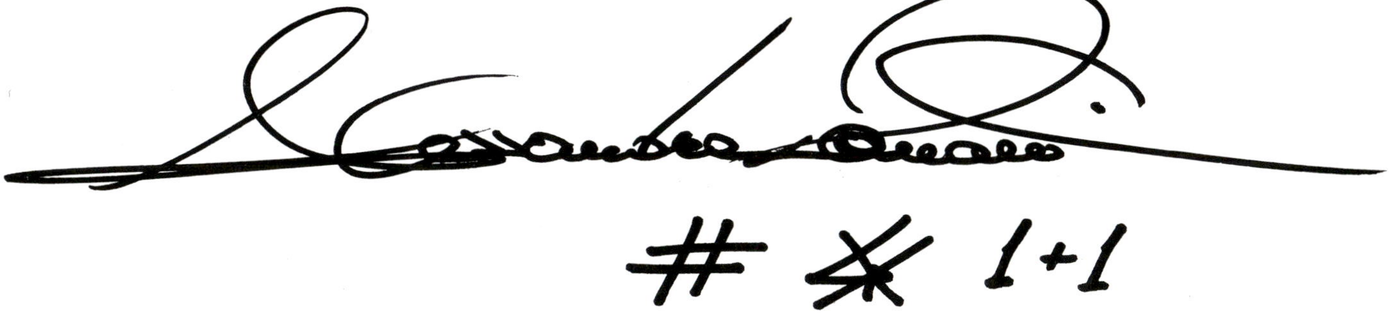

Foto: Michael C. Brown

Foto: Michael C. Brown

NOVOS TÍTULOS – VALORES TRAD

AS MUITAS voltas que deu o guião do Campeonato CART FedEx de 1998 poderia rivalizar com um campeão de vendas do New York Times. Na primeira parte da temporada, a luta pelo título PPG estava aberta a todos os pilotos, com cinco vencedores diferentes nas primeiras cinco provas e pelo menos nove pilotos a subirem ao pódio.

A qualidade da competição continuou num nível muito elevado, embora Alex Zanardi tivesse assumido o controlo do campeonato graças a um número impressionante de sete vitórias e 15 pódios em 19 corridas.

Tal como em qualquer obra prima literária, houve momentos de triunfo e tragédia. Neste caso, o primeiro esteve representado por um merecido campeão em Zanardi, e as primeiras vitórias de Dario Franchitti e Bryan Herta; mas os seus feitos pessoais foram cruelmente ensombrados pelo estranho acidente durante a U.S. 500, em que perderam a vida três espectadores: Kenneth Dale Fox, Sheryl Ann Laster e Michael Terry Tautkus.

Os pilotos, claro, e os membros das equipes entendem e aceitam que o mundo do automobilismo é perigoso por natureza; mas o fato de três fãs perderem as vidas é difícil de compreender. Só uma vez antes, em '69, morrera um espectador no Michigan Speedway, no já desaparecido circuito misto, quando um carro de Trans-Am saiu de pista. Registaram-se grandes melhorias na segurança nos 30 anos seguintes. Os espectadores estão agora protegidos por muros de contenção e redes. Infelizmente, como se viu no dia 26 de julho, os acidentes podem e virão a acontecer – e como consequência disso realizaram-se mais melhoramentos na infra-estrutura do Michigan Speedway. A altura das redes de proteção aumentou e as palas superiores foram alargadas, cobrindo mais superfície da pista numa tentativa de minimizar a possibilidade de uma roda errante possa no futuro penetrar na área das bancadas.

Felizmente, foram mais os pontos positivos do que os negativos na temporada de '98, que começou ainda antes no mês de dezembro quando o presidente da Championship Auto Racing Teams (CART), Andrew Craig, confirmou a notícia que a FedEx patrocinaria o campeonato anteriormente conhecido por PPG CART World Series. Mas melhor ainda, a PPG Industries prosseguiu o seu

Embora Alex Zanardi tenha ganho o Campeonato por uma vantagem esmagadora, o seu domínio foi ameaçado regularmente por vários adversários incluindo Dario Franchitti e Bryan Herta, que obtiveram as suas primeiras vitórias na Champ Car em 1998.

CIONAIS

envolvimento de mais de 20 anos na CART com o patrocínio do prêmio de um milhão de dólares para o vencedor do campeonato.

"A grandeza da FedEx dá credibilidade e prestígio à CART," afirmou Craig. "Este acordo permitirá que ambas as organizações se ajudem mutuamente na melhoria da imagem das nossas marcas em todo o mundo."

A nova relação proporcionou um excitante enriquecimento do portfólio desportivo da maior empresa de transportes expresso do mundo, que já patrocina a equipe Benetton de Fórmula 1, a Orange Bowl e o Torneio de Golfe de St. Jude.

"O Campeonato FedEx representa uma excelente oportunidade de levar a marca FedEx a um segmento sem igual do mercado," disse o Vice-Presidente da FedEx, David Shoenfeld. "É uma relação lógica. Ambas as organizações baseiam-se no trabalho de equipe e na tecnologia de ponta para superar a concorrência."

Para fortalecer a sua nova identidade, a CART adotou como a designação «Championship Cars» (ou Champ Cars) como nova marca do rebatizado Campeonato FedEx. O termo foi utilizado pela primeira vez nos anos 30 como meio de distinguir os carros que competiam no Campeonato Nacional de Pilotos do Automóvel Clube Americano (inaugurado formalmente em 1916) dos midgets e sprints cars que também se tinham popularizado.

"Ao chamarmos aos nossos carros Championship Cars, reforçamos a ideia que estes carros participam num campeonato nacional," afirmou Craig. "Além disso, continuamos a seguir a herança tradicional do desporto, uma herança acolhida por muitos dos nossos fãs e seguidores."

Em cada ano, o campeonato parece ir mais alto, e 1998 não foi exceção. A união com a FedEx assegurou visibilidade e credibilidade, tal como a entrada na bolsa de Nova Iorque das ações da CART antes do início da temporada em março. Curiosamente, enquanto a maioria das ações desceram no final do verão, as das CART (MPH na bolsa de Nova Iorque) continuaram a subir. A injeção de capital como resultado desta oferta de ações permitiu à CART, Inc. obter um maior controlo do seu próprio destino – ou melhor, o destino das suas estrelas – ao adquirir o Campeonato PPG-Dayton Indy Lights, o escalão de promoção da CART e o Campeonato KOOL/Toyota Atlantic, que durante mais de 25 anos constituiu outra fórmula valiosa na ascensão ao campeonato de monolugares mais prestigioso dos Estados Unidos.

"Um dos objetivos da entrada da CART na bolsa foi gerar os recursos necessários para estabelecer um sistema escalonado efetivo que permita a progressão da carreira dos pilotos," afirmou Craig. "A aquisição do Campeonato Indy Lights e do Campeonato Fórmula Atlantic ajudar-nos-á a obtermos o nosso objetivo."

Outro sinal positivo foi a inclusão no calendário da CART de duas novas provas: Motegi Twin Ring, no Japão, e Houston, no Texas. A espetacular prova japonesa, patrocinada pela Honda, marcou um novo padrão na construção e desenho de circuitos ovais. Houston revelou-se igualmente inovador em termos de circuitos temporários. Ambas as corridas tiveram grande êxito, apesar de terem sido prejudicadas pelo mau tempo – os treinos e qualificação em Motegi foram suspensos na sexta-feira devido à chuva e o grid teve de ser determinado pelos tempos dos treinos do primeiro dia, enquanto uma forte tempestade no Texas fez com que o primeiro Texaco Grand Prix of Houston fosse encurtado. A expansão do Campeonato FedEx continuará em agosto de '99 quando o ansiado Chicago Motor Speedway acolher o primeiro Grande Prêmio Target de Chicago. Uma vez mais, os promotores do evento, liderados por Chip Ganassi (o dono da equipe tricampeã) não olharam a custos assegurando instalações de primeira classe e uma prova de alta qualidade.

O calibre das corridas também deu azo a muitos artigos em '98, atingindo um novo nível de intensidade apesar do domínio exercido por Zanardi. O italiano de 31 anos assumiu o comando do campeonato a meio da temporada, igualando um feito obtido pela última vez por Al Unser Jr., em '92, tendo vencido quatro corridas consecutivas. Zanardi deixou claramente os adversários para trás e alcançou o título em tempo recorde, a quatro corridas do fim. Tornou-se no primeiro piloto desde Bobby Rahal em '86/87 a conquistar dois títulos, e dando ao dono da sua equipe, Chip Ganassi, o terceiro título consecutivo, igualando o feito de Roger Penske em '82, 83 e 84.

Zanardi era o melhor da sua classe, como o revelam os 285 pontos obtidos no campeonato, que o deixou a 116 pontos do seu companheiro de equipe, Jimmy Vasser. Esta vantagem é, no entanto, algo enganadora. Por exemplo, para sua frustração, Zanardi nunca conseguiu uma pole em todo o ano. Foi sempre batido por outros adversários. Incrivelmente, 25 dos 28 concorrentes habituais lideraram pelo menos uma volta em pelo menos uma das 19 corridas e/ou se encontraram na primeira posição da tabela de tempos e pontuaram durante uma sessão oficial.

No total, 16 pilotos conquistaram uma vitória no Campeonato PPG – e esta lista irá certamente aumentar em '99. Os estreantes deste ano, Tony Kanaan, Hélio Castro-Neves, JJ Lehto e Alex Barron, já venceram campeonatos nas etapas de formação das suas carreiras e em '98 confirmaram que são capazes de se imiscuírem entre os melhores. Mas a competitividade não se limitou apenas aos pilotos. A Honda pode ter conquistado o seu segundo título de construtores em três anos, e por uma margem bastante confortável graças aos feitos de Alex Zanardi, mas sofreu uma forte oposição por parte da Ford-Cosworth e da Mercedes-Benz/Illmor. A Toyota, entretanto, fez grandes progressos em relação os "Três Grandes". A introdução do novo motor Phase V, o RV8D, em Cleveland, em julho, trouxe um otimismo renovado ao gigante automóvel japonês, que viu todo o seu esforço recompensado com o excelente quinto lugar de Max Papis em Houston.

Nessa altura, Zanardi já havia assegurado o seu segundo título – e acabara com a especulação acerca do seu futuro confirmando o seu regresso à Fórmula 1 em 1999, seguindo os passos do campeão CART de '95 Jacques

Em Memória

Virginia Barnes, uma personagem familiar nos circuitos da Champ Car durante mais de 25 anos, faleceu a 11 de junho com 57 anos. Barnes foi cronometrista de Roger Penske e Pat Patrick nos anos 70, antes de abandonar uma bem sucedida carreira de vendedora para associar-se ao seu marido Bruce como Vice-Presidente da Barnes-Dyer Marketing em 1980. Virginia dirigiu as promoção, o marketing e as vendas de um grande número de pilotos da Champ Car, incluindo os Unser, Johnny Rutherford, Bobby Rahal, Rick e Roger Mears, Parnelli Jones, Tom Sneva, Gordon Johncock e Emerson Fittipaldi, assim como vários clientes empresariais.

Vel Miletich, um concessionário de sucesso do sul da Califórnia, começou a patrocinar corridas, carros e pilotos, como Parnelli Jones, nos anos 50. Miletich e Jones tornaram-se sócios no negócio de pneus de competição e em '67 formaram a Vel's Parnelli Jones Racing. A assim denominada super-equipe obteve um total de 53 vitórias na Champ Car, cinco campeonatos nacionais e vários triunfos na Fórmula 5000 com pilotos de primeira linha como Mario Andretti e Al Unser. Teve igualmente um papel importante no desenvolvimento da versão turbo do motor Ford-Cosworth DFV de Fórmula 1 utilizado na Champ Car em '75. O propulsor dominaria a categoria durante mais de uma década. Miletich, que faleceu a 11 de junho, tinha 73 anos.

Summer "Red" Oliver morreu a 17 de janeiro aos 94 anos. As oportunidades para os pilotos de cor eram muito poucas nos anos 20, e embora nunca tenha corrido no Indianápolis Motor Speedway, competiu regularmente como membro da Associação Automóvel de Negros Americanos numa das suas provas mais importantes, Gold & Glory Sweepstakes, no Indiana State Fairgrounds, entre '24 e '36. Posteriormente, obteve a licença de mecânico USAC e trabalhou com George Bignotti na Patrick Racing.

Larry Shinoda, que faleceu em novembro de '97, era mais conhecido como desenhador do lendário Chevrolet Corvette Stingray de '63 e o Ford Boss 302 Mustang de '69/70, mas também teve muito êxito na competição. Entre as suas criações encontram-se o John Zink Special, construído por A.J. Watson e vencedor das 500 Milhas de Indianápolis de '56, o Autolite Special de Mickey Thompson que bateu o recorde de velocidade em terra, e o Corvette GS2 com motor traseiro que mais tarde seria usado como base do Chaparral 2C de Jim Hall. A Shinoda se atribui a ideia de introduzir as barras de competição nos uniformes da equipe de Watson em '59.

Bobby Rahal (right) retired from the cockpit after a distinguished Champ Car career that spanned 17 seasons and yielded three PPG Cup titles. However, with a wave of promising young drivers such as Rookie of the Year Tony Kanaan (below) proving their mettle, the future of the series looks brighter than ever before.

Villeneuve, ao assinar um contrato lucrativo com a Williams Grand Prix Engineering. Mas o seu compatriota Papis parece preparado para continuar a tradição italiana de excelência tendo sido selecionado pelo tricampeão Bobby Rahal para pilotar o Reynard-Ford Miller Lite em '99 após este último encerrar a sua carreira como piloto.

Rahal esteve presente na CART durante 17 temporadas. Aos 45 anos era o piloto mais velho do Campeonato FedEx, mas apesar de tudo este natural do Ohio demonstrou aos seus jovens adversários que ainda não perdera qualidades. Esteve a um passo de subir ao pódio em Motegi mas um problema na porca de uma roda fê-lo embater no muro. Uma semana depois, Rahal voltou a demonstrar o seu potencial qualificando-se na primeira fila do grid de Long Beach, tornando-se um dos dez pilotos nesta temporada a ganhar um relógio Omega Speedmaster por fazer a melhor volta na corrida. Mas a atuação mais memorável de Rahal ocorreu no seu circuito, Mid-Ohio, onde empolgou uma multidão de fiéis adeptos ao terminar em terceiro lugar.

"Como afirmei sempre, vou ter muitas saudades de conduzir neste circuito," disse Rahal. "Quando o fazemos bem aqui, sabemos que fizemos algo. Após o último recomeço, cada volta foi como uma de qualificação. Faltavam 20 voltas e disse, «Que sejam as melhores 20 voltas que jamais fiz aqui», e julgo que foi verdade. Fiz a minha melhor volta a três voltas do fim. Estou muito satisfeito com a minha prova de hoje.

Os esforços de Rahal, tanto dentro como fora da pista, proporcionaram-lhe um clímax apropriado para uma carreira grande e deram origem a um dos muitos pontos altos de outra temporada de sucesso da Champ Car. O seu abandono – e a transferência de Zanardi para a Fórmula 1 – deixarão um grande vazio no automobilismo norte-americano, mas o surgimento de novas estrelas, como Herta, Franchitti, Papis e Kanaan assegurará que o futuro da categoria permanece em boas mãos.

Fotos: Michael C. Brown

FEDEX CHAMPIONSHIP SERIES 1998

PILOTOS DEZ MAIS

A constante intensidade do Campeonato FedEx da CART faz com que a ordenação dos dez melhores pilotos seja uma tarefa cada vez mais difícil. A forma mais simples seria adotar a classificação final do campeonato. Mas essa não é a forma da Autocourse. Nas páginas seguintes, o autor, Jeremy Shaw, oferece a sua classificação pessoal do melhor do melhor, tendo em conta as prestações individuais, o nível de experiência e os recursos à sua disposição.

Fotografias de Michael C. Brown

1 alex zanardi

Data de nascimento: 23 outubro, 1966

Residência: Montecarlo, Mônaco

Equipe: Target/Chip Ganassi Racing

Chassis/Motor/Pneus: Reynard/Honda/Firestone

Corridas disputadas em 1998: 19

Classificação no campeonato: 1°

Vitórias: 7; Poles: 0; Pontos: 285

ALESSANDRO Zanardi arrasou no Campeonato FedEx, ganhando comodamente pela maior margem na história da CART. O italiano era a medida com que todos os seus adversários comparavam os seus resultados. A rodadas (donuts) realizadas após cada vitória converteram-no no favorito dos fãs, enquanto que o seu encanto, bom humor e facilidade de comunicação tornaram-no num dos focos de atenção da imprensa. Paradoxalmente, apesar da sua percentagem de vitórias (15 em apenas 51 corridas), Zanardi não era necessariamente o piloto mais rápido de 1998. Foi pole provisória em três ocasiões, mas para sua frustração não pode acrescentar nenhuma às 10 conquistadas nos dois anos anteriores. Não era preocupante. As sete vitórias e os 15 pódios proporcionaram uma ampla recompensa.

A sua principal qualidade foi saber aproveitar todas as oportunidades que apareceram, tanto na forma de erros dos outros como o bom trabalho dos mecânicos de Rob Hill, que lhe deram sempre um carro com uma grande fiabilidade. A única corrida que não terminou foi a de Motegi, onde sofreu um acidente.

Zanardi mostrou-se especialmente satisfeito com a sua vitória em Long Beach onde, depois de perder uma volta, recuperou até ultrapassar Bryan Herta nos últimos instantes. Foi igualmente impressionante na última corrida da temporada em Fontana. A sua aversão aos circuitos ovais de alta velocidade é bem conhecida, e ele teve alguns problemas no início com o acerto do seu monoposto. Alguns críticos poderiam ter afirmado que ele poderia ter optado pela auto-preservação e parado o carro ou não arriscar, andando moderada e seguramente até ao final da corrida, pois há muito tempo que sabia que o campeonato já era seu. Mas esse não é o estilo de Zanardi. Sua única ideia era ganhar a corrida. Não o conseguiu por uns metros, mas tinha dado o seu melhor.

dario franchitti

2

Data de nascimento: 19 maio, 1973

Residência: Edimburgo, Escócia

Equipe: Team KOOL Green

Chassis/Motor/Pneus: Reynard/Honda/Firestone

Corridas disputadas em 1998: 19

Classificação no campeonato: 3º

Vitórias: 3; Poles: 5; Pontos: 160

A PRIMEIRA temporada de Dario Franchitti com Carl Hogan quedou-se por apenas nove pontos e um terceiro lugar na classificação de rookie do ano. Além da pole em Toronto, não houve muito que celebrar. Mas Barry Green apercebeu-se de um enorme potencial. Hogan deu-se conta disso quando Franchitti anunciou que ingressaria na equipe KOOL Green em 1998.

Era uma relação perfeita. O jovem escocês estabeleceu rapidamente uma boa relação com seu companheiro de equipe, Paul Tracy, e com o novo diretor técnico, Don Halliday. Houve alguns percalços nas primeiras corridas, principalmente porque Franchitti ainda não se sentia à vontade nas ovais. Mas deixou a sua marca nas ruas de Long Beach com uma ultrapassagem muito oportuna que lhe deu o segundo lugar. Foi pole no Rio. O passo seguinte deu-se em Milwaukee, onde trabalhou com Haliday para superar uns problemas de estabilidade e depois terminou no quarto lugar – de longe o melhor resultado obtido num circuito oval. Em 11 das 12 corridas seguintes Franchitti andou sempre entre os quatro primeiros, acabando por ascender do oitavo até ao terceiro lugar. Parecia estar destinado a acabar em segundo lugar, mas o seu motor quebrou enquanto se encontrava em segundo na última corrida em Fontana.

Franchitti alcançou um recorde estupendo nos treinos, incluindo cinco pole positions e outras quatro primeiras filas. A sua primeira vitória surgiu em Road América, graças a uma grande combinação de velocidade e estratégia. Na prova seguinte, em Vancouver, conseguiu outra vitória após uma brilhante ultrapassagem a, nada menos, que Michael Andretti, nas últimas voltas. O terceiro triunfo deu-se em circunstâncias completamente diferentes, em Houston e com umas condições atmosféricas espantosas. Nesta altura, Franchitti tinha-se convertido no sucessor natural de Zanardi. Estará entre os favoritos ao título de 1999.

jimmy vasser

3

Data de nascimento: 20 novembro, 1965

Residência: Las Vegas, Nevada

Equipe: Target/Chip Ganassi Racing

Chassis/Motor/Pneus:

Reynard/Honda/Firestone

Corridas disputadas em 1998: 19

Classificação no campeonato: 2º

Vitórias: 2; Poles: 2; Pontos: 169

JIMMY Vasser fez durante a temporada de '98 uma demonstração do que é capaz de fazer. O californiano começou a temporada com muita rapidez, classificando-se em terceiro em Homestead e conquistando a pole em Motegi. Mas nas corridas teve pouca sorte: na Florida sofreu uma perda de potência e um atraso durante o último reabastecimento no Japão, quando o motor morreu, à entrada do box, sem combustível. Vasser voltou à corrida na sétima posição. Também em Long Beach houve uma decepção, pois não acertou com a regulagem do carro nos treinos de sexta-feira, e a chuva impediu-o de melhorar no sábado. Depois de largar do 20º lugar, empenhou-se a fundo e terminou em oitavo.

Vasser não tem a mesma personalidade – nem dentro nem fora do carro – do seu célebre companheiro de equipe, Alex Zanardi; mas atrás da sua imagem descontraída esconde-se uma forte personalidade de vencedor. O seus críticos dizem que não consegue igualar o andamento de Zanardi. Bem, em 1998, ele qualificou-se à frente do seu companheiro de equipe em 12 das 19 corridas. A posição média de Vasser no grid, 6,05, foi apenas batida por Franchitti com 5,58 (a média de Zanardi foi de 6,84). Mostrou-se competitivo nas quatro disciplinas que compõem o Campeonato FedEx: circuitos permanentes, circuitos urbanos, ovais curtos/médios e ovais de alta velocidade. No passado, o californiano residente em Las Vegas teve problemas com as ovais curtas, mas este ano desapareceram. Mostrou-se muito satisfeito depois de obter bons resultados nas ovais de uma milha de Milwaukee e Nazareth. Também venceu no California Speedway, fazendo um final perfeito de corrida e deu o troco a Greg Moore, que, em julho, ultrapassara Vasser numa manobra idêntica na última volta do Michigan Speedway. A vingança foi especialmente doce, pois a corrida de Fontana dava ao vencedor um prémio de um milhão de dólares!

greg moore

4

Data de nascimento: 22 abril, 1975

Residência: Maple Ridge, Canadá

Equipe: Player's Forsythe Racing

Chassis/Motor/Pneus:

Reynard/Mercedes/Firestone

Corridas disputadas em 1998: 19

Classificação no campeonato: 5º

Vitórias: 2; Poles: 4; Pontos: 140

QUE BOM seria se Greg Moore tivesse conseguido obter na segunda metade do campeonato os mesmos resultados que na primeira! Com apenas 22 anos em março, no início da temporada, no sul da Florida, Moore era um dos favoritos. E demonstrou-o porque conquistou a pole em Homestead, na primeira corrida, e terminou sucessivamente em segundo, quarto, sexto, terceiro, primeiro e terceiro, nas seis primeiras provas do ano. Tal consistência é própria dos campeões. Entretanto, demonstrou a mesma precocidade que tinha caraterizado as suas primeiras duas temporadas na Champ Car; contentar-se-ia com o segundo lugar se achasse que isso era o mais conveniente. Além disso, tirando partido de um carro dobrado ultrapassou o dominante Zanardi nas últimas voltas da corrida do Rio, demostrando ser igualmente capaz de fazer manobras de autêntico maestro.

Moore liderou a classificação do campeonato durante algum tempo e brigou taco a taco com Zanardi até à nona prova em Portland, onde, depois de se ter qualificado num modesto 13º, a sua jovem impetuosidade superou o discernimento e freou muito tarde na primeira curva. Moore eliminou-se a si próprio e a três outros pilotos. Nesse momento ninguém sabia, mas era o início do fim das suas pretensões ao título.

Esteve envolvido em acidentes em quatro das sete corridas seguintes e teve de abandonar em outras duas devido a problemas mecânicos. Contudo, no meio daquela sequência de desastres, surgiu uma maravilhosa vitória em Michigan. Mais tarde, em Fontana, ficou a uns centímetros de uma segunda vitória em ovais de alta velocidade. Se analisarmos a temporada de uma outra perspectiva, Moore foi o mais rápido dos pilotos Mercedes em 10 das 19 corridas. A sua qualificação média no grid (6,63) só foi batida por Franchitti e Vasser. Resumindo, o jovem era rápido.

5 adrian fernandez

Data de nascimento: 20 abril, 1965

Residência: Paradise Valley, Arizona

Equipe: Patrick Racing

Chassis/Motor/Pneus:

Reynard/Ford/Firestone

Corridas disputadas em 1998: 19

Classificação no campeonato: 4°

Vitórias: 2; Poles: 1; Pontos: 154

ADRIAN Fernández foi a revelação da temporada. Ele amadureceu muito durante os dois anos que esteve na Tasman Motorsports de Steve Horne, embora, depois de alcançar a sua primeira vitória em Toronto em '96, se tenha visto forçado a suportar uma campanha desesperadamente decepcionante em ´97 com o chassis Lola. No final da temporada, ambos decidiram seguir caminhos diferentes.

Contudo, debaixo do ar de pessoa afável, encontra-se uma determinação de aço; Fernández estava decidido a demonstrar que poderia voltar ao melhor nível. Depois de manter conversações com várias equipes, decidiu que a melhor opção para ele e para os seus leais patrocinadores, Tecate Beer e Quaker State Oil, era com Pat Patrick. Foi uma decisão sensata. Fernández já tinha começado a recuperar a sua confiança destroçada no final da temporada de 97 com uma excelente corrida que o levou ao terceiro lugar em Fontana, onde a sua causa foi ajudada por um novo conjunto aerodinâmico da Lola. A sua experiência inicial com a nova equipe, incluindo o próprio Patrick, o veterano diretor geral Jim McGee, o diretor de equipe Steve Newey, o engenheiro de corrida John Ward e o chefe de mecânicos Mike Seles, foi igualmente animadora. O mesmo se passou com os testes de inverno, onde se bateu bem face ao seu companheiro de equipe Scott Pruett.

O simpático mexicano começou a temporada com um sólido sexto lugar em Homestead, e depois alcançou uma magnífica vitória em Motegi, tendo assumido a liderança do campeonato pela primeira vez na sua carreira. Fernández continuou a obter bons resultados. Bateu Pruett nas qualificações por 12 vezes, conquistando sua primeira pole em Michigan, e manteve-se praticamente até ao final do campeonato na disputa pelo título. Na verdade, se não tivessem sido os dois erros (em Nazareth e em Portland), além de um infeliz e trágico acidente em Michigan, ele poderia ter terminado acima do quarto lugar na classificação final.

6 michael andretti

Data de nascimento: 5 outubro, 1962

Residência: Nazareth, Pennsylvania

Equipe: Newman/Haas Racing

Chassis/Motor/Pneus: Swift/Ford/Goodyear

Corridas disputadas em 1998: 19

Classificação no campeonato: 7º

Vitórias: 1; Poles: 1; Pontos: 112

OH, o que poderia ter sido! Michael Andretti começou o ano com uma prestação categórica em Homestead e permaneceu como um dos pilotos a bater durante todo o campeonato. Liderou nove corridas com um total de 468 voltas, apenas menos 31 que o campeão Zanardi. Mas as suas aspirações foram afetadas por uma série de cruéis incidentes. No Japão, um erro de cálculo levou-o a ficar sem combustível enquanto liderava. Uma semana depois, em Long Beach, a câmara de bordo no carro de Andretti mostrava imagens de danos na roda dianteira esquerda; mas em vez de o chamar aos boxes, a equipe optou por deixar a decisão para Andretti. Umas voltas depois, o pneu rebentou a alta velocidade na Shoreline Drive. Andretti teve sorte em sair ileso do acidente. Em Nazareth, diante do seu público, Andretti parecia ter ultrapassado os revezes anteriores até que, incrivelmente, uma descida na temperatura ambiente num restart apanhou-o desprevenido e ele rodou contra um muro.

Por direito, após quatro corridas, Andretti deveria estar na liderança do campeonato com uma clara vantagem. Todavia, encontrava-se num modesto oitavo lugar. Existiram muitas outras decepções. Em Gateway fazia uma boa prova até ser superado por Zanardi no último reabastecimento; em Milwaukee discutia a vitória até bater em Carpentier; em Portland foi posto fora de prova por um super-zeloso Moore; perdeu o segundo lugar em Road America quando um pneu rebentou a mais de 300 km/h, na última volta...apenas uma semana depois do seu horroroso acidente em Mid-Ohio. Como se tudo isso não fosse suficiente, sua temporada terminou com um bizarro problema em Houston, com um toque em Tracy na Austrália e um erro enquanto discutia a liderança em Fontana. Não é de admirar que parecesse ter um nervosismo miudinho.

7 tony kanaan

Data de nascimento: 31 dezembro, 1974

Residência: Miami, Florida

Equipe: Tasman Motorsports Group

Chassis/Motor/Pneus: Reynard/Honda/Firestone

Corridas disputadas em 1998: 19

Classificação no campeonato: 9º

Vitórias: 0; Poles: 0; Pontos: 92

DESDE que conseguiu um lugar na equipe Marlboro Latin América de Indy Lights de Steve Horne na temporada de 96, nunca houve qualquer dúvida que Tony Kanaan iria ser um piloto de primeira linha no Campeonato FedEx. Venceu duas corridas na sua primeira temporada no "Campeonato Oficial de Formação" da CART e conquistou o título em ´97.

A intenção original de Horne para Kanaan era que este se graduasse na Champ Cars como companheiro de equipe do seu compatriota André Ribeiro. Mas quando Ribeiro decidiu deixar a equipe e a Honda comunicou que só forneceria motores para um carro, foi tomada a decisão de avançar só com Kanaan. O jovem de 23 anos teve um dura aprendizagem, mas beneficiou da grande experiência da equipe Tasman. Kanaan não se destacou muito no início do campeonato, sobretudo após o susto na corrida inaugural de Homestead onde sofreu um forte acidente quando andava atrás de Al Unser Jr. Ressurgiu com um excelente sexto lugar em Motegi e confirmou essa prestação com um quinto lugar uma semana depois em Long Beach. Ele continuou a fazer progressos ao longo do ano.

O radiante sorriso de Kanaan e o seu intenso sentido de humor, sem esquecer o seu nariz proeminente, fizeram-no destacar. É muito popular junto dos fãs, da imprensa e, de fato, entre a maioria dos seus pares. Mais importante, ganhou rapidamente o respeito de todos. Kanaan alcançou todos os seus objetivos – ganhou o troféu Jim Trueman Para o Rookie Do Ano, um pódio (na realidade foram dois, em Laguna Seca e Houston) e terminou o campeonato entre os dez primeiros. Mas isso não foi tudo: por uma ampla margem foi o melhor classificado entre os brasileiros. E isto é apenas o princípio.

bryan herta

8

Data de nascimento: 23 maio, 1970

Residência: New Albany, Ohio

Equipe: Team Rahal

Chassis/Motor/Pneus: Reynard/Ford/Firestone

Corridas disputadas em 1998: 19

Classificação no campeonato: 8º

Vitórias: 1; Poles: 3; Pontos: 97

ESTE era o ano em que se esperava que Bryan Herta desse o grande salto e se convertesse num candidato ao título. Bem, Herta deu o salto. Alcançou a tão ansiada primeira vitória da sua carreira em Laguna Seca – na 70ª corrida desde a sua estreia em 1994. Este triunfo foi obtido com estilo, pois Herta superou o seu eterno rival, Zanardi, num duelo limpo, roda a roda, até à linha de chegada. Não poderia ter sonhado com uma forma mais satisfatória de obter aquela sua primeira vitória.

A capacidade de Herta para conduzir rapidamente nunca esteve em dúvida. Venceu campeonatos no karting, Fórmula Ford, Barber Saab e Indy Lights durante as etapas de formação da sua carreira, e já discutira a vitória em diversas corridas na Champ Car. Conquistara três pole positions antes de '98, um número que dobrou após as qualificações em Long Beach, Portland e, pelo segundo ano consecutivo, Laguna Seca. Mas a esperanças de brigar pelo título não se materializavam.

Não foi por não tentar. Herta qualificou-se na frente do seu companheiro de equipe Bobby Rahal em 16 das 19 provas e acumulou a quarta melhor média de posições no grid (7,10), um pouco atrás de Zanardi. À sua primeira vitória seguiram-se dois terceiros lugares e pontuou sempre que viu a bandeira de xadrez. O problema é que não terminou as vezes suficientes. Abandonou em oito provas – e devido a uma série de razões, incluindo problemas de embreagem (Motegi), uma falha no motor (Detroit), problemas de estabilidade do carro (Gateway), dois erros crassos (Cleveland e Road América) e três colisões (Mid-Ohio, Vancouver e Fontana), nos quais pode ter sido ou não o culpado.

max papis

9

Data de nascimento: 3 outubro, 1969

Residência: Newport Beach, California

Equipe: Arciero-Wells Racing

Chassis/Motor/Pneus: Reynard/Toyota/Firestone

Corridas disputadas em 1998: 19

Classificação no campeonato: 21°

Vitórias: 0; Poles: 0; Pontos: 25

FOI por um bom motivo que Max Papis foi eleito pelos seus pares como o Piloto Que Mais Melhorou. Esta honra teve um significado especial tendo em conta que superou Dario Franchitti na votação final.

Os resultados do alegre italiano também chamaram a atenção de Bobby Rahal, que recebeu inúmeros currículos enquanto procurava um substituto para ocupar o seu lugar em 1999. Jimmy Vasser, Gil de Ferran e Richie Hearn eram considerados os principais candidatos. No final, nenhum dos três estava disponível. Rahal optou por escolher Papis.

Curiosamente, a notícia foi acolhida com surpresa por algumas pessoas. Não deveria ter sido assim. Quem tivesse acompanhado o campeonato, poderia ter visto a ascensão de Papis. Claro, antes da divulgação a 31 de agosto, o seu melhor resultado em dois anos (e 34 corridas) era um oitavo lugar em Michigan em '97. Mas há que ter em conta as circunstâncias: tinha sido prejudicado pela submotorização e excesso de peso do motor Toyota. À medida que avançava a temporada de '98, a Toyota começou fazer grandes progressos. Papis também. Desde a corrida de Nazareth em abril, suas prestações poderiam ser comparadas diretamente com as de Robby Gordon, cuja velocidade pura nunca fora questionada. Papis bateu 11 vezes Gordon nas qualificações contra as quatro deste; foi o piloto Toyota mais rápido nas qualificações em 15 das 19 provas. Em Detroit, em junho, aproveitou as condições meteorológicas para assegurar a pole provisória; mais tarde, em Houston, debaixo de chuva, terminou num brilhante quinto lugar. Obteve também a segunda melhor volta.

Um homem muito amável sempre com um sorriso no rosto, Papis fez muitos amigos desde que se mudou para os Estados Unidos. Melhor do que isso, tem corrido bem e aprendido muito. Agora está pronto para ganhar.

10 gil de ferran

Data de nascimento: 11 novembro, 1967

Residência: Fort Lauderdale, Florida

Equipe: Walker Racing

Chassis/Motor/Pneus: Reynard/Honda/Goodyear

Corridas disputadas em 1998: 19

Classificação no campeonato: 12°

Vitórias: 0; Poles: 0; Pontos: 67

É SEMPRE difícil terminar uma classificação dos dez mais. Inevitavelmente, diversos pilotos ficaram muito perto e todos têm sólidas credenciais para serem incluídos. Nesta temporada existem três candidatos que merecem ser mencionados.

Scott Pruett ultrapassou várias dificuldades na primeira parte do campeonato para conseguir terminar oito corridas consecutivas entre os dez primeiros, incluindo dois segundos lugares. A sequência foi quebrada por um problema de motor em Road America. Pruett foi regular em vez de espetacular. Não obteve qualquer vitória e liderou apenas durante duas voltas, mas a sua persistência foi recompensada com um sexto lugar no campeonato. Richie Hearn, entretanto, conseguiu muito com pouco para a equipe de John Della Penna. O seu dia chegará.

Gil de Ferran, porém, ganha a distinção apesar de só ter terminado em 12° no campeonato. O resultado final não é representativo das suas atuações. Com efeito, a paciência do brasileiro foi posta à prova por todo um conjunto de problemas mecânicos e por azares. Liderou cinco corridas num total de 126 voltas e esteve em posição de ganhar em várias ocasiões. Em Homestead, por exemplo, as suas esperanças desvaneceram-se quando uma arriscada estratégia não deu certo; em Long Beach seu câmbio falhou. Terminou apenas uma das últimas nove corridas e, mesmo então, depois de uma grande atuação em Surfers Paradise, perdeu a oportunidade de terminar entre os cinco primeiros como resultado de ter entrado nos boxes nas últimas voltas para reabastecer.

De Ferran foi um dos responsáveis pelo trabalho de desenvolvimento da Goodyear. Foi uma tarefa que apreciou. Mas, apesar dos pneus serem substancialmente melhores do que em '97, pareciam funcionar melhor no chassis Swift do que no Reynard, especialmente nas ovais. Esperam-no tempos melhores.

ZANARDI SAI PELA

PERFIL DE ALEX ZANARDI

PORTA GRANDE

por David Phillips

Foto: Michael C. Brown

CHEGOU à CART no New Hampshire International Speedway, no verão de 1995. À primeira vista, o tímido e pouco conhecido refugiado da Fórmula 1 não parecia diferente de todos os europeus que chegam à CART em cada agosto, atraídos pelas histórias de que existem lugares para jovens pilotos com talento. Thierry Boutsen, Olivier Beretta, Michele Alboreto, Maurício Sandro Sala, Derek Warwick, Ivan Capelli... e a lista continua.

Mas Alessandro Zanardi era diferente. Chegou a Nova Inglaterra com o selo de aprovação da Reynard Cars Racing e, para o deixar claro, tanto Adrian Reynard como Rick Gorne aproveitaram esse fim de semana para apresentar Zanardi à gente do paddock da CART. Era o momento em que o também protegido da Reynard, Gil de Ferran, disputava com Christian Fittipaldi o título de Rookie do Ano. Com um padrinho com a influência de Reynard, Zanardi chamou a atenção de proprietários como Cal Wells e Chip Ganassi que estavam à procura de um piloto para a suas equipes.

Um teste após o final da temporada com a equipe Target Racing, em Homestead, convenceu Ganassi que tinha encontrado o seu homem.

A equipe tivera algum êxito nos seis anos anteriores, mas, porém, não tinha entrado para a elite. Ganassi tinha mudado em várias ocasiões o seu pessoal antes de ficar com Tom Anderson como diretor geral e Mike Hull como diretor de equipe, juntamente com os engenheiros de pista Morris Nunn e Julian Robertson e uma equipe de mecânicos liderada por Grant Weaver e Rob Hill.

Apesar dos planos a largo prazo com Bryan Herta não terem dado certo, Ganassi sabia que em Jimmy Vasser tinha a chave para chegar ao sucesso. O californiano havia pilotado de forma impressionante em 1995, conseguindo quatro pódios e ganho o prêmio para o piloto que mais havia melhorado. Segundo Nunn, o conhecimento técnico de Zanardi seria um complemento perfeito para a experiência de Vasser, e a combinação ideal para 1996, juntamente com as novas associações com a Honda e Firestone.

Mas com o que Ganassi não tinha contado, e o que ninguém tinha previsto, era o incrível desejo de ganhar de Zanardi. Isso, e a boa relação que manteve com os seus companheiros, especialmente com Vasser, serviu para que a equipe Target/Chip Ganassi vivesse três temporadas históricas, com três títulos, 23 vitórias, 16 poles e 41 por cento de corridas com subidas ao pódio; e a partir de meados de '97 até ao final da tem-

porada de '98, Zanardi terminou entre os três primeiros em 21 das 26 corridas disputadas.

Mais impressionante do que as frias estatísticas são as memórias indeléveis nas mentes dos fãs. Recordações como aquela audaz ultrapassagem na última volta sobre Bryan Herta em Laguna Seca '96; ou as suas incríveis recuperações em Cleveland e Michigan em 1997 e em Long Beach '98. E na Austrália e Vancouver em '97, quando pilotou loucamente para chegar ao primeiro lugar? Ou em Mid-Ohio '98 quando, com o título já conquistado, bateu em Hélio Castro-Neves na disputa por um modesto 12º lugar e por um só ponto.

"Há que reconhecê-lo, é muito rápido," afirma Nunn. "Pisa a fundo o acelerador, nunca se rende. Quando está atrás, a única coisa que quer é ultrapassar todos os carros que estão à sua frente. Isso é uma grande vantagem. Existem muitos pilotos, mas se os analisarmos a fundo, não existem muitos com esse desejo de ganhar, de superar todo o mundo."

Embora nem sempre tenha sido muito apreciado por todos os seus adversários, nem pelo comissário chefe da CART Wally Dallenbach, que multou Zanardi em 50.000 dólares e a retirada do ponto referente ao 12º lugar após seu acidente com o jovem brasileiro, esse espírito contagiou todo o grupo de pessoas que trabalhavam com ele.

"Alex transmite sua personalidade a toda a equipe," afirma Hull. "No final da temporada, disse ao pessoal da equipe: «Alguns de vocês não estão há muito tempo na competição. Talvez possam vir a estar no mundo da competição durante tanto tempo como eu. Tive a sorte de conhecer gente fantástica, mas esta pode ser a vossa única oportunidade – na vossa carreira – de conhecerem um homem como este. Não digo que não irão ganhar corridas e campeonatos no futuro, mas quando estiverem com pessoas como o Alex ou o Jimmy – os dois –, aproveitem a oportunidade, dêem-lhes tudo o que tiverem. Porque se lhes derem tudo o que tiverem, tudo o que ele estiver a fazer, acabará por melhorá-lo e vencer.»"

Zanardi deu à Target/Ganassi, à CART e ao Campeonato FedEx algo mais que dois campeonatos e algumas das recordações mais memoráveis na história da Champ Car. Muitas vezes, a amostragem da bandeira de xadrez assinalava apenas o final da primeira parte do espetáculo e o começo dos «donuts», uma atuação exuberante que punha de pé o público, assim como outra classe de comemorações que incluíam o lançamento das suas luvas em Portland ou um autêntico salto do carro na volta de honra em Long Beach.

Quando lhe perguntaram porque estava tão contente após a sua vitória em Long Beach este ano, em que recuperou uma volta de atraso para ultrapassar Herta e Dario Franchitti nas últimas voltas, Zanardi pensou na resposta antes de gritar: "Assistiram à corrida?". Toda a sala de imprensa irrompeu em risos.

E essa, claro, era outra das facetas de Alex Zanardi: a sua facilidade para estar com uma audiência, a imprensa, os patrocinadores, o seu amigo Jimmy Vasser ou as audiências televisivas através dos comerciais Target e Honda.

Espirituoso, cândido e claro, era, acima de tudo, sincero. E isso, juntamente com o seu talento e capacidade técnica, faz Zanardi o campeão dos campeões.

"Não brinca em serviço conosco. Entrega-se às pessoas," afirma Hull. "Apoia constantemente as pessoas que o ajudaram a chegar até ao topo e

Momento certo

COM o terceiro lugar na Marlboro 500 no California Speedway, Alex Zanardi encerrou a sua carreira de seus três anos na Champ Car com a equipe Target/Chip Ganassi Racing. Em agosto, o italiano assinou um contrato de três anos com a equipe Williams de Fórmula 1, seguindo os passos do campeão de 1995, Jacques Villeneuve, que conquistou o Campeonato do Mundo de 1997.

Zanardi, claro, tinha experiência anterior de F1, tendo conquistado um único ponto nas três temporadas que passou na Minardi, Jordan e Lotus. Poder-se-ia perguntar, acertadamente, porque é que um bicampeão Cart abandona uma categoria onde obteve tantos sucessos.

"Creio que foi o momento certo para mim," explicou Zanardi. "Fiz o que tinha de fazer com uma grande equipe como a do Chip, e julgo que ao mesmo tempo ninguém tem a sensação que deixei fugir a primeira oportunidade – porque não é esse o caso. Se a Fórmula 1 fosse um sonho para mim, algo que eu desejasse muito, já me teria ido embora há muito tempo. Queria conseguir alguns resultados com a equipe. Obtivémo-los. Depois estava disposto a duplicar esses resultados e vencemos outro campeonato.

"Por isso, penso que era altura de refletir e dizer: Tenho outra alternativa? De fato, tinha esta oportunidade com a Williams."

Enquanto Zanardi desfrutava da sua mais gloriosa temporada na CART, em alguns aspectos, a sua atenção em relação ao trabalho começou a diminuir. Pelo menos essa é a opinião do seu engenheiro de pista, Morris Nunn, que ajudou Zanardi a conquistar as suas 10 poles, 15 vitorias e dois campeonatos em apenas 51 corridas: «Não sei se notaram, mas não conseguimos nenhuma pole este ano," contou Nunn. "Não passei tanto tempo com ele como anteriormente. Teve demasiadas distrações com a imprensa, os patrocinadores... Sai do carro, necessitam dele e levam-no aqui, ali, em todo o lado.

"Ganhamos o campeonato três ou quatro corridas antes do final e disse-lhe: Alex, não estou a gostar disto tanto como antes. Não tenho a tua atenção. Existem demasiadas distrações. E ele respondeu: «De acordo, tens razão. No resto da temporada dar-te-ei 100 por cento.» Eu diria que no final me deu 70-75 por cento."

Agora há um pensamento assustador: sete vitórias, 15 pódios e 285 pontos – de um homem que só deu 70-75 por cento do seu potencial...

Abaixo: O segundo título de Alex Zanardi foi o terceiro consecutivo de Chip Ganassi, cuja equipe se tornou numa força dominadora na Champ Car nas últimas três temporadas desde que recrutou o pouco conhecido italiano para parceiro de Jimmy Vasser.

depois devolve-lhes essa ajuda dando o melhor de si. Tem uma relação pessoal com todos os membros da equipe. Sabe coisas sobre as suas mulheres, seus filhos, tios, tias. Recorda-se dos nomes das crianças quando aparecem numa determinada corrida."

"São coisas como essas que fazem uma grande diferença para essas pessoas. E é autêntico, não é pensado, porque depois de uns momentos com ele, podemos notá-lo. Não tenho dúvidas que daqui a 15 anos, ele recordar-se-á de todas estas pessoas e falará com elas. Não importa no que se tornará na Fórmula 1, fá-lo-á por essas pessoas. E elas farão qualquer coisa por ele porque sabem que ele é autêntico."

Michael C. Brown

O relâmpago colombiano?

CHIP Ganassi tem a esperança de voltar a acertar. Há três anos escolheu um ex-piloto de Fórmula 1 desempregado chamado Alex Zanardi e com a ajuda de Jimmy Vasser, Tom Anderson e outros, conquistou três campeonatos consecutivos.

Peter Nygaard/GP Photo

Quando Zanardi aceitou a oferta de Frank Williams para regressar à Fórmula 1, não foi de surpreender que Ganassi se voltasse para a Europa para encontrar um substituto. A sua escolha recaiu em Juan Pablo Montoya, que passou o verão de 97 como piloto de testes da Williams Grand Prix Engineering quando não estava ocupado a vencer o Campeonato FIA de Fórmula 3000 para a Super Nova Racing.

Ganassi e o engenheiro de pista Morris Nunn viram, pela primeira vez, Montoya, de 24 anos, quando acompanharam Zanardi ao seu primeiro teste com a Williams em Barcelona. Devem ter gostado do que viram. Uma semana depois, Montoya era nomeado formalmente companheiro de Vasser na equipe Target/Chip Ganassi. E depois do colombiano ter praticamente igualado os tempos de Zanardi no seu primeiro teste em Homestead, mostraram-se muito satisfeitos.

"Vi uma pessoa com um controlo incrível do carro," referiu Nunn. "Penso que tenho de o acalmar. Estou preocupado com as ovais, quero que as respeite. Estou convencido que nos circuitos normais não terá problemas em qualificar-se entre os 5 primeiros."

A única experiência anterior de Montoya em ovais foi numa corrida do Campeonato Barber Saab (agora Dodge) em New Hampshire em 1994. Mas está ciente que se parece pouco com o carro que pilotará: "Fiz só uma corrida em ovais, a uma velocidade média de 220 km/h. Agora vou a mais de 320 – é um pouco mais rápido," sorri. "Fiquei surpreendido com os tempos que alcancei em Homestead. Estive bem porque não tinha pressões, nem pressas. Essa é a melhor forma de o fazer porque se ganha confiança nas ovais. No final, revelou-se muito divertido porque era algo completamente novo.»

Dias depois, Montoya acompanhou a equipe à última corrida de 1998 no California Speedway para que pudesse ver o que era uma corrida de 500 milhas. Isso também lhe abriu os olhos.

"Foi muito bom para mim estar ali," afirma. "O Alex, no início da corrida, tinha um carro muito ruim. Ele disse que não o conseguia pilotar; perdeu uma volta. E depois modificaram o carro e ele quase ganhava a corrida. Era inacreditável, de uma volta de atraso e tudo. Não podemos baixar os braços."

A Marlboro 500 reforçou o fato de que Montoya tem muito que aprender sobre as corridas da Champ Car. Mas confessa que não tem pressa: "O meu objetivo no início é aprender como funciona tudo," afirma. "Estou seguro de que vou fazer muitas simulações nos testes, mas quando chegar à primeira corrida, tudo será diferente porque estarei correndo contra todos os outros; vai ser diferente. Por isso, tentarei fazer um bom resultado mas tentarei levar o carro até ao fim -- esse é o principal objetivo. Depois, se formos rápidos, tentaremos conseguir algo mais."

Michael C. Brown

'84

'84

'86

'82

'85

'79

'78

'77

'75

por David Phillips

É RARO quando uma temporada sem vitórias é considerada um sucesso. Mas também não é em todas as temporadas que um piloto pendura o capacete com um crédito de 24 vitórias e 3 títulos de Champ Car. Em tal temporada, algumas coisas contam mais que uma vitória; coisas como sair com a classe a que habituamos os nossos companheiros de equipe, os fãs, os patrocinadores e os adversários durante uma carreira de três décadas e 265 corridas na Champ Car. Por isso, não era a vitória Número 25 que Bobby Rahal procurava durante 1998 mas a confirmação que, aos 45 anos, ainda conseguia competir com os jovens leões da CART ao longo de um intenso Campeonato FedEx com 19 corridas.

"Nosso objetivo era sermos competitivos, contar para as corridas," afirma o campeão de '86, '87 e '92. "Queria que as pessoas se recordassem do meu último ano como aquele em que eu ainda contava para as corridas, e não como um em que aparecia no fundo do grid. Isso pode parecer fácil, mas atendendo a todos os meus compromissos, era um objetivo difícil de atingir sem uma disciplina adequada e sem uma equipe que me recordava que estávamos aqui para competir."

A performance de Rahal, desde a primeira corrida do ano em Homestead até à última no California Speedway, é testemunho que atingiu o seu objetivo. Embora a vitória lhe fugisse, era um dos pilotos a ter em conta na maioria dos fins de semana, e mais de uma vez brigou pelo primeiro lugar. As estatísticas mostram que só terminou uma vez entre os três primeiros (Mid-Ohio), mas teve mais momentos altos, como a recuperação de 17º até ao terceiro lugar em Motegi até que um problema na porca de uma roda o atirou para fora de prova; ou o lugar ao lado do companheiro de equipe Bryan Herta na primeira fila do grid de Long Beach; e o fim de semana de Road America em que Bobby Rahal se qualificou em ter-

Fotos: Michael C. Brown, Jori Potiker e Team Rahal

Fotos: Michael C. Brown

ceiro e se encaminhava para a vitória até que Herta lhe deu um toque inadvertidamente danificando a asa traseira do seu Reynard/Ford-Cosworth. De fato, as duas semanas entre Mid-Ohio e Road América marcaram o melhor e o pior da sua última temporada.

"Mid-Ohio foi uma excelente corrida para nós, num dia muito difícil de um fim de semana muito difícil," afirmou acerca da prova no seu circuito, que foi antecedida por inúmeras aparições pessoais, testemunhos e uma emocionante volta de honra com sua esposa Debi e os seus quatro filhos: Michaela, Samantha, Jarrad e Graham. "Tive de esforçar-me muito para não deixar que tudo isso me distraísse para a corrida. Mas senti-me muito orgulhoso."

"Se houve uma corrida decepcionante, essa foi a de Elkhart Lake. Tinha a sensação que podíamos ganhar. Tinha acabado de assumir a liderança e o Bryan cometeu um erro... Estava tão satisfeito na qualificação, por estar onde estava naquele circuito, depois fiz uma boa largada e ver como tudo foi por água abaixo é muito decepcionante."

Se Herta, inadvertidamente, contribuiu para o pior momento do ano de Rahal, também esteve no centro do melhor, conquistando sua primeira vitória na Champ Car em Laguna Seca. Herta não só exorcizou os demónios do passado batendo o seu arqui-rival Alex Zanardi num circuito onde o italiano lhe negara a sua primeira vitória em '96, mas também deu a Rahal a sua primeira vitória como proprietário majoritário de sua equipe num circuito onde Bobby obtivera os seus maiores êxitos, incluindo quatro vitórias consecutivas entre 1984-'87.

"Pensei que era bastante poético que a minha última corrida em Laguna Seca fosse a minha primeira vitória como proprietário majoritário," disse Rahal. "Já tínhamos ganho quando eu era sócio do Carl (Hogan), mas este é o primeiro triunfo do Team Rahal. E o Bryan não poderia ter superado um piloto melhor nem num melhor momento. Estou muito contente, não só pelo Bryan, mas por esta equipe e por tudo o que trabalhamos para aqui chegarmos."

Assim, no final, Rahal também teve direito ao seu quinhão de glória. Semana sim, semana não, provou que poderia competir com a geração seguinte de estrelas da Champ Car. Embora a sua 25ª vitória como piloto lhe tenha fugido, conquistou o primeiro dos muitos triunfos como dono do Team Rahal. "Não ganhamos, mas conheço muitos bons pilotos que não estiveram tão perto quanto eu," afirma. "Portanto penso que posso ter a minha cabeça erguida; fui um piloto a ter em conta no campeonato. Isso, para mim, é o mais importante."

O caminho longo e sinuoso

TUDO parecia muito fácil quando Rahal/Hogan Racing venceu o Campeonato Indy Car de 1992. O título, o terceiro de Rahal como piloto e o primeiro como proprietário, chegou depois de ele e Carl Hogan terem adquirido os bens da Patrick Racing International em '91, tendo disputado a temporada de '92 com o apoio da Miller Brewing Company.

Rahal saía de uma relação de êxito de três anos com a Galles/Kraco Racing, que se tinha seguido à sua histórica ligação com a Truesports Racing, que remontava a 1982.

A sua motivação para se tornar dono de uma equipe era tanto para se tornar mais competitivo como para assumir controlo do seu próprio destino. Isto revelar-se-ia uma faca de dois gumes. Embora tenha vencido logo na sua segunda corrida como proprietário de equipe e tenha conquistado o campeonato, Rahal teve a sua travessia no deserto nos anos seguintes e a sua equipe não voltou a ganhar até este ano.

Em '93, Rahal/Hogan assumiu o controlo do ambicioso projeto de chassis da Truesports "Made in America", embora sem qualquer desenvolvimento significativo na pré-temporada, mas não conseguiu qualificar-se para as 500 Milhas de Indianápolis e foi logo trocado pelo chassis Lola. A Rahal/Hogan introduziu a Honda na Champ Car em '94, mas, tal como o chassis Truesports, estes motores revelaram-se pouco competitivos. Em '95, a Rahal mudou de motores para os da Mercedes-Benz, num momento em que a Honda começava a dominar a Champ Car. No ano seguinte, Rahal desfez sociedade com Hogan e uniu-se ao célebre apresentador de televisão David Letterman e trocou os chassis Lola pelos Reynard. Em '97, mudou-se para os propulsores Ford-Cosworth e, este ano, dos pneus Goodyear para os Firestone.

O lugar de segundo piloto na Rahal-Hogan/Team Rahal foi igualmente, como diremos, dinâmico, pois Mike Groff cedeu o assento a Raul Boesel que, em '96, foi substituído por Bryan Herta. Deste trio, Herta foi o que esteve mais perto da vitória, tendo andando diversas vezes na frente, mas, por várias razões, nunca conseguiu triunfar, o que só sucedeu na última corrida deste ano em Laguna Seca. O próprio Rahal esteve duas vezes muito perto da vitória e numa delas, no Rio em '97, ficou sem combustível na última volta quando liderava.

Ainda que Rahal se possa arrepender de algumas decisões que tomou como dono de equipe, afirma que não poderia ter feito de outra forma. "Como em tudo, há coisas óbvias que as pessoas podem apontar e dizer «Decisão errada»," admite. "Mas por cada um deles, há três ou quatro coisas que são fruto de uma relação, boa, má ou indiferente, que têm ramificações positivas a longo prazo. O problema não está em tomar decisões erradas, mas, sim, em não aprender com elas."

"Sim, estou decepcionado porque depois investirmos tanto no trabalho com a Honda, não fomos nós a colher os frutos. Mas agora que temos uma relação próxima com a Ford, e depois da relação com a Honda, entendemos melhor como um construtor vê as coisas e percebemos um pouco mais quais são os seus objetivos. E também compreendemos que há coisas que não se dizem que são válidas, que são importantes, que não nos apercebemos em '93."

Rahal está, claro, a alterar novamente a equação para '99 com a sua decisão de abandonar o volante e dar o seu lugar a "Mad" Max Papis. Rahal confia que a química entre Papis e Herta será produtiva.

"Bryan e Max são pessoas muito diferentes. Bryan é calmo, Max é o oposto," afirma. "Julgo que eles podem fazer a equipe andar para a frente graças ao seu empenhamento. Penso que o Max reconhece que esta é a oportunidade da sua vida – e nós vamos fazer com que seja."

E o próprio fato de ele estar em posição de escolher Papis como seu sucessor é, segundo Rahal, uma prova de que tomou a decisão correta quando se tornou dono de equipe em '91.

"Considero que o maior sucesso da minha carreira foi o fato de, ao longo dos anos, ter tido sempre as coisas no lugar devido às decisões que foram tomadas, e de poder decidir quando e como abandonar," afirma. "Quantas pessoas têm essa possibilidade na vida? Geralmente reformam-se ou são despedidas; mudam-se ou são afastadas."

"A minha equipe permitiu-me deixar este desporto de uma forma e de o abraçar de outra completamente diferente. As pessoas perguntam-me sempre, «Vais sentir saudades, não vais?» E eu julgo verdadeiramente que não. Claro que por vezes me lembrarei como me sentia por fazer uma melhor volta, mas não é como ir-me embora deste desporto para nunca mais ser visto. Penso que esse é o meu maior sucesso e não creio que isso fosse possível se não tivesse tomado algumas das decisões que tomei."

ANÁLISE DE

equipes

por Jeremy Shaw

Um total de 18 equipes diferentes, empregando 34 pilotos, competiram no Campeonato FedEx de 1998. Nas páginas seguintes, o autor Jeremy Shaw aponta os pontos fortes e fracos de cada organização.

Ilustrações dos carros de
PAUL LAGUETTE
RACER Magazine

Fotografias de
MICHAEL C. BROWN

OS NUMEROS falam por si. A Target/Chip Ganassi Racing venceu 10 das 19 corridas, liderou um total de 795 voltas (31,19%) e obteve uma dobradinha no Campeonato de Pilotos. O seu sucesso, porém, não assentou apenas no prodigioso talento de Alex Zanardi, que alcançou sete daquelas vitórias e bateu calmamente o anterior recorde de pontos numa temporada enquanto se encaminhava para o seu segundo título, e o terceiro consecutivo da Ganassi, igualando o feito da Penske Racing entre 1981 e '83. Nem, de fato, em Jimmy Vasser, com três vitórias e campeão de '96. Foi, acima de tudo, uma combinação de consistência, atenção aos detalhes e fiabilidade que distinguiram a equipe dos seus adversários.

O diretor executivo Tom Anderson foi novamente o maestro. O homem responsável pelo quotidiano da organização é um dos mais respeitados na CART. Foi responsável pela manutenção do foco e da ambição de uma equipe que continuou a crescer independentemente do seu sucesso. Anderson costuma dar o exemplo e tem um conhecimento íntimo de todos os aspetos da organização.

O igualmente imperturbável Mike Hull continuou a controlar a equipe que obteve uma fiabilidade perfeita. Os Reynard-Honda só não terminaram quatro vezes: sempre por acidentes.

O veterano engenheiro Morris Nunn manifestara o desejo de se reformar após a campanha de '97, mas enquanto ele e a sua mulher Catherine se mudaram efetivamente para a Florida – e Nunn manteve a promessa de usar muito do seu tempo a melhorar o seu jogo de golfe – o infatigável inglês permaneceu como uma parte integral da equipe. Steve Clark, entretanto, ex-TWR/Arrows, trabalhou ao lado de Nunn, e Julian Robertson continuou como engenheiro de Vasser. Ambos disponibilizaram carros que andaram quase sempre na frente. Os chefes de mecânicos, Rob Hill e Grant Weaver, seguiram à risca as instruções e foram responsáveis pela obtenção de boas posições após os reabastecimentos. Em resumo, como habitualmente, a Target/Chip Ganassi condensou o termo trabalho de equipe.

Sede: Indianapolis, Indiana

Pilotos: Alex Zanardi, Jimmy Vasser

Patrocinador: Armazéns Target

Chassis: Reynard 98I

Motores: Honda HRK V8

Pneus: Firestone

Vitórias: 10 (Zanardi 7, Vasser 3); Poles: 2 (Vasser 2)

Pontos no Campeonato: 454 Zanardi 285 (1º), Vasser 169 (2º)

alex zanardi

jimmy vasser

chip ganassi

joe montana

tom anderson

ALEX ZANARDI – TARGET REYNARD 98I-HONDA

JIMMY VASSER – TARGET REYNARD 98I-HONDA

Ao LONGO dos anos, Barry Green acostumou-se ao sucesso. Reconhecido como um dos melhores diretores executivos da CART, o australiano, que venceu o título (com Jacques Villeneuve) na primeira tentativa como único proprietário de equipe em '95, encontrava-se numa situação desesperada de salvação após as duas temporadas sombrias que se seguiram à ida do canadense para a Fórmula 1.

Em '98, após um pouco auspicioso início de relacionamento com a Honda, Firestone e KOOL no ano anterior, Green persuadiu a hierarquia da Brown & Williamson a entrar com o dinheiro e apoiar os dois carros de Dario Franchitti e Paul Tracy, que fora dispensado sem cerimônia pela Penske apesar de ganhar três corridas em '97. Era uma jogada arrojada. Tudo ou nada.

O núcleo da equipe permaneceu inalterado, embora o programa de três carros de IndyLights do Team KOOL de Green se tenha reduzido a um. O irmão de Barry Green, Kim, permaneceu como diretor geral. O chefe dos mecânicos Kyle Moyer ocupou-se do carro de Franchitti, enquanto Tony Cotman assistia o de Tracy.

A "química" de equipe foi sempre uma prioridade para Green e ele não viu motivos para mudanças. O único acréscimo, além dos pilotos, foi Don Halliday, que entrou para diretor técnico após terminar uma longa relação com a Tasman.

Esperava-se, claro, que Tracy fosse o porta-bandeira. Ele desempenhou um papel crucial no desenvolvimento na pré-temporada, apesar das dificuldades em trabalhar com o engenheiro John Dick. Só no final do ano é que começaram a encontrar um acerto consistente, mas nessa altura a temporada de Tracy já se tornara num pesadelo que piorou devido a uma série de incidentes em pista. Franchitti, entretanto, entendeu-se logo com Halliday. A parceria começou a tirar dividendos quase imediatamente, pois Franchitti obteve o seu primeiro pódio em Long Beach. No final, o escocês já era o homem a bater. O Team Green regressara à ribalta.

Sede: Indianapolis, Indiana
Pilotos: Dario Franchitti, Paul Tracy
Patrocinador: KOOL, Klein Tools
Chassis: Reynard 98I
Motores: Honda HRK V8
Pneus: Firestone
Vitórias: 3 (Franchitti); Poles: 5 (Franchitti)
Pontos no Campeonato: 221 Franchitti 160 (3º), Tracy 62 (13º)

dario franchitti

paul tracy

barry green

don halliday

DARIO FRANCHITTI - KOOL REYNARD 98I-HONDA

PAUL TRACY - KOOL REYNARD 98I-HONDA

NÃO constitui surpresa ver a organização de Pat Patrick a disputar o título. O Diretor-geral Jim McGee já viu, fez e venceu tudo na Cart ao longo de uma carreira de quase 40 anos. Ele superintendeu 85 vitórias e oito campeonatos. Em Steve Newey teve um braço direito de confiança e competente com larga experiência em todos os aspetos da gestão e engenharia de corrida. Além disso, Scott Pruett, tendo aperfeiçoado as suas capacidades durante quatro anos com a equipe, começou a campanha cheio de sucesso. Curiosamente, foi o novo recruta Adrian Fernandez que se revelou o porta-bandeira, permanecendo na briga pelo título até às últimas provas.

Fernandez estava, obviamente, ansioso por provar o seu valor após uma decepcionante temporada de '97. Fê-lo vencendo impressionantemente em Motegi (Japão), na sua segunda prova pela Patrick. Uma das razões para sua subida imediata de rendimento foi o relacionamento que obteve com o experiente engenheiro de corrida John Ward e o chefe de mecânicos Mike Sales. Pruett, entretanto, foi impedido de alcançar os seus objetivos devido à saída para a Penske Racing do engenheiro de corrida e velho aliado Tom German. Pruett nunca teve a mesma afinidade com Jim Hamilton, que retomou a longa parceria com Ward, outro dos antigos membros da All American Racers, a que se seguiu um breve hiato com a PacWest em '97. Pruett, por isso, nunca conseguiu maximizar as potencialidades do seu carro, sobretudo nas qualificações, no início da temporada. Teve igualmente de ultrapassar uma série de azares e problemas mecânicos, nenhum dos quais da sua responsabilidade.

Em agosto, Pruett decidiu procurar uma nova oportunidade para '99, acabando por optar pela Arciero-Wells. Não obstante, como próprio de um verdadeiro profissional, Pruett não permitiu que a mudança lhe desviasse a atenção. Concluiu a sua relação de sucesso com Patrick com uma excelente pole no California Speedway e em sexto lugar no campeonato, o melhor resultado da sua carreira.

Sede: Indianapolis, Indiana

Pilotos: Scott Pruett, Adrian Fernandez

Patrocinador: Visteon, Tecate, Quaker State

Chassis: Reynard 97/98I

Motores: Ford Cosworth XD

Pneus: Firestone

Vitórias: 2 (Fernandez); Poles: 2 (Fernandez 1, Pruett, 1)

Pontos no Campeonato: 275 Fernandez 154 (4º), Pruett 121 (6º)

adrian fernandez

scott pruett

pat patrick

jim mcgee

SCOTT PRUETT - VISTEON REYNARD 98I-FORD

ADRIAN FERNANDEZ - TECATE/QUAKER STATE REYNARD 98I-FORD

NUEVA LÍNEA DE ACEITES SINTÉTICOS QUAKER STATE

La mejor protección para automóviles de lujo y deportivos. Únicos con filtración Micro-Q.

- **High Performance**
  SAE 15W-40
  Semi- Sintético
  Para el máximo desempeño en motores de alta potencia y deportivos.
- **Ultra Premium**
  SAE 5W-50
  100% Sintético
  La mejor protección para automóviles de lujo.

La Nueva Línea de Aceites Sintéticos de Quaker State con exclusivo proceso de Filtración Micro-Q, ofrece una mayor protección desde que enciende el motor y una lubricación más profunda por más kilómetros.

QUAKER STATE MR

SU COPILOTO

Adrenalina pura para su motor

http://www.quakerstate.com.mx

SU CAMBIO DE ACEITE DEBE SER ASÍ DE CLARO

NÃO HOUVE sinais de crise de crescimento quando Jerry Forsythe passou a alinhar dois carros, apesar da apreensão que a entrada do compatriota canadense Patrick Carpentier pudesse destabilizar o precoce talento de Greg Moore. Bem pelo contrário, na verdade. O Vice-Presidente Neil Micklewright e o Diretor de Equipe Tony Brunetti superintenderam uma transição pacífica que, tal como na Green, se deveu ao fato de tirarem partido da experiência obtida com a participação anterior de dois carros na IndyLights. Phil Lepan, ex-chefe de mecânicos do carro de Moore, foi promovido a assistente do diretor de equipe, abrindo caminho para Chris Schofield e George Klotz tomarem conta dos carros de Moore e Carpentier.

Sede: Indianapolis, Indiana

Pilotos: Greg Moore, Patrick Carpentier

Patrocinador: Player's Ltd., Indeck

Chassis: Reynard 98I

Motores: Mercedes-Benz IC108E

Pneus: Firestone

Vitórias: 2 (Moore); Poles: 6 (Moore 4, Carpentier 2)

Pontos no Campeonato: 167 Moore 140 (5º), Carpentier 27 (19º)

greg moore

patrick carpentier

Carpentier estabeleceu rapidamente uma relação produtiva com o veterano engenheiro de corrida Lee Dykstra, que aproveitou a oportunidade para regressar à categoria. Os testes de pré-temporada aumentaram a confiança de Carpentier, sobretudo na preparação para os circuitos mistos e urbanos que lhe tinham dado problemas durante o ano de estreia com a Bettenhausen. Mas as indicações iniciais revelaram-se decepcionantes. Carpentier só bateu Moore três vezes nas qualificações, uma delas, curiosamente, em Portland, onde Moore nunca andou bem, apesar de ali ter efetuado muitas centenas de quilômetros de testes durante as etapas de formação na sua carreira; e duas vezes em ovais curtas, Nazareth e Milwaukee, onde os carros da Player's monopolizaram a primeira fila. O franco-canadense não conseguiu converter as poles em resultados: das cinco vezes que terminou nos dez primeiros, o melhor resultado foi um sétimo lugar em Mid-Ohio.

A longa parceria entre Moore e o engenheiro de corrida Steve Challis continuou a dar dividendos, pois o carro nº99 terminou as primeiras seis corridas nos seis primeiros lugares. Moore, porém, afastou-se do título após uma sequência sombria de oito corridas entre Portland e Houston onde, com a excepção notável de uma brilhante vitória na U.S. 500, arrecadou uns míseros três pontos.

jerry forsythe

lee dykstra

steve challis

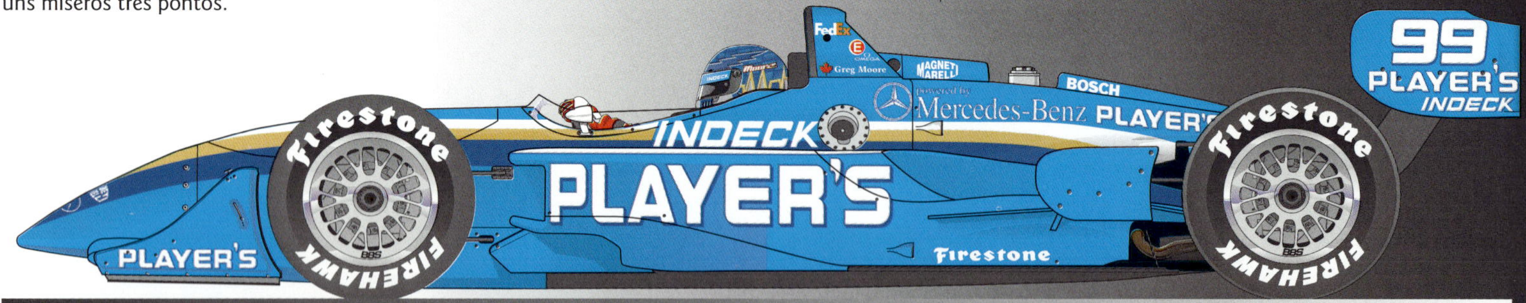

GREG MOORE - PLAYER'S/INDECK REYNARD 98I-MERCEDES

PATRICK CARPENTIER - PLAYER'S/INDECK REYNARD 98I-MERCEDES

A TEMPORADA de '98 da equipe teve uma estranha semelhança com a de '97: vitória na primeira corrida em Homestead a que se seguiram todos os tipos de angústias que custaram quaisquer hipóteses de aspirações ao título. As decepções não tiveram uma única fonte: a nível de equipamento, o chassis Swift era tão competitivo como o Reynard; o motor Ford/Cosworth XD tinha potência suficiente para se equiparar ao manejável Honda; e os pneus Goodyear, que talvez não fossem tão rápidos como os Firestone, representaram um avanço em comparação com '97.

Excetuando o grupo de engenharia, que permaneceu intacto, existiram algumas alterações substanciais. O antigo diretor de equipe Lee White aceitou o convite para se associar ao programa de motores da Toyota. Para o seu lugar veio o Ed Nathman, regressando ao cargo que ocupou no início dos anos '90. Contudo, os respeitados John Tzouanakis e Colin Duff, continuaram como assistente do diretor de equipe e chefe de mecânicos, e enquanto Tim Bumps e 'Billy' Simmonds foram para novos locais, as suas posições na responsabilidade de cada carro foram assumidas por Ray Sorenson (Andretti) e Kevin Chambers (Fittipaldi).

O novo Swift foi entregue um mês mais tarde do que o programado, mas os testes de inverno correram bem. Toda a equipe estava otimista antes da primeira corrida em Homestead. A sua confiança não era inoportuna. Andretti dominou e Fittipaldi terminou em quarto.

Então, o que correu mal? Na verdade, foi um pouco mais do que uma série de azares e especificamente uma quantidade de erros menores que trouxeram sempre grandes repercussões. O ponto importante é que um ou outro (ou ambos) os pilotos permaneceram competitivos em todas as corridas. Fittipaldi, de fato, começou a mostrar mais confiança nas ovais curtas, o seu calcanhar de Aquiles no passado, enquanto o seu estilo fluído continuou a dar dividendos nos circuitos mistos e urbanos.

Sede: Lincolnshire, Illinois

Pilotos: Michael Andretti, Christian Fittipaldi, Roberto Moreno

Patrocinador: Kmart, Texaco/Havoline

Chassis: Swift 009.c

Motores: Ford/Cosworth XD

Pneus: Goodyear

Vitórias: 1 (Andretti); Poles: 1 (Andretti)

Pontos no Campeonato: 168 Andretti 112 (7º), Fittipaldi 56 (14º)

MICHAEL ANDRETTI – KMART/TEXACO HAVOLINE SWIFT 009.c-FORD

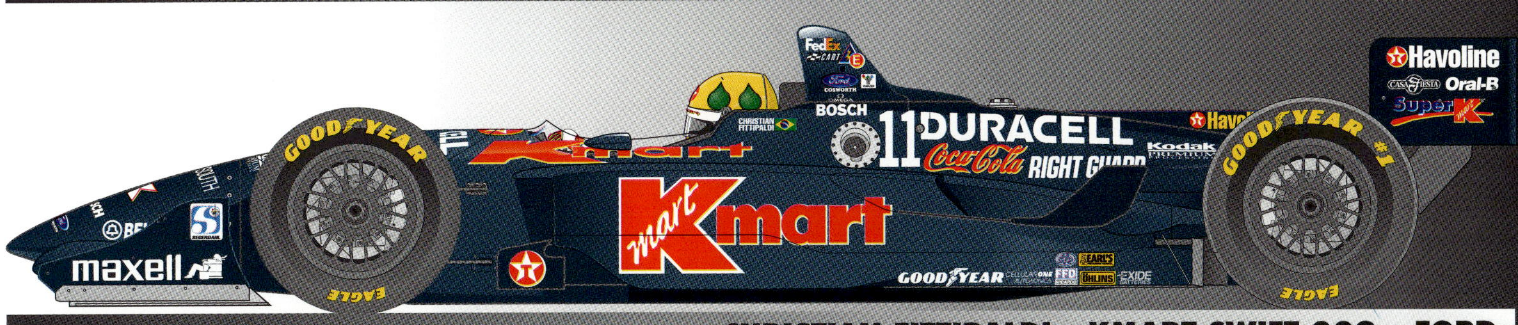

CHRISTIAN FITTIPALDI – KMART SWIFT 009.c-FORD

A MAGNÍFICA prova de Bryan Herta em Laguna Seca, em setembro, encerrou uma longa fome de vitórias do Team Rahal – precisamente 100 corridas, na verdade (incluindo a Indianapolis 500 de '93, quando a equipe não se conseguiu qualificar) – que data do 24° e último triunfo da ilustre carreira de Bobby Rahal em Nazareth em '92. Finalmente! Pelo meio, quer Herta quer Rahal estiveram muito perto em várias ocasiões, só que lhe foi negada por diversos fatores. O triunfo foi bem merecido: "Trabalhamos tanto para isto," declarou o Diretor-geral Scott Roembke, quer em jeito de alívio como de júbilo. "Era altura de todo aquele esforço dar certo, não só para o Bryan mas para todos os que estão envolvidos."

A equipe teve muitas mudanças desde a formação em '92, quando Rahal conquistou o terceiro título e se tornou o primeiro dono/piloto a colher os louros. De fato, em '98, a combinação de equipamento foi modificada pelo sétimo ano consecutivo com a troca dos pneus Goodyear pelos Firestone. Mas a maioria da estrutura do pessoal permaneceu intacta, incluindo Tim Cindric, que há cinco anos é o diretor desportivo; Jim Prescott, o chefe de mecânicos que tem estado quase toda a carreira na Rahal, tendo começado na Can-Am em '79, e Larry Ellert; e os engenheiros Tim Reiter (Rahal) e Ray Leto (Herta). A sua força foi reforçada no inverno com a chegada de Don Hayward, antigo diretor do programa de motores da Ford de Champ Car, para diretor técnico.

No passado, a falta de consistência do equipamento prejudicou o desenvolvimento, embora um foco renovado, aliado às qualidades dos Firestone, possibilitaram à Rahal dar grandes passos em '98, apesar das distrações decorrentes pelo abandono do chefe. O próprio Rahal foi um sério candidato em muitas corridas, enquanto Herta continuou a sua (mais lenta do que esperada) ascensão ao estatuto de candidato ao título. A equipe deveria ter pontuado mais do que a sua vitória solitária indicia; pelo menos, deu passos para a direção certa.

Sede: Hilliard, Ohio

Pilotos: Bobby Rahal, Bryan Herta

Patrocinador: Miller Lite, Produtos Shell Oil

Chassis: Reynard 97/98I

Motores: Ford/Cosworth XD

Pneus: Firestone

Vitórias: I (Herta); Poles: 3 (Herta)

Pontos no Campeonato: 179 Zanardi 97 (8°), Rahal 82 (10°)

bryan herta

bobby rahal

bobby rahal

david letterman

BOBBY RAHAL - MILLER LITE REYNARD 98I-FORD

BRYAN HERTA - SHELL REYNARD 98I-FORD

A TASMAN Motorsports Group de Steve e Christine Horne não venceu uma corrida em '98, mas foi uma força a ter em conta, apesar da desvantagem dupla de um piloto estreante e um orçamento mais reduzido do que a maioria das outras equipes. Em Tony Kanaan, o caçador de talentos Horne descobriu outro diamante em bruto. O carismático brasileiro, que demonstrara sua capacidade em dois anos de IndyLights, adaptou-se bem aos carros maiores e mais potentes da Cart.

Desenvolveu um sólido relacionamento com a engenheira Diane Holl, que, tendo aprendido com John Barnard na Fórmula 1, deu à equipe substancialmente mais do que a novidade de ser a única engenheira na Champ Cars. O jovem assistente de Holl, Martin Pare, revelou-se, também, um colaborador valioso, pois a equipe procurou superar o programa de testes mínimo que assegurou a Kanaan uma aprendizagem ainda mais rápida do que o habitual. Horne e o diretor de equipe Jeff Eischen melhoraram o processo com a sua patenteada mescla de experiência e sentido prático. Além disso, o chefe dos mecânicos Steve Ragan e sua equipe asseguraram uma excelente fiabilidade – o único problema mecânico surgiu no Rio, onde o motor falhou estrondosamente – e o sensacional trabalho de boxes que, com elevada frequência, possibilitou que Kanaan ganhasse alguns lugares nos reabastecimentos. Existiram, claro, alguns contratempos, sobretudo nas ovais de Homestead e Gateway, onde Kanaan saiu violentamente de pista, e em Milwaukee, onde quase não se qualificava.

Houve um momento assustador em Toronto onde um bocal de combustível encravado originou um breve incêndio nos boxes. Kanaan, porém, obteve a melhor pontuação da Tasman desde '95, sendo a primeira vez que terminou nos dez primeiros. Ainda mais satisfatório para Horne foi a vitória na Hilliard Cup, uma competição anual organizada pelo prefeito da cidade, face aos adversários conterrâneos da Rahal, na qual a pontuação de Kanaan foi um pouco superior à média obtida por Herta e Rahal.

Sede: Hilliard, Ohio
Pilotos: Tony Kanaan (R)
Patrocinador: LCI International, Mitel
Chassis: Reynard 98I
Motores: Honda HRK V8
Pneus: Firestone
Vitórias: 0; Poles: 0
Pontos no Campeonato: 92 (9°)

tony kanaan

steve horne

diane holl

TONY KANAAN - LCI REYNARD 98I-HONDA

É DIFICIL imaginar como uma temporada que começou com tanto otimismo acabasse por trazer resultados tão fracos. Al Unser Jr. e o novo companheiro de equipe André Ribeiro ficaram verdadeiramente entusiasmados depois de andarem pela primeira vez com o novo chassis Penske PC27. Um lançamento esplendoroso no Baltimore Hotel em Coral Gables, Florida, antes dos Testes da Primavera, foi visto como o despontar de um renascimento que se seguia ao que era considerada uma campanha decepcionante (apesar de três vitórias) de '97.

"Poderia falar e falar acerca do novo carro, e, na verdade, anseio por me meter nele e demostrar-vos o que vale," proclamou Unser, que parecia não ter dúvidas que não interessava saber se a Penske Racing iria obter o marco da 100 vitória, mas quando. Infelizmente, o seu entusiasmo não trouxe os resultados esperados, apesar de uma magnífica qualificação de Ribeiro na primeira linha na sua estreia em Homestead e uma prestação brilhante de Unser na corrida seguinte em Motegi onde terminou em segundo. Iriam ser os pontos altos. O desenvolvimento do carro foi prejudicado na primeira parte da temporada devido a problemas persistentes com a recém-estreada transmissão.

O ponto mais baixo foi obtido, ironicamente, na pista da equipe, Nazareth Speedway, onde Ribeiro teve um grande acidente nos treinos e não alinhou. Unser ficou tão assombrado que optou pelo PC26 do ano anterior, com o qual se qualificou em 18º e terminou num modesto 15º.

Um teste posterior revelou que não havia nada de estruturalmente errado com o PC27. E Unser demonstrou em diversas ocasiões que quando o carro estava bem, podia mostrar serviço. De fato, ele liderava a U.S. 500 quando o seu motor morreu. O infeliz Ribeiro, entretanto, que optara por abandonar a Tasman após três anos e não aproveitara a oportunidade para ingressar no Team KOOL Green numa mudança de última hora em favor da Penske, esteve sujeito a mais do que a sua dose de falhas mecânicas e só obteve 13 pontos.

- Sede: Reading, Pennsylvania
- Pilotos: Al Unser Jr., André Ribeiro
- Patrocinador: Marlboro
- Chassis: Penske PC27
- Motores: Mercedes-Benz IC108E
- Pneus: Goodyear
- Vitórias: 0; Poles: 0
- Pontos no Campeonato: 85 (9º) Unser 72 (11º), Ribeiro 13 (22º)

al unser jr.

andre ribeiro

roger penske

john travis

AL UNSER JR. - MARLBORO PENSKE PC27-MERCEDES

ANDRE RIBEIRO - MARLBORO PENSKE PC27-MERCEDES

ESPERAVA-SE muito da Walker Racing em '98. Gil de Ferran demonstrou ser competitivo nos seus três primeiros anos de CART e reforçara os seus laços com o engenheiro de corrida Bill Pappas após os dois se terem mudado juntos para a equipe de Derrick Walker, o que se seguiu à reforma do seu primeiro patrão Jim Walker no final da temporada de '96. A Valvoline e a Cummins asseguraram estabilidade e patrocínios adequados, enquanto o diretor de equipe Rob Edwards reunira mecânicos de topo chefiados por Dan Miller.

A equipe estava soberbamente apetrechada, tanto em pessoal como em equipamento. O Reynard-Honda era um conjunto fiável. A Goodyear, entretanto, reforçou o seu programa de desenvolvimento de pneus após a decepcionante campanha de '97; e o talento de Ferran foi utilizado regularmente e com sucesso na melhoria do produto. Só em raras ocasiões os pneus foram um fator limitador. Todos os ingredientes pareciam estar no lugar. Mas uma litania de acidentes e problemas mecânicos, incluindo quatro falhas no motor Honda (Milwaukee, Michigan, Road America e Fontana), revelaram-se uma desvantagem intransponível. Incrivelmente, de Ferran não foi além de um 12º lugar na classificação.

"Quando analisamos a temporada de 1998 e os nossos resultados," concluiu Walker, "penso que em larga medida estamos a olhar para o nível da CART, que é ultra-competitivo. Se não conseguimos ter todos os componentes do nosso programa funcionando a 100% do tempo, a diferença é bem dramática, entre um ano excelente e um ano desapontante. Quando analisamos as corridas, antes de algo acontecer, andávamos geralmente entre os seis primeiros e demonstrávamos que nos qualificávamos e andávamos nos seis primeiros."

Exato. De Ferran, de fato, brigava pela vitória no Michigan Speedway até o motor ceder. Mas a sua frustração foi talvez realçada em Long Beach, onde, pelo terceiro ano consecutivo, o amável brasileiro disputava a vitória até, desta vez, ser prejudicado por problemas de câmbio.

Sede: Indianapolis, Indiana
Pilotos: Gil de Ferran
Patrocinador: Valvoline, Cummins
Chassis: Reynard 98I
Motores: Honda HRK V8
Pneus: Goodyear
Vitórias: 0; Poles: 0
Pontos no Campeonato: 67 (12º)

gil de ferran

derrick walker

bill pappas

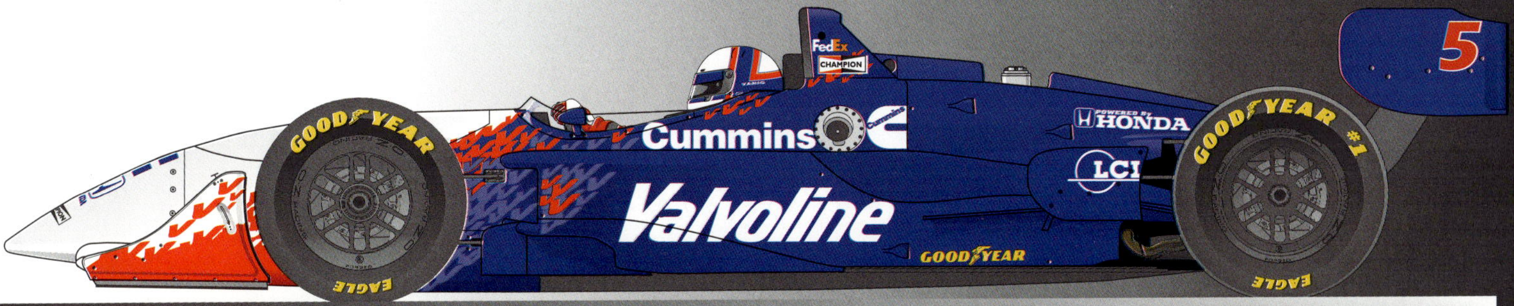

GIL DE FERRAN - VALVOLINE/CUMMINS REYNARD 98I-HONDA

QUATRO vitórias durante a temporada de '97 colocaram a PacWest de Bruce McCaw como uma das favoritas ao Campeonato FedEx de '98. Nenhum dos principais elementos se mudou. Em Maurício Gugelmin e Mark Blundell, McCaw reuniu dois profissionais com provas dadas na Fórmula 1 e Champ Cars. A entrada de Allen McDonald para diretor técnico revelou-se uma manobra perspicaz pois ele orquestrou os recursos de engenharia da equipe, liderados pelos engenheiros Andy Bodey e Al Bodey, e em união de esforços com o experiente diretor geral John Anderson. Russell Cameron continuou como chefe de mecânicos, enquanto Mark Moore, e, inicialmente, Butch Winkle (posteriormente substituído por Daryl Fox), eram responsáveis pelos carros de Gugelmin e Blundell.

Tecnicamente, a PacWest parecia estar, igualmente, em boa forma. O último chassis Reynard era uma evolução lógica do carro de '97 e estava bem adaptado aos consistentes e duráveis pneus Firestone. A única interrogação centrava-se no novo motor Mercedes-Benz e o igualmente inovador sistema de gestão eletrónica Magnetti-Marelli. Se o último se revelou problemático nas primeiras fases da sua gestação, a PacWest optou por o não utilizar por razões de segurança recorrendo nas primeiras três corridas ao provado conjunto chassis-motor de '97.

Parecia uma jogada arriscada, sobretudo por Blundell e Gugelmin somarem cinco pontos. Mas quando voltaram ao equipamento de '98, nada poderia assegurar um acerto consistente nos carros. "O problema básico era não conhecermos bem o carro de '98," concluiu McDonald. Existiram sinais ocasionais de progresso, sobretudo em Mid-Ohio, onde Gugelmin se qualificou em quarto e andou na liderança quando os três da frente ficaram de fora devido a um acidente na primeira curva. Mas no final já caíra para quarto. Gugelmin foi quinto em Fontana, onde ele e Blundell, que foi sexto, andaram na frente do pelotão ao longo das 500 milhas. Pelo menos proporcionou algum grau de satisfação após uma temporada repleta de desilusões.

Sede: Indianapolis, Indiana

Pilotos: Maurício Gugelmin, Mark Blundell

Patrocinador: Hollywood, Motorola

Chassis: Reynard 98I

Motores: Mercedes-Benz IC180E

Pneus: Firestone

Vitórias: 0; Poles: 0

Pontos no Campeonato: 85
Gugelmin 49 (15º),
Blundell 36 (18º)

mauricio gugelmin

mark blundell

bruce mcCaw

MAURICIO GUGELMIN - HOLLYWOOD REYNARD 98I-MERCEDES

MARK BLUNDELL - MOTOROLA REYNARD 98I-MERCEDES

A EMERGÊNCIA de Richie Hearn como favorito diz muito acerca da eficácia do programa de John Della Penna em '98. Hearn, na verdade, esteve ligado a diversas organizações mais proeminentes, incluindo a Rahal e a Patrick Racing, enquanto estas procuravam ultimar os programas para '99. Porém, acabou por estabelecer uma ligação de longo prazo com Della Penna, que o levara ao título na Fórmula Atlantic antes de ingressarem juntos na Champ Car. Hearn optou por permanecer leal ao seu acordo.

Della Penna tomou a decisão arrojada de escolher os chassis Swift (em vez dos mais fiáveis Reynards), após a decepcionante temporada de '97 com a Lola, e embora o carro desse mais trabalho do que se esperava, a pequena equipe fez um progresso excelente. O nível da prestação não era indicativa do orçamento, que continuou muito curto. Os testes eram, assim, um luxo raro. O chefe de pessoal, o chefe de mecânicos e os seus competentes assistentes efetuaram um trabalho brilhante, e enquanto o engenheiro Steve Conover trouxe uma experiência valiosa após passagens anteriores pelas equipes Comptech e Hogan.

O próprio Della Penna começou a mostrar a sua frustração após vários revezes na parte inicial da temporada, sobretudo após a rodada na qualificação do Rio ter relegado Hearn para o fundo do grid. Mas a sua disposição alterou-se no dia da corrida quando a excelente condução de Hearn, aliada à boa estratégia, lhe possibilitou andar várias voltas na liderança. Hearn continuou nos lugares cimeiros e terminou em sétimo: parecia-lhe estar destinado o quinto lugar mas perdeu dois lugares na última volta. Depois Hearn foi sexto em Milwaukee, e qualificou-se em quarto em Detroit, confirmando que seu talento não se limitava às ovais. Outros destaques incluíram duas excelentes atuações em super-ovais, onde andou sempre entre os dez primeiros.

Sede: Indianapolis, Indiana

Piloto: Richie Hearn, Hideshi, Matsuda

Patrocinadores: Ralphs, Budweiser

Chassis: Swift 009.c

Motores: Ford-Cosworth XD

Pneus: Firestone

Vitórias: 0; Poles: 0

Pontos no Campeonato: 47 (16º)

richie hearn

john della penna

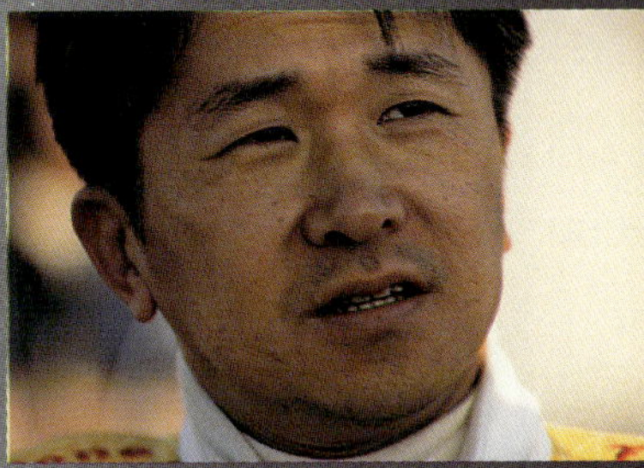

hideshi matsuda

RICHIE HEARN – BUDWEISER/RALPHS SWIFT 009.c-FORD

PELO segundo ano consecutivo, Tony Bettenhausen possuía um piloto estreante e grandes expetativas. Desta vez, após a saída de Patrick Carpentier para a Player's/Forsythe, Bettenhausen assinou com Hélio Castro Neves, que terminara em segundo lugar na Indy Lights atrás do compatriota Tony Kanaan. O brasileiro fora recomendado pelo antigo patrão, Steve Horne. Castro-Neves também procurou a assistência do lendário compatriota Emerson Fittipaldi para gerir sua carreira.

Bettenhausen e o seu dotado braço direito, chefe de equipe/engenheiro de corrida Tom Brown ficaram logo impressionados quando, no início de janeiro, Castro-Neves efetuou o primeiro teste no novo Reynard-Mercedes. Ele estava cheio de confiança e exuberância jovem. Era rápido, também.

Infelizmente, Castro-Neves desceu à terra com um acidente no primeiro dia de treinos da corrida de abertura em Homestead, quando perdeu controlo na Curva Quatro e bateu no muro com uma força assustadora. O impacto foi registado no computador de bordo a uns inacreditáveis 135 G's, um novo recorde. Incrivelmente, a única lesão física de Castro-Neves foram umas escoriações nos joelhos. Mentalmente, a história foi diferente: "Quando voltamos de um grande acidente, não temos tanta confiança," admitiu ele.

Sofreu novo choque no dia de corrida ao roçar o muro da Curva Um. Fez uma prova regular em Montegi e obteve dois pontos; depois aproveitou-se de uma chamada estratégica ao boxe para liderar categoricamente em Long Beach até deixar fugir uma vitória potencial devido a outro erro de estreante. A temporada continuou da mesma forma: era rápido mas com pendor para erros. Restrições orçamentais foram também um fator, sobretudo devido às visitas frequentes dos mecânicos ao caminhão da Reynard. Contudo, Castro-Neves mostrou seu valor terminando em segundo em Milwaukee e ao voltar a liderar em Vancouver até ficar sem combustível.

Sede: Indianapolis, Indiana
Piloto: Hélio Castro Neves
Patrocinadores: Alumax Aluminium, Clausing, Ericsson
Chassis: Reynard 981
Motores: Mercedes-Benz IC108E
Pneus: Goodyear
Vitórias: 0; Poles: 0
Pontos no Campeonato: 36 (17º)

helio castro-neves

tony bettenhausen

Abaixo: Castro-Neves fala com Emerson Fittipaldi, Tom Brown e Tony Bettenhausen.

HELIO CASTRO-NEVES – ALUMAX REYNARD 981-MERCEDES

CARL Hogan ficou profundamente transtornado quando Dario Franchitti o informou antes do final da temporada de '97 acerca da sua partida iminente. Hogan deu imediatamente ordem de marcha a Franchitti e jurou nunca mais contratar um piloto estreante. Bem, felizmente para JJ Lehto, Hogan reconsiderou.

O simpático finlandês, claro, não era um estreante normal. Ganhara uma excelente reputação durante as etapas de formação da sua carreira na Europa e parecia estar à beira de "explodir" na Fórmula 1 quando sofreu uma séria lesão no pescoço num acidente em testes. Tendo como empresário o Campeão do Mundo de Fórmula 1 de 1982, Keke Rosberg, Lehto fez o seu regresso ao Campeonato Internacional FIA de Carros de Turismo com a Opel e depois mudou-se para a BMW, tendo terminado em segundo no Campeonato FIA GT de '97. Os seus extensos contatos levaram-no a uma nova relação com outro construtor alemão, a Mercedes, que, por sua vez, o apresentou a Hogan.

Chegou-se rapidamente a um acordo e Lehto impressionou logo a equipe liderada por Peter Scott com seu entusiasmo e vontade de aprender. Nunca vira uma oval anteriormente, mas andou com confiança, obtendo o 14º lugar em Homestead apesar de ter largado do fundo do grid devido a um grande problema de câmbio nas qualificações. Lehto continuou a brilhar nas ovais para a esquerda, nomeadamente em Gateway onde largou da segunda fila e permaneceu entre os lugares da frente até fazer um pit-stop não programado sob bandeira verde. Surpreendentemente, os circuitos mistos revelaram-se de conquista mais difícil. Todavia, o mesmo se aplicava a todos pilotos em Reynard-Mercedes. Não houve uma cura mágica, pois o frustrado engenheiro de corrida Alan Langridge abandonou a equipe a meio da temporada, deixando a "batata quente" ao antigo assistente Casper van der Schoot.

O progresso foi igualmente prejudicado por um conjunto de contratempos e problemas mecânicos que manteve os mecânicos de Simon Morley sempre ocupados. Finalmente, porém, os esforços combinados da equipe e dos engenheiros da Mercedes-Ilmor começaram a dar frutos, pois Lehto terminou em oitavo em Vancouver, em décimo em Laguna Seca e depois em quinto em Surfers Paradise.

Sede: St. Louis, Missouri
Piloto: JJ Lehto (R)
Patrocinadores: Hogan Motor Leasing LLC
Chassis: Reynard 981
Motores: Mercedes-Benz IC108E
Pneus: Firestone
Vitórias: 0; Poles: 0
Pontos no Campeonato: 25 (20º)

jj lehto

carl hogan

JJ LEHTO – HOGAN MOTOR LEASING REYNARD 981-MERCEDES

CAL WELLS III, veterano do todo-o-terreno, e Frank Arciero, envolvido no automobilismo há mais de 40 anos, montaram uma grande fábrica no sul da Califórnia. A equipe emprega um elenco de estrelas liderada pelo Diretor Geral Mark Johnson, antigo responsável de competição da Kawasaki e o Diretor de Operações Richard Buck, que esteve muitos anos na Penske (no final como chefe dos mecânicos de Al Unser Jr.). Outro ex-pilar da Penske, Tim Bumps, e Bharat Naran são responsáveis por cada uma das equipes de mecânicos, chefiados por John Stanchina (Max Papis) e Bobby Golasinski (Hiro Matsushita/Robby Gordon). A equipe de engenharia é chefiada por Gordon Coppuck, responsável por triunfos da McLaren nos anos '70. Os engenheiros de corrida Iain Watt e Kenny Anderson partilham conhecimentos.

A temporada não começou auspiciosamente, pois Papis e Matsushita não terminaram a corrida inicial. O progresso foi, no entanto, rápido, sobretudo após a chegada de Gordon, cuja experiência se revelou valiosa no processo de desenvolvimento. Gordon andou nos dez primeiros na estreia nos treinos de Nazareth. Um erro na qualificação relegou-o para um modesto 24º no grid, mas mostrou o seu valor na corrida terminando em sétimo, o melhor resultado da Toyota até hoje. Brilhou em Gateway, largando em 13º, outro marco para a Toyota.

Curiosamente, tendo agarrado a oportunidade que a Arciero-Wells lhe deu após uma saída pouco cerimoniosa da Walker Racing no final de ´96 e um ano igualmente tempestuoso na NASCAR, Gordon raramente demonstrou a mesma determinação das primeiras provas. Indubitavelmente, o andamento inicial levou Papis a obter melhores resultados; e Gordon não conseguiu responder. Nas últimas dez corridas, o californiano só bateu uma vez o italiano nas qualificações. E enquanto Papis pontuou em seis provas, abrilhantado por quinto lugar em Houston, Gordon pontuou apenas três vezes, que culminou com um excelente nono lugar na última prova. No final do ano, era evidente que o seu futuro residia noutro lugar.

Sede: Rancho Santa Margarita, Califórnia
Piloto: Max Papis, Hiro Matsushita, Robby Gordon
Patrocinadores: MCI Worldcom, Panasonic, Duskin
Chassis: Reynard 971/981
Motores: Toyota RV8C/RV8D
Pneus: Firestone
Vitórias: 0; Poles: 0
Pontos no Campeonato: 38 Papis 25 (21º), Gordon 13 (23º)

max papis

robby gordon

cal wells III frank arciero

hiro matsushita

MAX PAPIS - MCI REYNARD 98I-TOYOTA

ROBBY GORDON - MCI/PANASONIC/DUSKIN REYNARD 98I-TOYOTA

A ANTIGA estrela da NFL Walter Payton e o bem-sucedido empresário de jardinagem- que-virou-piloto Dale Coyne continuaram a tentar melhorar o seu programa. E apesar de seis pontos em 19 corridas parecerem pouco, quatro classificações entre os 12 primeiros representou um respeitável feito num campeonato cada vez mais competitivo.

O promissor jovem mexicano Michel Jourdain Jr. continuou com a equipe pelo segundo ano consecutivo – e posteriormente formalizou um acordo de longo prazo – enquanto Dennis Vitolo obteve um patrocínio do velho apoiante SmithKline Beecham, o gigante farmacêutico, que lhe permitia fazer um programa de 15 corridas (embora este fosse reduzido em duas corridas devido a uma lesão).

Infelizmente, ambos os pilotos começaram mal, pois envolveram-se em acidentes nos testes em Homestead, pouco antes da corrida inaugural. Os inicidentes teriam repercussões de longo prazo. Jourdain continuou a trabalhar bem com o experiente piloto-que-virou-engenheiro-de-corrida Dave Morgan e o chefe de mecânicos Doug Myers, mas tardou a recuperar a confiança. Os seus melhores resultados foram um décimo lugar em Vancouver e um 13º no grid de Portland.

Vitolo, de 41 anos, lutou ainda mais, apesar dos esforços do talentoso engenheiro de corrida (e velho amigo) Louis d'Agostino e do chefe de mecânicos Mark Mason. Primeiro, após ter lesionado a mão no acidente de pré-temporada, Vitolo tentou regressar ao habitáculo demasiado cedo. Depois, uma série de acidentes impediram-no de fazer os testes que programara.

O dotado brasileiro Gualter Salles substituiu Vitolo em Motegi, onde, apesar de não se sentar num carro em cinco meses, se qualificou em 13º e terminou em 12º. Uma semana depois, em Long Beach, Salles qualificava-se em quarto, só perdendo lugares após um complicado primeiro pit-stop. Depois qualificou-se em 14º no Rio até que o seu entusiasmo foi mais forte do que ele na corrida. Salles já fizera o suficiente para mostrar que pertencia a esta categoria.

- Sede: Plainfield, Illinois
- Piloto: Michel Jourdain Jr., Dennis Vitolo, Gualter Salles
- Patrocinadores: Herdez, Viva Mexico!, SmithKline Beecham
- Chassis: Reynard 971/981
- Motores: Ford-Cosworth XD
- Pneus: Firestone
- Vitórias: 0; Poles: 0
- Pontos no Campeonato: 6 Jourdain 5 (24º), Salles 1 (28º)

michel jourdain jr.

dennis vitolo

gualter salles

dale coyne

walter payton

MICHEL JOURDAIN JR. - HERDEZ/VIVA MEXICO! REYNARD 981-FORD

DENNIS VITOLO - SMITHKLINE BEECHAM REYNARD 971-FORD

ENQUANTO '98 não trouxe grandes resultados à equipe de Dan Gurney, existiram sinais prometedores. Toda a atenção da equipe mudou na pré-temporada pois Juan Manuel Fangio II abandonou abruptamente as corridas. PJ Jones assumiu o lugar de primeiro piloto, a que se juntou o estreante Alex Barron, campeão de Fórmula Atlantic de '97. Matt Cranor continuou como diretor desportivo, tendo sido inicialmente auxiliado por Kyle Brannan e, depois, por Bill Trowbridge. John Scherry foi promovido a chefe de equipe, supervisionando os chefes de mecânicos John West e Derek Ige.

Contudo, antes do termo da temporada, Jones perdera o estatuto depois de se aborrecer com o fato de a Toyota ainda não ter conseguido chegar ao nível da concorrência. Quando informou Gurney da sua intenção de se mudar em '99 para a Patrick Racing, Jones concordou em ceder o seu lugar a outro estreante, Vincenzo Sospiri, pois Gurney também olhava para o futuro.

A situação ainda se complicou mais por a AAR ter investido muito tempo e dinheiro no desenvolvimento de um novo chassis Eagle. O carro parecia ser bom à saída da boxe, embora o estreante Barron não estivesse em posição de proporcionar o adequado retorno técnico. E enquanto Jones dirigiu o Eagle na estreia, que foi prejudicada por problemas de juventude, nunca mais foi convidado a fazê-lo. Sospiri nunca teve hipóteses de mostrar seu valor devido à total falta de testes e por usar motores RV8D embrionários... ou pela incapacidade da Toyota de fornecer os mais recentes...

Barron, entretanto, amadureceu rapidamente. Andava ao mesmo nível de Jones, embora tenha sido superado nas qualificações em 12 das 15 vezes. O ponto alto da temporada, para Barron e para a AAR, foi em Vancouver, onde uma estratégia perspicaz, aliada a uma excelente dose de velocidade possibilitou ao Eagle nº36 liderar durante 12 voltas. Barron também andou bem em Houston e na final de Fontana, onde se qualificou em 13º – o seu melhor resultado e o da Toyota numa super-speedway.

Sede: Santa Ana, Califórnia
Piloto: Alex Barron, PJ Jones, Vincenzo Sospiri
Patrocinadores: Castrol, Degree
Chassis: Reynard 98I/Eagle 987
Motores: Toyota RV8C/RV8D
Pneus: Goodyear
Vitórias: 0; Poles: 0
Pontos no Campeonato: 5
Jones 3 (26º),
Barron 2 (27º)

alex barron

pj jones

david bruns
dan gurney

vincenzo sospiri

ALEX BARRON - CASTROL/DEGREE EAGLE 987-TOYOTA

PJ JONES - CASTROL/DEGREE REYNARD 98I-TOYOTA

DAVIS RACING

GERALD Davis trabalhou infatigavelmente na pré-temporada para finalizar seu programa. Arnd Meier, após dez corridas em '97 com a Project Indy, estava ansioso por um calendário completo. Os dois juntaram forças antes dos Testes da Primavera. Equipado inicialmente com o Reynard de Davis de '97, Meier fez logo uns tempos respeitáveis, tirando partido dos conhecimentos de Davis, do engenheiro de corrida Chuck Matthews e do Chefe de Mecânicos Barry Brooke. Davis concluiu depois um acordo com a Lola, que levou a uma difícil aprendizagem, pois o orçamento da equipe não ia para além do dia de testes ocasional.

Assim, equipe e piloto efetuaram resultados admiráveis, incluindo uma boa corrida em Portland onde Meier subiu ao oitavo até perder tempo devido a uma falha eletrónica. Acabaria em 12°. Fez também uma grande qualificação na Michigan Speedway (18° no grid) e uma boa prova em Road America, terminando em 10° atrás de Bobby Rahal e Jimmy Vasser.

Sede: Midland, Texas
Piloto: Arnd Meier
Patrocinadores: Hasseroder Pils, TotalTel, Baan
Chassis: Lola T98/00
Motores: Ford-Cosworth XD
Pneus: Goodyear
Vitórias: 0; Poles: 0
Pontos no Campeonato: 4 (25°)

arnd meier

gerald davis

ARND MEIER - HASSERODER PILS/TOTALTEL LOLA T98/00-FORD

PROJECT INDY

A PEQUENA equipe de Andreas Leberle começou a temporada em suplício tendo adquirido (à última hora) um antigo Reynard-Mercedes da Hogan Racing de '97, carro utilizado no inverno pela Penske para comparação. Sabiamente, Leberle contratou o sub-utilizado Roberto Moreno, enquanto Brian Bertholdt entrou como engenheiro de corrida e Antonio Pio se encarregou da mecânica.

Dadas as circunstâncias, sem andarem no carro antes do treinos em Homestead, a combinação revelou-se eficaz. Moreno, porém, perdeu uma volta inadvertidamente porque a cronometragem da Omega e o sistema de classificação ficaram em branco, o que lhe custou o décimo lugar. Moreno desistiu no início da corrida no Japão com problemas de transmissão, enquanto Mimmo Schiattarella regressou aos Champ Cars em Long Beach, após dois anos de ausência, superando dois atrasos iniciais até colidir com Arnd Meier na última volta. Infelizmente, Leberle foi depois forçado a fazer uma pausa porque alguns patrocínios prometidos não se materializaram.

Sede: Zionsville, Indiana
Piloto: Roberto Moreno, Mimmo Schiattarella
Patrocinadores: Hawaiian Tropic, Marcelo Group
Chassis: Reynard 97I
Motores: Mercedes-Benz IC108D
Pneus: Goodyear
Vitórias: 0; Poles: 0
Pontos no Campeonato: 0

roberto moreno

mimmo schiattarella

andreas leberle

ROBERTO MORENO - HAWAIIAN TROPIC REYNARD 97I-MERCEDES

A HONDA ocupou os três primeiros lugares no Campeonato de Pilotos de '97, mas para seu desgosto, foi batida pela Mercedes-Benz na corrida ao cobiçado Campeonato de Construtores. Contudo, em vez de continuar a desenvolver o motor HRR, os engenheiros do Honda Performance Developement na California e do Centro Tochigi R+D no Japão colaboraram na produção de um propulsor V8 totalmente novo, mais pequeno e leve: "Tentamos mantermo-nos à par da concorrência," explicou o director-geral da HPD, Robert Clarke. "Os nossos adversários, em particular a Illmor e a Cosworth, já trabalham há muitos anos com este tipo de motores e já sabem como os otimizar; penso que nós ainda estamos a aprender e pouco a pouco vamos otimizando o nosso trabalho em termos de conjunto e potência".

O novo motor HRK foi testado pela primeira vez em dezembro, e apesar das primeiras indicações sugerirem uma perda de potência, fizeram-se progressos rápidos. No final da temporada, convertera-se no motor a bater, vencendo 13 corridas, quebrando o recorde anterior, e reconquistando o título de Construtores. Contudo, houve um grande número de rupturas, com de Ferran, sozinho, tido quatro quebras em corrida.

Honda

Fábrica: Santa Clarita, California

Vitórias: 13 (Zanardi 7, Franchitti 3, Vasser 3); Poles: 7 (Franchitti 5, Vasser 2)

A COSWORTH foi o único dos quatro fabricantes de motores que decidiu continuar a desenvolver o seu motor já existente em vez de embarcar na preparação de um novo desenho para a temporada de '98. Mas não houve falta de empenhamento, pois a equipe de engenheiros dirigida por Bruce Wood, que fora responsável pelo programa XD desde o seu início, efetuou algumas alterações, que incluíram a revisão da árvore de cames, das bielas, dos pistões e dos cilindros.

"Não haverá um salto tão espetacular nas prestações como no ano passado," admitiu o presidente da Cosworth USA, Ian Bisco, "mas será significativa. Como os outros fabricantes estão a introduzir motores novos, temos esperança de poder tirar partido da nossa fiabilidade e consistência."

A estratégia trouxe dividendos imediatamente pois Michael Andretti e Adrián Fernández emergiram vitoriosos nas duas primeiras corridas. A Ford dominou igualmente em Long Beach – pelo menos nas qualificações os carros equipados com XD obtiveram cinco dos seis primeiros lugares. Mas a marca do Oval Azul não conseguiu vencer a corrida e, por uma série de circunstâncias, não voltou a ganhar até Mid-Ohio, mas nessa altura o título de Construtores já estava perdido.

Ford/Cosworth

Fábrica: Northampton, Inglaterra; Torrance, California

Vitórias: 4 (Fernandez 2, Andretti 1, Herta 1); Poles: 6 (Herta 3, Fernández 1, Andretti 1, Pruett 1)

O MOTOR Mercedes-Benz IC108E, desenvolvido pela Illmor Engineering, representou um desenho totalmente novo. Marcou um novo padrão em termos de compacticidade, pois era dez centímetros mais curto e 20 quilos mais leve que o magnífico IC108D que ganhou nove das 17 corridas em '97.

"Começamos a trabalhar no novo motor mesmo antes de termos ganho a primeira corrida com o IC108D," revelou o Vice-Presidente da Illmor, Paul Ray. "Isto faz parte processo contínuo de desenvolvimento. Temos de avançar com novas ideias antes do fim de cada temporada. Assim, para construir um novo motor, temos de começar muito antes do modelo atual ter êxito."

O novo motor dispõe de um sistema computadorizado de gestão desenvolvido pelo novo parceiro Magneti-Marelli, embora alguns problemas de juventude levassem à utilização do fiável sistema Delco nas três primeiras corridas. A curva de aprendizagem do motor ultra-compacto foi mais dura do que o esperado, especialmente em termos de "dirigibilidade" nos circuitos urbanos. Só no final da temporada é que o IC108E se mostrou, em todos os tipos de circuitos, à altura dos Ford e Honda.

Mercedes-Benz

Fábrica: Brixworth, Inglaterra; Plymouth, Michigan

Vitórias: 2 (Moore 2); Poles: 6 (Moore 4, Carpentier 2)

O MOTOR Toyota RV8C, que fez a sua aparição no começo da temporada, representou um avanço substancial. Debitava mais potência que os seus antecessores, mas talvez seja ainda mais importante, a sua fiabilidade aumentou muito. As equipes Toyota foram forçadas a trocar 120 vezes de motor durante a temporada de '97 – quatro vezes mais do que a média. Em comparação, a primeira quebra de motor em '98 não ocorreu antes da quinta prova no Rio.

A fiabilidade recém-descoberta permitiu que as equipes se concentrassem na melhoria dos acertos de seus chassis, e assim Robby Gordon pode andar entre os 10 primeiros nos treinos de Nazareth e terminar em sétimo – de longe o melhor resultado da Toyota. O progresso continuou com a introdução do motor RV8D mais potente em Cleveland. Max Papis foi oitavo em Toronto, e mais tarde obteve o quinto lugar em Houston. Alex Barron também demonstrou seu potencial ao liderar 12 voltas em Vancouver. Era a primeira vez que um motor Toyota liderava uma prova da CART. Em termos de potência, no final da temporada, o Toyota ainda estava atrás dos "Três Grandes", mas a diferença diminuíra muito.

Toyota

Fábrica: Costa Mesa, California

Vitórias: 0; Poles: 0

MESMO o pessoal da Firestone ficou surpreendido com o domínio dos seus resultados – 18 poles e 18 vitórias em 19 corridas – no Campeonato FedEx de 1998. "Quando há quatro anos regressamos à Champ Car, havia quem dissesse que não tínhamos hipóteses," declarou o diretor desportivo da Bridgestone/Firestone Al Speyer, que assistiu a uma ascensão inexorável até ao topo.

"Estava em Las Vegas numa convenção (pouco depois do final do campeonato) e um dos nossos distribuidores veio até mim e disse-me, «Al, que possibilidades julgavas que havia há quatro anos de conseguires alcançar tudo isto em 1998?» Uma num milhão, julgo eu. Penso que ninguém teria apostado em nós. Na verdade," confessou, "por vezes fico sem palavras para explicar o nosso êxito avassalador ."

A Firestone foi a fornecedora dos últimos três campeões do campeonato PPG (dois para Alex Zanardi e um para Jimmy Vasser). Em '98, os seus pilotos ocuparam os seis primeiros lugares no campeonato. Os carros com Firestone lideraram todas as corridas com um total de 1.837 das 2.549 voltas, isto é, 72,07 %. Os números falam por si mesmo. Apesar de tudo, foram alcançados face a uma oposição muito dura da eterna rival Goodyear.

"A Goodyear tem um enorme historial na competição e muita experiência," reconheceu Speyer. "Isto não foi obtido contra qualquer uma; foi alcançado contra a marca número um em competição em todo o mundo."

Os pneus radiais Firestone eram os favoritos em cada um dos quatro tipos de circuitos onde se disputa o Campeonato FedEx – alta velocidade, ovais curtas e médias, circuitos mistos e circuitos urbanos. Em particular, Speyer comentou que se tinha dado uma atenção especial às ovais curtas. Mais uma vez, os frutos do trabalho dos engenheiros da Firestone forma evidentes, pois Patrick Carpentier foi pole nas duas ovais de uma milha, Nazareth e Milwaukee, enquanto Jimmy Vasser emergiu vitorioso em ambas.

Firestone

Fábrica: Akron, Ohio e Tokio, Japão

Vitórias: 18 (Zanardi 7, Vasser 3, Franchitti 3, Moore 2, Fernández 2, Herta 1); Poles: 18 (Franchitti 5, Moore 4, Herta 3, Carpentier 2, Vasser 2, Fernández 1, Pruett 1)

O DIRETOR de Operações da Goodyear na CART, Steve Orlando, resumiu acertadamente a sua temporada de '98 quando afirmou: "Foi um ano do poderíamos, teríamos e deveríamos." Com efeito, uma vitória e uma pole position não são indicadores do nível alcançado pela Goodyear durante as 19 provas da temporada.

Em resposta a uma decepcionante temporada de '97, Goodyear encetou um intenso programa de testes e desenvolvimento mal a temporada terminou. Os resultados foram animadores. "Sentimos que tínhamos feito progressos substanciais," afirmou Orlando. "No início ficamos muito encorajados com as nossas atuações nas ovais. Sentíamos que éramos ligeiramente superiores nas ovais no início do ano e isto era demonstrado pelas prestações nas corridas."

Os fatos acompanharam as suas palavras. Michael Andretti dominou a corrida inaugural de Homestead e liderava em Motegi até que um erro no cálculo do combustível lhe custou um bom resultado. Andretti voltou a dominar em Nazareth e Gateway, mas uma vez mais perderia a sua oportunidade. Gil de Ferran não teve a sorte do seu lado em várias ocasiões e a Walker Racing perdeu a oportunidade de vencer em Homestead, Long Beach e Michigan. Também Hélio Castro-Neves esteve em posição de vencer em Long Beach e Vancouver, mas o triunfo fugiu-lhe.

A frustração da Goodyear foi realçada pelo fato de fornecer menos carros do que os adversários da Firestone. "As nossas equipes sofreram todos os tipos de azares," notou Orlando. "E quando as nossas equipes tiveram um ano duro, o nosso ainda foi mais duro porque não tínhamos tantos carros como eles. E quando os nossos melhores pilotos caíam, ficávamos sem munições."

Contudo, a opinião geral era que a Goodyear tinha melhorado muito em comparação com o ano anterior. Andretti liderou um total de 468 voltas – apenas menos 31 que o campeão Alex Zanardi.

"Senti-me como uma equipe de futebol," concluiu Orlando. "Jogávamos bem mas mesmo assim não vencíamos qualquer jogo."

Goodyear

Fábrica: Akron, Ohio

Vitórias: 1 (Andretti); Poles: 1 (Andretti)

REYNARD

Fábrica: Bicester, Inglaterra; Indianapolis, Indiana

Carros produzidos em 1998: 43

Vitórias: 18 (Zanardi 7, Vasser 3, Franchitti 3, Moore 2, Fernandez 2, Herta 1); Poles 18 (Franchitti 5, Moore 4, Herta 3, Carpentier 2, Vasser 2, Fernandez 1, Pruett

"SE NÃO está estragado, não mexas," este é o lema pregue pelo grupo de engenharia da Reynard Racing Cars, liderado pelo chefe de design Malcolm Oastler. O Reynard 98I representou uma mera evolução do carro que fez a sua estreia em '94 – o que não é de surpreender, pois o 97I vencera 13 das 17 corridas. Entre as alterações incluem-se um depósito de combustível ligeiramente maior (porque, na verdade, o que equipava as versões iniciais no carro de '97 era ligeiramente mais pequeno do que o máximo autorizado de 132 litros) e um novo controlo eletrónico de diferencial que permitia que a relação fosse alterada no interior do habitáculo (embora o dispositivo tivesse sido ilegalizado antes do início da temporada). As alterações mais significativas foram feitas sob a direção dos aerodinamicistas Andrew MacAuley e Alan Smith, que, mais uma vez, concentraram os seus esforços na melhoria da eficiência do fluxo de ar. Modificações na asa dianteira, tomadas de ar do radiador, flancos, um novo fundo plano e aileron traseiro revelaram-se extremamente eficazes.

"É tudo relativo," declarou Oastler antes da primeira corrida. "Depende do nível competitivo que a concorrência venha a ter, mas é uma evolução útil em relação ao que tínhamos e penso que nos deixará em boa posição."

E deixou. A Reynard, claro, tinha a vantagem em termos de números, 22 dos 28 carros – pelo menos até a AAR ter apresentado o seu novo Eagle. Mesmo assim, o 98I era claramente o melhor, vencendo 18 das 19 corridas e poles, liderando 72,73 por cento do total de voltas e assegurou à Reynard o quarto título consecutivo no Campeonato de Construtores por uma vantagem espantosa de 242 pontos, 408-166. A vitória de Jimmy Vasser na prova final de Fontana foi particularmente significativa pois representou o 50° triunfo da marca na Champ Car.

SWIFT

Fábrica: San Clemente, California

Carros produzidos em 1998: 9

Vitórias: 1 (Andretti); Poles 1 (Andretti 1)

O UNICO chassis, em '98, além do Reynard a vencer ou ser pole foi o Swift 009.c. Evolução do 007.I de David Bruns que se estreou em '97, o mais recente carro sofreu apenas algumas pequenas alterações mecânicas, com o objetivo principal de facilitar o acesso dos mecânicos aos diversos componentes. O câmbio transversal, por exemplo, era difícil de ser trabalhado; mesmo as alterações mais diretas nas relações de câmbio requeriam imenso tempo. Os pontos de fixação da suspensão traseira foram igualmente modificados para aumentar a rigidez.

Tal como a Reynard, a Swift Engineering concentrou-se desenvolvimento das melhorias aerodinâmicas, dando uso total ao seu próprio túnel de vento em San Clemente. O Dr. Mark Handford, que assumiu a responsabilidade por todo o projeto (juntamente com o diretor técnico) após a partida súbita de Bruns pouco depois do início da temporada, empregou todo o tipo de acrescentamentos, particularmente nos flancos, que incluíam tomadas de ar mais altas e derivas separadas nas asas traseiras, que pareciam seguir a tendência criada pela Reynard. O fundo plano era igualmente novo.

"Sentimos que fizemos alguns passos significativos," afirmou Bruns antes do início da temporada. "Tenho de dizer que estamos cautelosamente otimistas".

Michael Andretti, claro, venceu convincentemente a corrida inaugural em Homestead e foi competitivo em muitas outras corridas, mas por uma série de razões não voltou a ganhar corridas.

"É justo dizermos que estamos decepcionados por não termos ganho mais corridas," concluiu Handford. "Poderíamos ter ganho facilmente mais cinco corridas, mas não ganhamos. Estamos satisfeitos por o carro ser competitivo, nomeadamente nas ovais, mas estamos conscientes que temos de trabalhar mais no acerto para circuitos mistos."

PENSKE

Fábrica: Poole, Inglaterra; Reading, Pennsylvania

Carros produzidos em 1998: 6

Vitórias: 0 Poles 0

"MUITO radical" é como Nick Goozee, director-geral da Penske Car em Poole, Inglaterra, descreveu o novo Penske PC27 na sua apresentação antes dos Treinos da Primavera em Homestead, no início de fevereiro. "Não se parece com nada que fabricamos até agora. É tão diferente do PC26 como o foi o primeiro carro de Nigel Bennett depois de substituir Alan Jenkins em 1988."

Bennet, claro, optara por passar a segundo plano após dez anos à frente do departamento de design da Penske, deixando John Travis no papel de chefe de design. Entretanto, Geoff Ferris, que desenhou o primeiro carro de Fórmula 1 da Penkse há mais de 20 anos, continuou a ser uma parte importante da equipe de design, especialmente em termos de transmissão.

Curiosamente, ambos optaram pela utilização de uma transmissão longitudinal «tradicional», produzida em conjunto com a Xtrac, em vez da tradicional transversal, que, ironicamente se tornou numa moda que a Penske iniciou com o PC20 em '91. O câmbio, porém, foi colocado na frente do eixo traseiro, permitindo a Travis maximizar as vantagens do pequeno motor Mercedes-Benz/Illmor.

Outras características distintivas eram o nariz elevado, ao estilo dos Fórmula 1, e a colocação dos espelhos, que em vez de saírem diretamente do cockpit, encontravam-se sobre os flancos. O carro revelou-se muito rápido desde o primeiro momento, e André Ribeiro qualificou-se na primeira linha do grid em Homestead, enquanto seu companheiro de equipe Al Unser Jr. terminou em segundo em Motegi. À medida que a temporada progredia, um dos dois pilotos qualificou-se como o mais rápido com pneus Goodyear em cinco ocasiões – numa oval de comprimento médio (Homestead), oval curta (Milwaukee), circuito de alta velocidade (Michigan) e dois circuitos mistos permanentes (Mid-Ohio e Laguna Seca). O desenvolvimento, porém, sofreu atrasos devido a problemas contínuos com o câmbio durante a primeira metade da temporada, especialmente com o mecanismo de seleção, e a equipe teve muitos problemas para obter uma fiabilidade real. Os circuitos urbanos continuaram, igualmente, a ser problemáticos.

LOLA

Fábrica: Huntingdon, Inglaterra; Indianápolis, Indiana

Carros produzidos em 1998: 3

Vitórias: 0; Poles: 0

A LOLA Cars esteve quase a desaparecer após a desastrosa temporada de '97, que começou com uma abortada tentativa de entrada na Fórmula 1. Esta situação piorou com a desesperante e pouco competitiva temporada na Champ Car. Finalmente, o irlandês Martin Birrane veio em socorro e depois de prometer o regresso da marca aos momentos de glória, encarregou o chefe de design Ben Bowlby e o aerodinamista Chris Saunders de realizarem um estudo acerca dos problemas do T97/00. Veio-se a saber que os dados obtidos durante o extenso programa em túnel de vento tinham sido afetados por um «fator de correção» mal calibrado. Ambos realizaram várias alterações a tempo da última corrida da temporada de '97 em Fontana, e de repente, o carro transformou-se pois Adrián Fernández, na sua melhor atuação com a equipe Tasman, levou o anteriormente mal amado Lola até ao terceiro lugar. Isto foi muito encorajador.

Bowlby e Sanders incorporaram as melhorias na versão refinada para 1998.

Obviamente, atendendo aos recentes resultados da Lola, já todos os seus clientes anteriores se tinham mudado, sobretudo para a Reynard, é só pouco antes da primeira corrida em Homestead é que a Davis Racing decidiu arriscar. Nessa altura, Birrane tinha aumentado a sua equipe de desenho e contratado para diretor técnico o experiente engenheiro Frank Dernie.

O novo câmbio e a nova suspensão do T98/00 foram entregues a tempo da prova inaugural e, apesar do desenvolvimento ser atrasado por falta de fundos da Davis Racing, que não podia fazer tantos testes quanto necessários, o carro foi objeto de comentários favoráveis durante a temporada. De fato, apesar do melhor resultado do ano ter sido um décimo lugar em Road América, pelo menos três equipes pareciam interessadas nos Lola para 1999.

EAGLE

Fábrica: Santa Ana, California

Carros produzidos em 1998: 3

Vitórias: 0; Poles: 0

DAN Gurney nunca abandona um desafio. Os chassis Eagle tinham obtido 23 vitórias na Champ Car entre 1966 e 1986, e apesar do decepcionante regresso da marca em 1996, a experiente e bem apetrechada equipe de design de Gurney produziu um novo carro para a temporada seguinte. Nessa altura, Gurney já tinha comprometido a sua equipe All American Racers para disputar a temporada com chassis Reynard, e quando o chassis Eagle 977 não foi capaz de corresponder às expectativas aerodinâmicas, o projeto foi congelado. Todavia, o trabalho de bastidores prosseguiu e em Mid-Ohio no início de agosto, após duas breves sessões de testes, o Eagle 987 fez a sua aparição pública.

"Sabemos que é uma tarefa muito dura competir com a Reynard – que domina porque tem um excelente carro," admitiu Gurney. "Mas isso é o que decidimos fazer."

O último Eagle foi concebido pelos engenheiros da equipe AAR, incluindo o líder do projeto Gordon Kimball, o diretor técnico Matt Cranor e o engenheiro aerodinâmico Hiro Fujimori. David Bruns, que deixou a Swift Engineering pouco depois do início da temporada, também se viu envolvido nas últimas fases do processo de desenvolvimento. O 987 tinha um chassis monocoque totalmente novo e um conjunto aerodinâmico inovador – incluindo um nariz peculiar, pontões distintivos e umas interessantes formas na asa traseira. Não obstante, a utilização do câmbio e transmissão Reynard levou a que alguns quadrantes o apelidassem de "Reagle".

O carro mostrou-se rápido em sua estreia, apesar das limitações do velho motor Toyota RV8C e dos pneus Goodyear, que não podiam competir com os Firestone em Mid-Ohio. Mesmo assim, o rookie Alex Barron qualificou-se na frente do seu companheiro de equipe PJ Jones no Reynard da AAR. O Eagle continuou a demonstrar o seu potencial, especialmente em Vancouver, onde liderou gloriosamente durante 12 voltas até que Barron cometeu um erro quando era pressionado por Andretti; e em Fontana, onde Barron se qualificou em 15º a mais de 368 km/h – sem dúvida a atuação mais competitiva da Toyota num circuito de alta velocidade.

HOMESTEAD

FEDEX CHAMPIONSHIP SERIES • 1ª PROVA

1 - ANDRETTI

2 - MOORE

3 - ZANARDI

O starter Jim Swintal mostra a bandeira verde e o Campeonato FedEx de 1998 começa. Os dois primeiros qualificados Greg Moore e Andre Ribeiro lideram o pelotão em direção à Curva Um, seguidos de perto por Jimmy Vasser e Christian Fittipaldi.

MICHAEL Andretti iniciou o novo Campeonato FedEx com espírito de confiança depois de ter feito nos testes alguns tempos de volta prometedores com o mais recente Swift-Ford. A sua fé não era descabida. Depois de se ter qualificado em oitavo para a corrida de Miami, apoiada pela Toyota, o Campeão de 1991 assumiu o comando na volta 66 e manteve-se na frente até à última volta quando errou os cálculos ao ultrapassar um carro mais lento. Greg Moore encarregou-se de fornecer um clima de emoção ao entusiasmado público do sul da Florida, aproximando-se cada vez mais da asa traseira de Andretti à saída da Curva Quatro.

"Acabei por ser demasiado conservador nessa parte final", admitiu Andretti com um sorriso, após ter visto a bandeira quadriculada uns escassos 75 milésimos de segundo à frente de Moore. "Sabia que o Greg estava ali e que se tinha aproximado de mim nas curvas Três e Quatro, mas não pensei que podia alcançar-me. Acho que ainda tinha algumas reservas se fosse preciso. O meu carro estava como sobre rails."

Contudo, Moore foi quem marcou o ritmo em grande parte do final de semana e podia ter-se mostrado imbatível, não fosse um problema com um macaco hidráulico durante a sua primeira parada no box. O canadense, de 22 anos de idade, arrancou da pole com o seu Reynard-Mercedes – a primeira da sua carreira – e começou a afastar-se dos seus perseguidores a um ritmo alucinante durante a primeira fase das 150 voltas, feitas sob forte calor. Na volta 32, Moore levava 9 segundos inteiros de avanço.

André Ribeiro mostrou que a sua boa forma nas qualificações ao volante do seu Penske-Mercedes PC27 não era fingida ao defender a segunda posição para a largada à frente do campeão residente Alex Zanardi, que saltou imediatamente de sexto para terceiro no seu habitual Reynard-Honda nº 1. Andretti vinha a seguir em quarto, perseguido inicialmente pelo seu companheiro de equipe Christian Fittipaldi (Swift-Ford) e, por Jimmy Vasser, que saiu do terceiro lugar com o Reynard-Honda, mas foi traído pela falta de pressão no turbo. O infeliz Vasser foi também passado por Adrian Fernandez (Reynard-Ford) e por Gil de Ferran (Reynard-Honda) ainda nas duas primeiras voltas.

Os lugares da frente mantiveram-se inalterados durante as primeiras 17 voltas até que, de repente, André Ribeiro entrava no box vítima de fortes vibrações. Uma troca de rodas acabou com o desequilíbrio mas o brasileiro nunca mais figurou entre os líderes. O seu compatriota de Ferran, entretanto, que saíra em 12º, encontrou maneira de passar Fernandez na volta 19 e, depois, desmontou Fittipaldi da quarta posição passadas umas 10 voltas.

Enquanto Moore continuava a ir embora, Andretti arrumava maneira de passar Zanardi para o segundo lugar, na volta 33. Poucos momentos depois, vinha a primeira situação de bandeiras amarelas depois do estreante Tony Kanaan ter perdido o controlo do seu Reynard-Honda na Curva Quatro, embatendo no muro.

"Estou muito desiludido", disse Ka-

QUALIFICAÇÃO

Uma fantástica sessão de qualificação de um carro de cada vez no sábado – com a seqüência determinada pelos tempos dos treinos mas em ordem inversa – deu origem a excelentes performances. A mais impressionante foi a do jovem Greg Moore, que cavou bem fundo na sua prodigiosa reserva de talento e bravura ao realizar uma volta quase meio segundo mais rápida que a sua anterior melhor.

"Depois dos treinos de ontem disse que pensava que podia fazer um 25 baixo (uma volta em 25 segundos) ou, talvez, um 24 alto para chegar à pole, " dizia Moore. "Sabia que havia algo mais à nossa disposição quando o André Ribeiro fez o tempo dele em 25.189, (o mais rápido até à altura), que era três décimos mais rápido do que ele tinha feito antes. Por isso dissemos, OK, vamos a isso."

Com bastante segurança, o Reynard-Mercedes fez parar os cronômetros nos segundos 25.041 na sua primeira volta lançada. Já era mais do que suficiente para a pole. Mas Moore ainda não tinha acabado. Na passagem seguinte era um espantoso 24.856, à velocidade média de 350.023 km/h.

O tempo de Ribeiro manteve-se bom para a linha exterior do grid – um esforço notável – considerando que nem ele nem o seu companheiro Al Unser Jr. tinham sido particularmente rápidos nos treinos.

"Estamos a progredir", disse Ribeiro a propósito do seu, até agora sem problemas mas prometedor chassi Penske PC27. "O que é bom agora é o fato do carro dar confiança permitindo-nos o desenvolvimento. O carro tem um enorme potencial e tem muito mais para dar."

Jimmy Vasser estava razoavelmente satisfeito com o terceiro lugar no grid, três posições à frente do seu colega de equipe Alex Zanardi. Pelo meio estava Christian Fittipaldi, que tinha sido o mais rápido nos treinos de sexta-feira com o seu Swift-Ford, e Adrian Fernandez, que marcou o ritmo no sábado de manhã com o seu Reynard-Ford.

Mark Blundell produziu um esforço terrível para segurar o sétimo melhor tempo, significativamente mais rápido do que ele conseguira antes com o seu Reynard-Mercedes. Michael Andretti, entretanto, não conseguia melhor que o oitavo no segundo Swift. "Gostava de ter tido um melhor comportamento da frente, " disse ele referindo-se ao fenômeno de subviragem, "mas acho que estamos bem para a corrida".

Fotos: Michael C. Brown

Greg Moore perdeu a liderança quando um problema com o seu macaco hidraúlico o fez perder tempo no seu primeiro reabastecimento mas depois recuperou conseguindo terminar em segundo lugar.

Abaixo à direita: 'Supersub' Roberto Moreno regressou à categoria ao volante do Reynard-Mercedes de '97 da Project Indy.

Abaixo mais à direita: Michael Andretti retira a liderança a Alex Zanardi na Curva Um na volta 108. Andretti prosseguiu obtendo uma excelente vitória, a terceira na corrida inaugural da temporada.

naan, que se encontrava na 13ª posição. " O meu carro estava um tanto solto. Devia ter abrandado e esperado pelo primeiro pit stop para poder mudar o carro mas, eu estava mesmo atrás do Al Unser Jr. e ele teve um grande problema à minha frente. Aliviei um pouco (o acelerador) mas foi demais e fiz uma rodada. Foi um erro de principiante."

Todos os da frente aproveitaram a oportunidade para fazerem a primeira parada no box. Uma dúzia de segundos depois de atividade frenética, Zanardi emergiu dos boxes na qualidade de novo líder, seguido por de Ferran, Andretti e pelo carro de ...Carpentier que tinha passado Mark Blundell e Maurício Gugelmin nas voltas anteriores, sendo assistido depois pela sua equipe chefiada por George Klotz. Para o seu companheiro líder Moore, pelo contrário, só houve problemas com o sistema de ar do macaco hidráulico que falhou por completo remetendo-o para as traseiras do pelotão enquanto a sua equipe remediava as coisas com macacos manuais.

De Ferran apanhou Zanardi surpreendentemente desprevenido no recomeço, passando-o na Curva Um. A perda de embalo de Zanardi permitiu que Andretti ocupasse a segunda posição na reta oposta à da meta.

Os três líderes mantinham-se em formação cerrada durante, mais ou menos, as 20 voltas seguintes, perseguidos por Fittipaldi que tinha encontrado maneira de ultrapassar Carpentier na volta 48. Pela volta 74 a diferença entre eles aumentara para 4.6 segundos. Zanardi estava uns dois segundos para trás, em terceiro, com Fittipaldi a igual diferença na perseguição. Depois vinha Carpentier, seguido dos dois Reynard-Honda de Dario Franchitti e Paul Tracy, que tinham subido, depois do recomeço, de 13º e 21º, respetivamente. Moore também estava neste grupo, subindo depressa do 17º após o primeiro atraso.

Entretanto, Tracy, depois de ter chegado a sexto, ao tentar passar um atrasado alargou para a parte alta da Curva Dois. O canadense bem conseguiu manter o controlo do carro mas não evitou um ligeiro toque no muro. A suspensão quebrou e ali terminava o seu dia.

" Todo o mundo trabalhou imenso para colocar o carro em boa posição". Disse o pobre Tracy, que lutou durante todo o treino e qualificação contra uma excessiva subviragem. " Ir embora sem nada é uma grande desilusão".

O incidente fez sair o pace-car pela segunda vez. Novamente os líderes se encaminharam para os boxes – todos exceto de Ferran – cuja equipe jogava na estratégia de somente duas paradas. Todo o mundo teria que parar outra vez antes do final.

Novo visual

MUITAS coisas mudaram nos últimos 12 meses desde que os pilotos visitaram pela última vez o sul da Florida. Em primeiro lugar, em Dezembro, os especialistas da FedEx em transportes expresso juntaram forças com o CART (Championship Auto Racing Teams) para se associarem no título dos patrocínios das novas séries FedEx. A associação foi anunciada numa elegante recepção no Central Park de Nova Iorque.

"O Campeonato FedEx representa uma excelente oportunidade para mostrar a marca FedEx num segmento único do mercado", disse o Vice-Presidente da FedEx, David Shoenfeld. "É uma coisa natural. Ambas as organizações assentam num trabalho de equipe de alta performance e de alta tecnologia para baterem a concorrência."

Andrew Craig, presidente do CART, afirmou que " a estatura da FedEx leva credibilidade e conhecimento às corridas CART" e acrescentou: "Este acordo permitirá às duas organizações ajudarem-se uma à outra no sentido de reforçarem as suas ramificações em todo o mundo."

Reforçando a nova identidade, o CART confirmou a adoção da designação "Championship Cars" (ou Champ Cars), pela primeira vez assim apelidados em 1930 quando os carros que competiam no American Automobile Association's National Driving Championship, inaugurado formalmente em 1916, eram assim chamados para se diferenciarem dos "midgets" e "sprint cars" que, na altura, também se tinham tornado populares.

"Chamando os nossos carros de Championship Cars, reforçamos a idéia que participam num campeonato nacional," afirmou Craig. "para além disso, continuamos a laborar na herança tradicional do esporte, uma herança que muitos dos nossos fãs e seguidores abraçaram".

O complexo esportivo de Miami-Dade Homestead também recebeu uma sutil mudança de nome em deferência a um novo arranjo da zona do município. Mais importante, a pista foi inteiramente refeita, com o seu desenho de quatro curvas substituído por duas longas curvas de raio constante. As modificações, que custaram vários milhões de dólares, mereceram aprovação unânime dos pilotos, não obstante o fato dos tempos por volta terem saltado dos 313.755 km/h em 1997 para os 349.153 km/h.

"Agora a sensação é mais confortável porque, apesar de entrar a fundo nas curvas, não tem de se preocupar com o muro olhando na tua cara", disse Maurício Gugelmin. " O muro ainda lá está, mas o ângulo é muito melhor agora; já não temos que nos preocupar tanto em bater nele de frente."

Fotos: Michael C. Brown

Goodyear melhora

Fotos: Michael C. Brown

A INTENSA competição entre os gigantes dos pneus Goodyear e Firestone teve honras partilhadas na abertura do Campeonato. A Firestone garantiu a pole graças aos esforços de Greg Moore enquanto a Goodyear reivindicou o espólio da vitória depois da robusta exibição de Michael Andretti. O resultado disto foi um grande feito para a Goodyear depois duma seqüência de 12 vitórias consecutivas da Firestone, recuando uns bons 10 meses no tempo.

A boa condição dos pneus Goodyear ficou também amplamente demonstrada pelo companheiro de equipe de Andretti, Christian Fittipaldi, que terminou a pouco mais de três segundos atrás, na quarta posição. Gil de Ferran também liderou durante 41 voltas no seu Reynard-Honda e manteve-se sempre em luta pela vitória antes duma jogada para a parada no box ter resultado errada, atirando-o para o sétimo lugar no final.

"Este é um crédito para a enorme quantidade de trabalho que toda a nossa equipe de engenheiros realizou", disse Steve Orlando, responsável pelas operações da Goodyear nas provas de Champ Car. "O verdadeiro teste para um campeão é sempre a forma como ele recupera da adversidade. O nosso objetivo agora é preparar cada corrida da mesma maneira que fizemos para esta, ao mesmo tempo que continuamos a melhorar."

"Nós temos um bom acerto para as ovais com o Swift", confirmou Andretti, "mas, eu tenho que tirar o meu chapéu ao pessoal da Goodyear. Hoje, os pneus estavam ótimos e a Goodyear fez um belo trabalho. Jogaram bem na mistura e tudo foi perfeito. E, se ainda ganharmos mais algumas corridas este ano, coisa que eu espero fazer, vamos ter muito que fazer com a Goodyear. Foi muito positivo, em todos os testes fomos sempre cada vez mais rápidos. Agora estamos a tirar mais longevidade dos pneus. Foi um começo excelente", acrescentou Andretti, "mas eu agora estou esperando as corridas de circuito urbano porque penso que a Goodyear fez grandes avanços também nesse terreno.".

De Ferran ganhou vantagem colocando-se na liderança depois do recomeço. Mas Andretti ficava bem colado. De Ferran era obrigado a usar uma mistura pobre de alimentação para assegurar só mais uma parada. Em conseqüência, Andretti podia realizar uma ultrapassagem limpa na Curva Três na volta 95. Zanardi passava também para a frente do carro da Valvoline antes da equipe Walker Racing chamar de Ferran para assistência na volta 97.

Com alguma crueldade, pelo menos para de Ferran, as luzes amarelas voltaram a acender exatamente duas voltas depois do estreante Hélio Castro-Neves ter batido na parte alta do muro da Curva Um. Se de Ferran tivesse podido esperar até ao final da situação de precaução, ele teria feito a sua parada juntamente com todos os outros líderes. Em vez disso, caiu para uma volta atrás de Andretti ao ir para o box já com os verdes acesos. De Ferran recuperou a posição quando todos os outros executaram as suas últimas paradas sob amarelas, mas teve de alinhar para o recomeço num baixo 13° lugar.

Mais uma vez a equipe de Zanardi realizou um trabalho soberbo batendo a Newman/Haas nos boxes. Mas pouco depois do recomeço, Andretti, passava Zanardi nas calmas na Curva Um.

"Não há dúvidas de que Andretti sabe como recomeçar e ele fez um trabalho excelente", louvava Zanardi. "Mas os seus pneus estavam bem em todo o lado. Pela maneira como fizemos o acerto do carro sabíamos que não estaria super-rápido na primeira volta; ajustamos o nosso carro para toda a corrida."

Assim sendo, as boas razões de Zanardi não foram ajudadas por outras duas outras situações de precaução na última fase, primeiro quando Mark Blundell por pouco batia no muro da Curva Dois, depois, quando Hiro Matsushita acertou em cheio cerca de uma dúzia de voltas mais tarde. Restava aos combatentes um sprint de dez voltas até à bandeira quadriculada. Mais uma vez, Andretti empreendeu a tarefa de conseguir uma liderança clara. Moore, entretanto, tendo subido claramente e sem dúvidas para o terceiro posto, recuperava o segundo quando o retardatário Arnd Meier, inadvertidamente, obrigou Zanardi a sair da sua trajetória entre as Curvas Três e Quatro na volta 144.

"O tráfico às vezes trabalha a teu favor, outras vezes trabalha contra ti", dizia Zanardi,. "Alcancei um carro mais lento no local errado e o Greg aproveitou bem a oportunidade. Quando saí da curva dei-me conta de que não tinha mais chances e pensei, bem, vale mais um terceiro lugar do que nada."

Moore, esporado pela sugestão duma vitória, baixava a cabeça e carregava contra Andretti. A sorte parecia do seu lado quando Andretti abrandou na Curva Um na volta final para garantir uma passagem limpa pelo Reynard-Toyota de PJ Jones. Moore colava na cauda do Swift de Andretti a caminho da Curva Quatro.; mas o líder da corrida tinha tudo sob controlo.

"O meu carro estava muito bem nas Curvas Três e Quatro, por isso podia ir a fundo nelas", relatava Andretti. "Não pensei que ele pudesse ganhar-me."

Mas Moore não estava assim tão certo: "o Michael estava um pouquinho mais rápido do que eu com o caminho livre à frente", concordava o canadense. " A 10 voltas do final, o meu engenheiro Steve Collins disse-me pelo rádio, "achas que tens alguma coisa ainda para ele?". Eu respondi, "com tráfico penso que sim." Acho que podíamos ter ganho a corrida com mais uma volta, mas o segundo lugar é uma boa maneira de começar a época."

Zanardi também estava contente com o seu terceiro lugar: "Quando as coisas não correm como planejado e ainda acabas em terceiro, tens de ficar muito contente. Eu estou."

Fittipaldi fez uma boa corrida para o quarto lugar seguido pelos dois Reynard-Ford de Scott Pruett e de Fernandez, que perdeu tempo na segunda parada. A seguir vem de Ferran, que conseguiu bater Franchitti e Brian Herta na ponta final para reclamar a sétima posição, apesar da sua despropositada parada no box: "Tivemos uma oportunidade para a vitória mas as coisas são como são", exclamou de Ferran. "O carro estava muito bom e muito bem no tráfico."

Abaixo: Em contra-luz face ao céu limpo da Florida, os mecânicos de boxe da Patrick Racing preparam o Visteon de Scott Pruett para a ação.

BREVES HOMESTEAD

• Ao mesmo tempo que Greg Moore se qualificou 0.3 segundos mais rápido do que André Ribeiro no lado de fora do grid, a competitividade dos 29 carros ficou demonstrada pelo fato dos 14 lugares seguintes terem ficado na mesma margem de tempo. Mais. Três motores diferentes – Ford/Cosworth, Mercedes/Ilmor e Honda – estavam representados no pódio ao lado de ambos os fornecedores de pneus (Goodyear e Firestone) e de dois chassis Swift e Reynard).

• Nem Al Unser Jr. nem o seu parceiro na Penske, André Ribeiro, pontuaram, mas ambos fizeram uma bela corrida no novo Penske PC27 desenhado por John Travis. "Na verdade, estou muito orgulhoso da equipe", relatou Unser, que andou em quinto até ser traído por uma transmissão quebrada. "Estou entusiasmado com o carro, é rápido !".

• O habitual excelente trabalho de box da equipe de Rob Hill permitiu que Alex Zanardi passasse para a frente de Michael Andretti por duas vezes durante os pit-stops previstos: " Eu não quero retirar nenhum crédito disso", afirmou Zanardi, "porque simplesmente parqueei o carro no sítio certo e, quando eles me disseram para ir, eu fui; e, quando olhei pelo meu espelho e vi aquele carro preto, senti-me muito bem."

• A oferta pública de ações do CART na Bolsa de Nova Iorque durante a semana que antecedeu a abertura da temporada, foi sucedida com os preços a subirem de 16 dólares por ação para quase 21 dólares num negócio muito vivo.

• A PacWest Racing escolheu para começo de ano os seus Reynard de 97, devido a algumas dúvidas sobre a resistência dos novos motores Mercedes/Ilmor IC108E.

• A Payton/Coine Racing esteve bastante ocupada durante as duas semanas anteriores à primeira corrida devido a dois grandes acidentes em testes que danificaram seriamente ambos os Reynard 97 de Michel Jourdain Jr. e de Denis Vitolo. Ambos iniciaram a prova mas Vitolo desistiu ao fim de 90 voltas por ter agravado um ferimento na mão direita.

• Christian Fittipaldi acabou em quarto para a Newman/Haas Racing, apesar de ter conhecido algumas dificuldades de estabilidade durante a primeira fase da corrida: " Eu devia ter ouvido o Michael (Andretti) porque me disse esta manhã que, durante a corrida, os carros estariam muito soltos", disse o brasileiro. "Como os nossos carros tinham acertos diferentes, mantive o carro tal como estava. Quarto lugar não é mau mas éramos capazes de melhor".

FEDEX CHAMPIONSHIP SERIES • PROVA 1

MARLBORO GRAND PRIX OF MIAMI PRESENTED BY TOYOTA

MIAMI-DADE HOMESTEAD MOTORSPORTS COMPLEX, HOMESTEAD, FLORIDA

15 MARÇO, 150 voltas – 362.585 Km

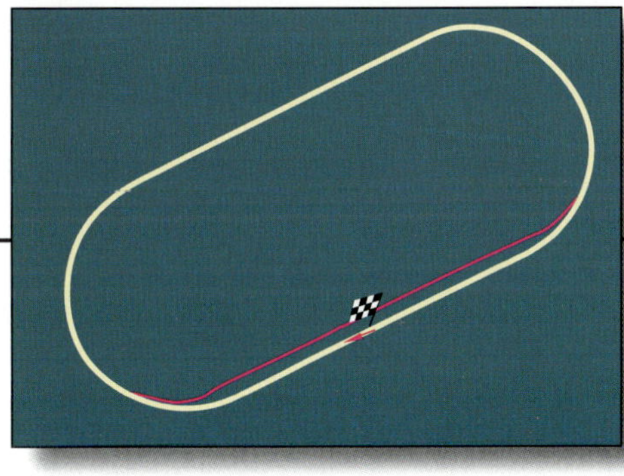

Clf.	Piloto (Nac.)	Nº.	Patrocinadores Chassis-Motor	Pneus	Qlf Veloc.	Q Tempo	Pos.	Voltas	Tempo/Causa	Média	Pts.
1	**Michael Andretti (USA)**	**6**	**Newman/Haas Kmart/Texaco Havoline Swift 009.c-Ford**	**GY**	**343.384**	**25.342s**	**8**	**150**	**1h 33m 39.268s**	**232.291**	**21**
2	**Greg Moore (CDN)**	**99**	**Forsythe Player's Ltd./Indeck Reynard 98I-Mercedes**	**FS**	**350.098**	**24.856s**	**1**	**150**	**1h 33m 39.343s**	**232.287**	**17**
3	**Alex Zanardi (I)**	**1**	**Target/Chip Ganassi Racing Reynard 98I-Honda**	**FS**	**344.430**	**25.265s**	**6**	**150**	**1h 33m 40.186s**	**232.254**	**14**
4	**Christian Fittipaldi (BR)**	**11**	**Newman/Haas Kmart Swift 009.c-Ford**	**GY**	**344.649**	**25.249s**	**4**	**150**	**1h 33m 42.627s**	**232.152**	**12**
5	**Scott Pruett (USA)**	**20**	**Patrick Visteon Reynard 98I-Ford**	**FS**	**342.545**	**25.404s**	**12**	**150**	**1h 33m 44.525s**	**232.073**	**10**
6	**Adrian Fernandez (MEX)**	**40**	**Patrick Tecate Beer/Quaker State Oil Reynard 98I-Ford**	**FS**	**344.566**	**25.255s**	**5**	**150**	**1h 33m 45.194s**	**232.046**	**8**
7	**Gil de Ferran (BR)**	**5**	**Walker Valvoline/Cummins Reynard 98I-Honda**	**GY**	**342.545**	**25.404s**	**11**	**150**	**1h 33m 46.078s**	**232.009**	**6**
8	**Bryan Herta (USA)**	**8**	**Team Rahal Shell Reynard 98I-Ford**	**FS**	**340.656**	**25.545s**	**16**	**150**	**1h 33m 49.134s**	**231.883**	**5**
9	**Dario Franchitti (GB)**	**27**	**Team KOOL Green Reynard 98I-Honda**	**FS**	**342.357**	**25.418s**	**13**	**150**	**1h 33m 49.543s**	**231.867**	**4**
10	**Mauricio Gugelmin (BR)**	**17**	**PacWest Racing Group Hollywood Reynard 97I-Mercedes**	**FS**	**342.560**	**25.403s**	**10**	**150**	**1h 33m 50.123s**	**231.843**	**3**
11	**Patrick Carpentier (CDN)**	**33**	**Forsythe Player's Ltd./Indeck Reynard 98I-Mercedes**	**FS**	**343.261**	**25.351s**	**9**	**150**	**1h 33m 50.650s**	**231.821**	**2**
12	**Mark Blundell (GB)**	**18**	**PacWest Racing Group Motorola Reynard 97I-Mercedes**	**FS**	**344.117**	**25.288s**	**7**	**150**	**1h 34m 08.297s**	**231.096**	**1**
13	Richie Hearn (USA)	10	Della Penna Budweiser/Ralphs Swift 009.c-Ford	FS	341.802	25.459s	15	149	Em prova		
14	*JJ Lehto (SF)	9	Hogan Motor Leasing Reynard 98I-Mercedes	FS	s/ result.	s/ tempo	29	149	Em prova		
15	Roberto Moreno (BR)	15	Project Indy Hawaiian Tropic Reynard 97I-Mercedes	GY	328.602	26.482s	23	149	Em prova		
16	Jimmy Vasser (USA)	12	Target/Chip Ganassi Racing Reynard 98I-Honda	FS	345.236	25.206s	3	148	Em prova		
17	Andre Ribeiro (BR)	3	Marlboro Team Penske Penske PC27-Mercedes	GY	345.469	25.189s	2	148	Em prova		
18	*Alex Barron (USA)	36	All American Racers Castrol/Degree Reynard 97I-Toyota	GY	325.468	26.737s	27	148	Em prova		
19	Bobby Rahal (USA)	7	Team Rahal Miller Lite Reynard 98I-Ford	FS	337.328	25.797s	17	147	Em prova		
20	PJ Jones (USA)	98	All American Racers Castrol/Degree Reynard 98I-Toyota	GY	326.799	26.628s	26	146	Em prova		
21	Arnd Meier (D)	77	Davis Baan Business Software/TotalTel Lola T97/00-Ford	GY	324.739	26.797s	28	136	Em prova		
22	Al Unser Jr. (USA)	2	Marlboro Team Penske Penske PC27-Mercedes	GY	342.169	25.432s	14	122	Transmissão		
23	Hiro Matsushita (J)	24	Arciero-Wells Panasonic/Duskin Reynard 98I-Toyota	FS	327.760	26.550s	24	121	Acidente		
24	*Helio Castro-Neves (BR)	16	Bettenhausen Alumax Aluminum Reynard 97I-Mercedes	GY	329.260	26.429s	22	97	Acidente		
25	Dennis Vitolo (USA)	34	Payton/Coyne SmithKline Beecham Reynard 97I-Ford	FS	327.095	26.604s	25	90	Lesão do piloto		
26	Max Papis (I)	25	Arciero-Wells Racing MCI Reynard 98I-Toyota	FS	334.038	26.051s	20	83	Porca da roda		
27	Paul Tracy (CDN)	26	Team KOOL Green Reynard 98I-Honda	FS	332.646	26.160s	21	79	Danos na suspensão		
28	Michel Jourdain Jr. (MEX)	19	Payton/Coyne Herdez/Viva Mexico! Reynard 97I-Ford	FS	334.064	26.049s	19	78	Estabilidade		
29	*Tony Kanaan (BR)	21	Tasman Motorsports LCI Reynard 98I-Honda	FS	335.480	25.939s	18	32	Acidente		

* Piloto Rookie

Bandeira amarela: Voltas 33–42, acidente/Kanaan; voltas 74–79, acidente/Tracy; voltas 99–105, acidente/Castro-Neves; voltas 116–120, destroços (Blundell); voltas 129–138, acidente/Matsushita. **Total:** Cinco durante 38 voltas.

Líderes: Greg Moore, 1–36 (36 voltas); Alex Zanardi, 37–43 (7 voltas); Gil de Ferran, 44–65 (22 voltas); Michael Andretti, 66–76 (11 voltas); de Ferran, 77–94 (18 voltas); Andretti, 95–102 (8 voltas); Zanardi, 103–107 (5 voltas); Andretti, 108–150 (43 voltas). **Totais:** Andretti, 62 voltas; de Ferran, 40 voltas; Moore, 36 voltas; Zanardi, 5 voltas.

Volta mais rápida: Greg Moore.

Classificação no campeonato: **1** Andretti, 21; **2** Moore, 17; **3** Zanardi, 14; **4** Fittipaldi, 12; **5** Pruett, 10; **6** Fernandez, 8; **7** de Ferran, 6; **8** Herta, 5; **9** Franchitti, 4; **10** Gugelmin, 3; **11** Carpentier, 2; **12** Blundell, 1.

MOTEGI

FEDEX CHAMPIONSHIP SERIES • 2ª PROVA

1 - FERNANDEZ

2 - UNSER

3 - DE FERRAN

Adrian Fernandez defendeu-se dos fortes ataques de Al Unser Jr. e conquistou uma vitória impressionante na sua segunda corrida depois de se ter mudado para a Patrick Racing.

À direita: Polegares erguidos para as magníficas novas instalações de Motegi por parte de um fã japonês que enverga um chapéu com motivos da KOOL.

Fotos: Michael C. Brown

Michael C. Brown

QUALIFICAÇÃO

Os anfitriões tinham razões de sobra para festejar no final do primeiro dia de treinos, já que os carros com motor Honda preencheram quatro das seis posições do topo. Jimmy Vasser foi o mais rápido de todos usando a muita experiência adquirida durante os testes de abertura em Montegi no mês de novembro, quando também ele dominou a folha de tempos.

"Estou bastante contente agora, o carro está a funcionar muito bem," disse Vasser depois de ter feito o record da melhor volta em 25.584 seg. para uma velocidade média de 350.704 km/h. "Trabalhamos imenso com o tanque cheio mas, mesmo assim, conseguimos fazer um tempo rápido."

Veio a verificar-se que o esforço de Vasser era suficiente para a pole, uma vez que uma chuva persistente se instalou na sexta-feira e a qualificação foi cancelada. Infelizmente os espectadores locais teriam que esperar mais um ano para poderem assistir às excitantes qualificações tipicamente americanas de um carro de cada vez.

Adrian Fernandez também mostrou estar em boa forma nos treinos partindo da segunda posição no seu Reynard-Ford. A seguir vinham Gil de Ferran (Reynard-Honda), Alex Zanardi no segundo carro de Ganassi e, Greg Moore, afortunado por ter escapado com pequenas contusões, especialmente nos joelhos, de um aparatoso choque já no final do dia. O incidente deu-se quando o Reynard-Mercedes sofreu uma quebra na transmissão resultante da seleção do segundo câmbio em vez do desejado quarto à entrada da Curva Três. Ufa!!!

Dario Franchitti (Reynard-Honda), Mark Blundell (Reynard-Mercedes 97 I), André Ribeiro (Penske-Mercedes), Bryan Herta (Reynard-Ford) e o estreante Tony Kanaan (Reynard-Honda) fizeram o top 10 num pacote bem cerrado. Quanto? Pois bem, J.J. Lehto, o 18º mais rápido em Reynard-Mercedes estava a uns escassos 0.502 seg. do tempo da pole!

Jamie Squire/Allsport

ESTA primeira visita de sempre do CART ao Japão foi um sucesso retumbante, sobretudo para Adrian Fernandez que levou seu Reynard-Ford a uma vitória impecável na Budweiser 500. O resultado trouxe um novo impulso à carreira do mexicano que já não via a vitória desde 1996 em Toronto, uma corrida enlutada pela morte do popular piloto americano Jeff Krosnoff e do bandeirinha Gary Avrin.

"Basicamente esta é a minha primeira vitória" disse Fernandez, acrescentando: "Toronto foi um dia muito triste para a CART. Foi difícil estar feliz. Esta agora foi a que eu tanto desejava, lutar pela liderança e cruzar a linha de chegada com a bandeira quadriculada para mim. Esta é uma verdadeira vitória e eu estou muito orgulhoso de a ter conseguido."

Fernandez foi a referência durante todo o fim de semana. Segundo depois de Jimmy Vasser, em Reynard-Honda durante as duas sessões de treinos na quinta-feira, conseguia, mesmo assim, assegurar uma posição na linha da frente do grid quando uma chuva persistente originou o cancelamento da qualificação na sexta-feira. Felizmente, a inclemência do tempo deu lugar a um sol brilhante na manhã do dia da corrida, com temperaturas quentes a prestarem um ambiente agradável.

A única vez em que Vasser e Fernandez partilharam a linha da frente foi em 1996, na prova de abertura, a U.S. 500. Foi uma corrida que começou desastrosamente com os dois pilotos a tocarem-se durante a volta de apresentação, despoletando um acidente em cadeia. Afortunadamente não haveria repetição. Desta vez, quando Vasser cruzava a linha de partida, Fernandez teve um impulso melhor passando para o comando fazendo-lhe o exterior nas Curvas Um e Dois. Gil de Ferran em Reynard-Honda, Alex Zanardi em Reynard-Honda, Greg Moore em Reynard-Mercedes e Dario Franchitti em Reynard-Honda seguiam em formação nas posições do grid, perseguidos pelo estreante Tony Kanaan em Reynard-Honda que ganhou três lugares na volta inicial às custas de André Ribeiro (Penske-Mercedes), Mark Blundell (Reynard-Mercedes) e Brian Herta (Reynard-Ford). Michael Andretti vinha a seguir em 11º no seu Swift-Ford.

As primeiras voltas foram rápidas e combativas, com Fernandez a entrar rapidamente no ritmo fazendo tempos consistentes a velocidades da ordem dos 337,890 km/h. Apesar disso, era impotente para abrir distância para Vasser.

"De fato, o carro estava forte", confirmava Fernandez, "fazia a Um e a Dois a fundo, mas logo que encontramos tráfico senti que o carro ficava um pouco solto." Sensatamente, Fernandez decidiu abrandar um pouco o ritmo e ser paciente. Abdicou do comando para Vasser na volta 23, gastando várias voltas em luta para passar Alex Barron que estava...em 24º num Reynard-Toyota. Duas voltas depois, Fernandez perdeu mais um lugar para de Ferran.

"Não estava muito preocupado", disse o mexicano, "estava tentando manter o contato e esperando pela minha primeira parada no box para executar

A oval Twin Ring Motegi oferece aos espetadores uma vista panorâmica a partir das suas arquibancadas.

Abaixo: Mark Blundell regressa aos boxes depois de abandonar seu Motorola Reynard nos treinos.

No fundo: Momento de confusão no boxe da AAR depois de Alex Barron ter atropelado um dos mecânicos, felizmente sem graves consequências.

No fundo à direita: John Della Penna inscreveu um Swift de '97 para o piloto local Hideshi Matsuda, que aqui ultrapassa Hiro Matsushita.

Honda mostra como se faz

O COMPLEXO Twin Ring Montegi estabeleceu novos padrões para os visitantes. A Honda moveu montanhas, literalmente falando, para instalar uma superpista de 2.492 m em forma de ovo e uma pista de estrada separada de 3,38 kms – mais uma de karting, duas pistas ovais de terra batida e uma zona de escola de pilotagem – numa área de 1.600 acres de paisagem escarpada a 96,5 kms a norte de Tóquio. Com o custo de 400 milhões de dólares, representa o maior projeto de engenharia civil da história do Japão. As instalações não ficam a dever nada a ninguém. Os assentos da arquibancada principal são confortáveis e bem colocados, oferecendo uma vista espetacular sobre toda a oval e paisagem circundante. Há um Museu sensacional que celebra os 50 anos da Honda Motor Company, com exposição de peças que vão desde motores vencedores de competições até carros de Fórmula 1 e motos. A maior parte delas estão em estado de funcionar. Mais importante é o fato da coleção não se limitar exclusivamente a Hondas. Um centro de exposição interativo, intitulado "Terra de divertimento dos fãs", salienta temas apelativos a todas as idades oferecendo uma olhada tanto no futuro como no passado.

Nas traseiras da arquibancada existe uma fila de lojas permanentes bem como as habituais tendas de vendedores ambulantes e de comes-e-bebes. Semelhantes comodidades encontram-se no interior do paddock, junto com magníficas garagens equipadas com portas basculantes, ar comprimido e monitores de televisão para que as equipes possam estar sempre a par da ação. Curioso foi que os habituais críticos do circo das corridas não se manifestaram. O único problema referia-se aos acessos restringidos a uma pobre rede de estradas estreitas de duas vias sempre congestionadas. Uma pobreza flagrante de hotéis – para além do luxuriante Hotel Two Ring situado no cimo duma colina sobre a Curva Três (infelizmente com capacidade para receber pouco mais do que os donos das equipes, pilotos e alguns dignitários) – obrigava a que a maioria dos participantes tivessem de suportar uma viagem de ônibus de uma hora a 90 minutos entre Utsonomiya ou Mito. Pequeno preço a pagar especialmente porque o mínimo detalhe foi meticulosamente planejado.

umas alterações no meu carro."

Zanardi também começava a cair para os lugares secundários. Perdeu posições para Moore e Franchitti, depois envolveu-se numa prolongada briga com Kanaan que estava a ir muito bem. Entretanto, Andretti, abria caminho para a frente. Pela volta 41 o vencedor de Homestead já era sexto, atrás de Franchitti que optara por fazer a sua primeira parada na volta seguinte.

Vasser continuou na frente depois de todo o mundo ter recebido assistência. Fernandez, em segundo averbava um débito de mais de cinco segundos para o campeão de 1996. Andretti já estava em terceiro para passar para segundo uma volta depois às custas de Fernandez nas Curvas Três e Quatro.

Andretti gastou somente 14 voltas para reduzir o seu déficit de 5.6 segundos colocando-se poucos metros atrás de Vasser. A sua primeira tentativa de tomar a liderança foi rechaçada mas, na volta 70, Vasser curvou-se em face do inevitável. Mais tarde, Vasser caía para sétimo por causa do seu limitador de velocidade na zona do pit lane que fez o motor calar por duas vezes.

Entretanto, emergia outro pretendente na forma de Al Unser Jr. e do seu Penske-Mercedes. Unser começou por baixo, em 15°, mas trabalhou bem para chegar na frente passando Moore, em quarto na volta 58, quando o canadense deixou o carro deslizar para o exterior entre as Curvas Três e Quatro. O companheiro de Unser, Ribeiro, rodava na primeira meia dúzia até ser forçado a fazer uma parada no box para fixar a asa da frente.

Unser seguiu Andretti na ultrapassagem a Vasser na volta 73, mantendo uma distância estabilizada de 1.5 segundos durante umas oito voltas até Andretti ter ar livre à sua frente. Mas foi Sol de pouca dura. Na volta 87, Andretti teve de abrandar subitamente à saída da Curva Quatro com falta de gasolina no seu Swift.

"Tivemos um ligeiro desentendimento durante a nossa primeira parada no box", relatou Andretti depois de perder seis voltas e ter acabado num distante 14° lugar. "Eles mandaram-me embora um pouco cedo demais e não metemos todo o metanol. O pessoal calculou pela leitura do tanque a quantidade de metanol despejado mas enganaram-se por um traço. Foi uma pena, estávamos mesmo bem, o carro estava melhor que em Homestead, podíamos ter terminado bem colocados."

A liderança passava para Unser que não cabia em si de contente por estar na frente numa prova desde a Road America em 96. "Era algo estranho estar ali", admitiu, "já fazia muito tempo".

Unser continuava na frente até realizar a sua segunda parada após 96 voltas. Fernandez, que andava na cola de Unser ganhava alguma vantagem por mais umas três voltas antes de também parar na assistência. Foi o último dos líderes a ir ao box. Pouco depois, o motor de Christian Fittipaldi quebrou

Fotos: Michael C. Brown

Fernandez regressa com nova equipe

ADRIAN Fernandez começou a época ansioso por provar o seu valor. Protagonizou progressos certos durante os dois anos anteriores, dirigindo para o Grupo de Steve Horn mas passou um tempo terrível em 1997 com o recalcitrante chassi Lola. O único realce veio na final na Califórnia. onde, uma revisão na aerodinâmica transformou o carro e permitiu a Fernandez terminar em excelente terceiro. Mas, nesse momento, a sua sorte estava lançada. Fernandez não continuaria com a equipe em 1998.

Após ter falado com várias organizações ele estabelecia uma base para o futuro com a Patrick Racing. De imediato o simpático Fernandez sentiu-se em casa no seu novo ambiente. Procedeu desde logo a um relatório com o engenheiro de pista John Ward, que se juntara ao team no ano anterior depois de ter passado uma boa parte de duas décadas com a All American Racer's de Dan Gurney. Os testes correram bem. Fernandez estava ao mesmo nível do seu companheiro Scott Pruett e começava o ano com confiança no êxito.

A sua vitória em Motegi foi de alto calibre até porque o seu Reynard-Ford esteve sob intensa pressão nas últimas fases da prova de um adversário como Al Unser Jr.

Fernandez, tal como Ward, teve de ultrapassar um problema de estômago para reclamar a vitória: "Há dois dias comecei a sentir algo estranho no estômago depois de jogar às cartas no hotel com outros pilotos e de termos brincado ao karaoke," relatava ele. "Então, ontem, depois de termos parado por causa da chuva, recomecei a sentir-me mal. Vomitei e perdi imensos fluídos durante umas cinco horas na noite passada e esta manhã." Muito acertadamente, Fernandez fez uma visita ao dr. Olvey, do Centro Médico do CART, que o aconselhou a beber tanta água quanto pudesse antes da corrida. O fato do seu carro estar perto da perfeição durante o warm up da manhã também ajudou: "O carro estava tão bom que até me aumentou a adrenalina e eu estava ansioso por arrancar. Vou fazer tudo por ficar doente na próxima corrida, " acrescentou, com uma gargalhada."

Um Adrian Fernandez vitorioso é ladeado no pódio por Al Unser Jr. (à esquerda) e pelo terceiro classificado Gil de Ferran.

Abaixo: Apesar do trabalho expedito dos seus mecânicos, Max Papis terminou fora dos pontos no MCI Reynard-Toyota.

"Para ser honesto, queria terminar sob as amarelas", admitiu Fernandez. "Sabia que o carro do Al estava muito forte. Tinha um pouco de instabilidade nas Curvas Três e Quatro, por isso sabia que tinha de arrancar em segunda porque, se chegasse lá muito depressa no recomeço, podia ter problemas."

Fernandez calculou sua partida na perfeição. Unser acompanhou-o à saída da Curva Quatro mas não teve hipótese de o dobrar. "Foi como uma corrida noturna de sábados à noite em carros de sprint", disse Unser. "Se me tivesse chegado a ele, então ele iria ter problemas comigo mas ele apercebeu-se do que se passava e fez um bom trabalho".

Na realidade, Fernandez aumentou a sua vantagem em cada volta que faltava antes de vencer por uma pequena margem de um segundo: "Vi que ele não me apanhava, então fiquei sabendo que tudo estava bem e comecei então a relaxar um pouco", disse Fernandez.

De Ferran, separado dos líderes por dois carros atrasados no recomeço, tinha de estar contente com o terceiro posto. Contudo, atrás, os canadenses Moore e Tracy estavam envolvidos numa batalha titânica pelo quarto posto, trocando de posição várias vezes nas últimas cinco voltas até que Moore, numa manobra atrevida, passou pelo exterior de Tracy e de um retardatário, resolvendo a questão.

na reta oposta, o que produziu a primeira situação de precaução da tarde. Se os amarelos tivessem aparecido uma volta antes, Fernandez teria tido vantagem de uma volta sobre todos os outros. Quando voltou à pista, em segundo, estava de novo na traseira de Unser. O período de precaução permitiu a todos, pelo menos, uns momentos de descontração, incluindo os torcedores, entusiasmados por assistirem a um ritmo recorde de 100 voltas feitas à média de 320 km/h.Unser declarou que foi um ritmo muito rápido que mais parecia uma qualificação. "Toda a volta no princípio da corrida foi tão rápida quanto a gente podia", disse Unser.

A meio da distância, dez carros tinham liderado, incluindo Tracy que saiu de 16º, perdeu uma volta na primeira parada e conseguiu ainda voltar a passar o líder pouco antes da precaução. Logo depois do reinício, Maurício Gugelmin, com uma volta de atraso e em 11º, rodou na Curva Três, provocando nova situação de amarelas.

A corrida recomeçou na volta 114 e, três voltas depois, Fernandez passava Unser na reta traseira. Veio uma nova interrupção quando Zanardi, em sétimo, com a frente escorregando para o muro à saída da Quatro bateu na Curva Um quando tentava entrar nos boxes.

Logo que os detritos foram removidos, a batalha recomeçou entre Fernandez e Unser com Fernandez na frente. Os líderes fizeram a última ida ao box com uma volta de diferença, nas 158 e 159, mas continuaram juntos. Entretanto, Bobby Rahal tirava vantagem de 2 excelentes operações no box subindo o Reynard-Ford para terceiro. Infelizmente, a magnífica prova do veterano chegava ao fim quando um rolamento de roda o atirou com força para o muro à saída da Curva Dois, faltavam somente 16 voltas. O carro voltou-se sobre o flanco, descaiu para o interior e foi roçar no muro de dentro para se imobilizar perto da Curva Três.

"Dou graças a Deus pela segurança dos Carros do CART", disse Rahal que se tirou da situação "sacudido" mas não "mexido". "Foi uma cavalgada louca. Montes de coisas voaram à minha volta mas eu fiquei OK. Os rapazes da segurança CART chegaram logo ao pé de mim, fizeram um trabalho excelente. Só estou um bocado aborrecido porque aquele foi o melhor carro para ovais que jamais tive em anos".

Completada a limpeza da pista, faltavam só cinco voltas para o final. A pressão estava no máximo.

BREVES MOTEGI

• Em conseqüência da vitória em Homestead e de uma aposta, o engenheiro de pista de Michael Andretti usou pêra no Japão. Não durou muito tempo!

• Ukyo Katayama, que se retirou da Fórmula 1 no final de 97 era um observador interessado, tendo expressado o desejo de virar a sua carreira para o CART, talvez em 1999.

• Gualter Salles foi o substituto de última hora de Dennis Vitolo, que partira um dedo da mão direita num acidente em Homestead em Fevereiro, agravando a situação durante a prova de abertura. Salles, que já dirigia há seis meses recuperou rapidamente e era um dos dez melhores durante grande parte dos treinos de quinta-feira. Terminou num excelente 12º lugar dando o primeiro ponto do ano à equipe.

• O antigo porta-voz da Câmara dos Representantes e atual embaixador dos Estados Unidos no Japão Thomas Foley estava entre os dignitários no dia da corrida. Foley perdeu a voz ao ver a enorme figura do Grande Campeão "yokozuno" de luta sumo Akebono, que nem pestanejou ao levantar um dos motores Mercedes-Benz IC108E na garagem da PacWest.

• O engenheiro de pista de Bryan Herta, Ray Leto, não viajou para o Japão devido à sua mulher Emily esperar o nascimento do primeiro filho a qualquer momento. Na realidade, o pequeno bêbê chegou dois dias antes da corrida seguinte em Long Beach.

• As esperanças da Honda numa vitória em casa desvaneceram-se devido a uma série de fatores. Tanto Jimmy Vasser como Paul Tracy tiveram problemas com o limitador de velocidade nas idas ao box, enquanto Gil de Ferran era prejudicado pela quebra do sistema de transferência de peso que o impediu de modificar o acerto do seu carro que compensaria o peso do combustível.

• "Toda a volta no início da corrida foi tão rápida quanto possível", disse Al Unser Jr. "O nível de concentração tinha de ser muito elevado, todos estavam a andar muito bem. Na verdade, não terem acontecido grandes incidentes durante esse período fala bem do nível dos pilotos e da pista. É uma pista muito suave e muito rápida."

FEDEX CHAMPIONSHIP SERIES • PROVA 2

BUDWEISER 500

TWIN-RING MOTEGI, TOCHIGI PREFECTURE, JAPAN

28 MARÇO, 201 voltas – 501.067 Km

Clf	Piloto (Nac.)	Nº.	Patrocinadores Chassis-Motor	Pneus	†Qlf Veloc.	†Q Tempo	Pos.	Voltas	Tempo/Causa	Média	Pts.
1	**Adrian Fernandez (MEX)**	**40**	**Patrick Tecate Beer/Quaker State Oil Reynard 98I-Ford**	**FS**	**350.355**	**25.615s**	**2**	**201**	**1h 57m 12.016s**	**256.318**	**21**
2	**Al Unser Jr. (USA)**	**2**	**Marlboro Team Penske Penske PC27-Mercedes**	**GY**	**344.822**	**26.026s**	**15**	**201**	**1h 57m 13.102s**	**256.479**	**16**
3	**Gil de Ferran (BR)**	**5**	**Walker Valvoline/Cummins Reynard 98I-Honda**	**GY**	**349.414**	**25.684s**	**3**	**201**	**1h 57m 17.404s**	**256.321**	**14**
4	**Greg Moore (CDN)**	**99**	**Forsythe Player's Ltd./Indeck Reynard 98I-Mercedes**	**FS**	**348.464**	**25.754s**	**5**	**201**	**1h 57m 19.939s**	**256.230**	**12**
5	**Paul Tracy (CDN)**	**26**	**Team KOOL Green Reynard 98I-Honda**	**FS**	**344.438**	**26.055s**	**16**	**201**	**1h 57m 20.166s**	**256.222**	**10**
6	***Tony Kanaan (BR)**	**21**	**Tasman Motorsports LCI Reynard 98I-Honda**	**FS**	**346.112**	**25.929s**	**10**	**200**	**Em prova**		**8**
7	**Jimmy Vasser (USA)**	**12**	**Target/Chip Ganassi Racing Reynard 98I-Honda**	**FS**	**350.779**	**25.584s**	**1**	**200**	**Em prova**		**6**
8	**Dario Franchitti (GB)**	**27**	**Team KOOL Green Reynard 98I-Honda**	**FS**	**347.573**	**25.820s**	**6**	**200**	**Em prova**		**5**
9	**Andre Ribeiro (BR)**	**3**	**Marlboro Team Penske Penske PC27-Mercedes**	**GY**	**346.834**	**25.875s**	**8**	**199**	**Em prova**		**4**
10	**Mark Blundell (GB)**	**18**	**PacWest Racing Group Motorola Reynard 97I-Mercedes**	**FS**	**347.505**	**25.825s**	**7**	**199**	**Em prova**		**3**
11	***Helio Castro-Neves (BR)**	**16**	**Bettenhausen Alumax Aluminum Reynard 98I-Mercedes**	**GY**	**335.514**	**26.748s**	**26**	**198**	**Em prova**		**2**
12	**Gualter Salles (BR)**	**34**	**Payton/Coyne Reynard 97I-Ford**	**FS**	**345.286**	**25.991s**	**13**	**198**	**Em prova**		**1**
13	Max Papis (I)	25	Arciero-Wells Racing MCI Reynard 98I-Toyota	FS	338.131	26.541s	23	197	Em prova		
14	Michael Andretti (USA)	6	Newman/Haas Kmart/Texaco Havoline Swift 009.c-Ford	GY	344.967	26.015s	14	195	Em prova		
15	Arnd Meier (D)	77	Davis Baan Business Software/TotalTel Lola T98/00-Ford	GY	334.864	26.800s	27	195	Em prova		
16	Hiro Matsushita (J)	24	Arciero-Wells Panasonic/Duskin Reynard 98I-Toyota	FS	329.418	27.243s	30	188	Em prova		
17	Bobby Rahal (USA)	7	Team Rahal Miller Lite Reynard 98I-Ford	FS	344.280	26.067s	17	185	Acidente		
18	*Hideshi Matsuda (J)	43	Della Penna BMB MiniJuke Swift 007.i-Ford	FS	336.597	26.662s	25	185	Em prova		
19	Patrick Carpentier (CDN)	33	Forsythe Player's Ltd./Indeck Reynard 98I-Mercedes	FS	343.042	26.161s	20	163	Porca da roda		
20	Mauricio Gugelmin (BR)	17	PacWest Racing Group Hollywood Reynard 97I-Mercedes	FS	345.831	25.950s	11	147	Porca da roda		
21	Scott Pruett (USA)	20	Patrick Visteon Reynard 98I-Ford	FS	345.485	25.976s	12	146	Sobreaquecimento		
22	Michel Jourdain Jr. (MEX)	19	Payton/Coyne Herdez/Viva Mexico! Reynard 97I-Ford	FS	337.318	26.605s	24	121	Motor		
23	Alex Zanardi (I)	1	Target/Chip Ganassi Racing Reynard 98I-Honda	FS	348.925	25.720s	4	118	Acidente		
24	*Alex Barron (USA)	36	All American Racers Castrol/Degree Reynard 97I-Toyota	GY	334.838	26.802s	28	108	Transmissão		
25	Christian Fittipaldi (BR)	11	Newman/Haas Kmart Swift 009.c-Ford	GY	343.108	26.156s	19	98	Motor		
26	Roberto Moreno (BR)	15	Project Indy Hawaiian Tropic Reynard 97I-Mercedes	GY	341.671	26.266s	22	86	Transmissão		
27	Richie Hearn (USA)	10	Della Penna Budweiser/Ralphs Swift 009.c-Ford	FS	343.004	26.164s	21	74	Motor		
28	Bryan Herta (USA)	8	Team Rahal Shell Reynard 98I-Ford	FS	346.139	25.927s	9	49	Embreagem		
29	*JJ Lehto (SF)	9	Hogan Motor Leasing Reynard 98I-Mercedes	FS	344.029	26.086s	18	45	Prob. elétricos		
30	PJ Jones (USA)	98	All American Racers Castrol/Degree Reynard 98I-Toyota	GY	332.063	27.026s	29	16	Fuga de óleo		

* piloto rookie   † grid determinado por tempos nos treinos

Bandeira amarela: Voltas 100–109, motor/Fittipaldi; voltas 110–113, rodada/Gugelmin; voltas 119–127, acidente/Zanardi; voltas 186–195, acidente/Rahal. **Total:** Quatro durante 33 voltas.

Líderes: Adrian Fernandez, 1–22 (22 voltas); Jimmy Vasser, 23–44 (22 voltas); Fernandez, 45–47 (3 voltas); Vasser, 48–69 (22 voltas); Michael Andretti, 70–86 (17 voltas); Al Unser Jr., 87–95 (9 voltas); Fernandez, 96–99 (4 voltas); Unser, 100–116 (17 voltas); Fernandez, 117–159 (43 voltas); Paul Tracy, 160–163 (4 voltas); de Ferran, 164–167 (4 voltas); Greg Moore, 168–171 (4 voltas); Fernandez, 172–201 (30 voltas). **Totais:** Fernandez, 102 voltas; Vasser, 44 voltas; Unser, 26 voltas; Andretti, 17 voltas; Tracy, 4 voltas; de Ferran, 4 voltas; Moore, 4 voltas.

Volta mais rápida: Jimmy Vasser, 25.997s, 345.207 km/h na volta 199 (foi recorde).

Classificação no campeonato: **1** Fernandez e Moore, 29; **3** Andretti, 21; **4** de Ferran, 20; **5** Unser, 16; **6** Zanardi, 14; **7** Fittipaldi, 12; **8** Pruett e Tracy, 10; **10** Franchitti, 9; **11** Kanaan, 8; **12** Vasser, 6; **13** Herta, 5; **14** Ribeiro e Blundell, 4; **16** Gugelmin, 3; **17** Carpentier e Castro-Neves, 2; **19** Salles, 1.

LONG BEACH

1 - ZANARDI

2 - FRANCHITTI

3 - HERTA

O Target Reynard-Honda nº1 de Alex Zanardi faz jus a tal distinção, pois o italiano levanta a cabeça no lugar mais alto do pódio, tendo ao seu lado Bryan Herta e Dario Franchitti (à direita).

A INERENTE impossibilidade de previsões no Campeonato FedEx ficou demonstrada na dramática 24ª edição do Grande Prêmio Toyota de Long Beach. O homem da pole, Bryan Herta e o estreante Hélio Castro-Neves colocaram-se ambos em posição de vencer. Estiveram perto. Gil de Ferran também parecia em boa forma quando as coisas atingiram o clímax na 105ª volta. No final, contudo, e na seqüência de mais uma brilhante recuperação, Alex Zanardi saía vencedor.

Zanardi tinha perdido uma volta, envolvido numa confusão no visivelmente apertado gancho que é a Curva Oito e parecia claramente fora do contexto. Determinado, o campeão em título conseguiu chegar até nono antes de ser chamado à assistência para o último reabastecimento na volta 71. Retomou a pista com bastante metanol para o resto da distância e, acima de tudo, com um novo jogo de pneus Firestone. Zanardi estava num distante 13º. A sua tarefa parecia sem esperanças; no entanto, todos os da frente tinham de fazer uma rápida paradinha para combustível nas últimas dez voltas. Zanardi, manteve, contudo, o pé no fundo. E quando todas as paradas ficaram completas, Zanardi tinha subido para um fantástico terceiro lugar atrás de Dario Franchitti e Herta.

Zanardi retirou o máximo partido dos seus pneus novos despachando o Reynard-Honda de Franchitti numa freada bem consumada no final da Seaside Way, volta 101. Só ficava agora Herta entre o carro n.º 1 e a meta. O equilíbrio do poder tinha mudado, mas Herta, apesar dos pneus já bem gastos, tentou tudo para segurar a sua posição.

"Sabia que ia ser um combate duro," comentava o americano. "Os meus pneus estavam "mortos" e, quando o vi o carro vermelho nos meus espelhos, sabia que ia sofrer uma grande pressão."

Não havia dúvidas a esse respeito! Herta resistiu à pressão durante umas três voltas mas, na realidade, a sua tarefa era desesperada. O carro de Zanardi estava claramente mais rápido, apesar de sofrer de uma suspensão dianteira empenada no incidente anterior no gancho! Na volta 104, com menos de duas voltas para o final, Zanardi reuniu toda a sua coragem, ativou o comando de "ultrapassagem" no seu volante para garantir o máximo de mistura rica para o máximo de potência no seu motor Honda, no curto espaço de aceleração entre as Curvas Dois e Três e, depois, mergulhou para a linha interior. Foi uma manobra calculada com toda a precisão e totalmente limpa. Herta foi incapaz de resistir ao desafio. De fato, enquanto Herta lutava por um pouco de aderência à saída da curva, Franchitti, que o seguia de perto, aproveitou a vantagem e colocou-se ao lado, indo ambos a par até à Curva Quatro. De novo Herta teve de ceder.

"Provavelmente podia ter deixado passar o Zanardi no final da Shoreline Drive e ficar na frente de Dario mas não ia dar a liderança assim daquela maneira", relatou Herta. "Ia dar luta. Naqueles momentos não pensava em mais nada do que agüentar o comando tanto quanto pudesse."

Com Zanardi ganhando espaço na frente, Franchitti susteve o Reynard-Ford de Herta o bastante para subir no primeiro pódio da sua carreira.

"Estou muitíssimo satisfeito", revelava o escocês. "Foi uma chegada bem dura. Devíamos ter feito isto no ano passado, portanto, é bom sentir que fizemos um bom trabalho."

Mais uma vez, Herta ficou a refletir no estranho fenômeno de não poder transferir a sua óbvia rapidez para a permanente procura de uma vitória solteira.

"Devíamos ter colocado pneus frescos (na última parada na volta 96)", declarou Herta. "Dei muita luta, Alex não tinha, evidentemente, uma tonelada a mais que nós. Nós estávamos a dois ou três segundos por volta, que eram a nossa referência. É um dia difícil para nós mas estou contente porque lhe dei luta até não mais poder. Acho que tiveram uma estratégia melhor que a nossa por isso retiraram o benefício."

Curiosamente, Zanardi não tinha a menor idéia do que iria acontecer nas primeiras fases da corrida que foram salpicadas por numerosas situações de precaução derivadas de muitos incidentes, especialmente no gancho que leva para Shoreline Drive. Depois de arrancar em 11º, Zanardi perdeu um lugar para Christian Fittipaldi na volta 14. Pouco depois ficava parado numa enorme confusão no gancho. Perdia uma volta aí, depois de ser empurrado para o motor pegar de novo. Bobby Rahal, que estava seguro no segundo posto atrás do seu companheiro Herta, ainda perdeu mais tempo noutra escaramuça.

Entretanto, de Ferran, forçado a ceder o quarto lugar com um furo, caiu para o fundo da tabela quando todo o mundo fazia a sua primeira ida ao reabastecimento. Regressava ao comando na volta 40. O Reynard-Honda continuava a rolar na frente apesar de perder a segunda marcha um pouco antes da parada final no box. Foi então que o câmbio quebrou definitivamente, faltavam 13 voltas.

"Penso que hoje passamos por tudo," afirmava um De Ferran desiludido que, pelo terceiro ano consecutivo, ficava afastado da vitória nas avenidas de Long Beach. "Tinha um câmbio cheio de pontos mortos, foi o que aconteceu."

O seu compatriota brasileiro Castro-Neves também produziu uma performance notável. Este jovem caiu para a última posição na seqüência de um incidente na primeira volta que eliminou o seis vezes vencedor de Long Beach, Al Unser Jr. e seu Penske-Mercedes. Contudo, Castro-Neves atravessou o pelotão ajudado pelo seu companheiro Tony Bettenhausen que tomara a decisão de fazer somente duas paradas quando a maioria dos concorrentes decidira por três visitas à assistência.

"Acontecesse o que acontecesse, nós só faríamos duas idas ao box, não íamos desviar-nos desse plano", afirmou Bettenhausen. Acabava por ser um tática astuta. O Reynard-Mercedes de Castro-Neves foi elevado ao comando na volta 26, altura em que já todo o mundo procedera a uma ida aos mecânicos. Perdia a posição quando parou para combustível e novos pneus Goodyear na volta 40 mas reganhava a sua posição antes de proceder à segunda assistência prevista para depois de 83 voltas. Nesta altura retomou o nono lugar e, mais importante ainda, bem à frente de Zanardi. Desafortunadamente o estreante resvalava para a proteção de pneus na Curva Seis, sete voltas mais à frente.

"Foi um pequeno soluço", lamentava-se o não menos feliz Bettenhausen depois do seu protegido recuperar para 9ºlugar final. "Aceitamos isto, o garoto estava lá e, tal como eu estou vendo as coisas, podíamos ter ganho a corrida..."

O colega estreante JJ Lehto também aproveitou a oportunidade para uma parada alternativa a fim de manter o comando por mais umas voltas mas todo o trabalho ficou sem efeito graças um misterioso incêndio no cockpit, embora breve, que lhe provocou a perda de uma meia dúzia de voltas.

Do mesmo modo azarado uma vez mais foi Michael Andretti. O vencedor de Homestead rodava em terceiro, atrás de de Ferran e de Herta quando, na volta 55, explodiu o pneu da frente esquerda, a mais de 273.5 km/h na reta de Shoreline Drive. O pneu fora manifestamente tocado num daqueles dramas que aconteceram na Curva Oito. Não obstante, a equipe decidiu não chamar o carro ao box.

"Provavelmente devíamos ter chamado o carro quando o pneu começou a deteriorar-se", confessou Andretti depois de sair ileso do seu Swift-Ford muito mal tratado. Uma percepção tardia é sempre da ordem dos 20/20. No box estavam a estudar a telemetria em caso de uma queda de pressão no pneu, mas tudo parecia estar bem até que rebentou inesperadamente. Mas eu é que tomo a decisão final de parar ou não, então, optei por arriscar."

Foi uma má escolha. Em vez de ficarem contentes com uma pequena perda de pontos, talvez apontando para

QUALIFICAÇÃO

"Estou realmente muito feliz", palavras de Herta após fazer a pole provisória na sexta-feira com o seu Reynard-Ford. "Estou em êxtase, o meu estômago está aos saltos – não sei bem se foi de alguma coisa que comi ou se é só da excitação. Nunca cheguei a estar seguro do acerto do carro, no ano passado estava a uns meros décimos de segundo mas a diferença é tão mínima que tanto pode resultar como dar coisa nenhuma."

Herta reconheceu que tinha de encontrar uma melhoria no sábado se tivesse conseguido manter-se na tão cobiçada pole. Na realidade, o par de Swifts dirigidos por Michael Andretti e Christian Fittipaldi cobriram o topo da lista de tempos no sábado de manhã. Andretti foi o mais rápido em 50.967 seg., uma pequena fração mais lento do que o tempo da pole na sexta-feira que era 50.994 seg.. O eterno carrasco de Herta, Alex Zanardi, também melhorou a sua posição depois de estar em 11º na sexta-feira por causa de um aparente problema no câmbio que o levou contra o muro na Curva Seis.

Herta confiava poder encontrar uma melhoria significativa mas teve de se render quando a chuva começou a cair a meio da manhã. Fittipaldi, reconhecidamente um mestre em condições de chuva marcou o ritmo com 1.00.952 mas a quarta pole de Herta estava assegurada.

"Era o nosso primeiro teste este ano em pista de cidade e é interessante fazer a experiência.", comentou Herta. Ainda mais marcante foi o fato de o seu companheiro e mentor Bobby Rahal ter-se qualificado em segundo apenas uma semana depois do terrível acidente no Japão.

"Nunca tínhamos feito isto antes", falou Rahal sobre o monopólio da pole da sua equipe, "é muito excitante para todos os da equipe. Não estava intimidado com o desastre do Japão mas estava muito aborrecido com Homestead. Aquela corrida foi tão pobre que até fiz uma reunião do pessoal para dizer que não podia aceitar aquilo. Acho que hoje demos um passo em frente. Aqui o "velho" ainda pode encostar o pedal ao fundo do carro."

Adrian Fernandez manteve a sua boa forma qualificando-se em terceiro para a Patrick Racing. O brasileiro Gualter Salles também fez um grande esforço, quarto no grid, que representou a sua melhor posição de partida de sempre.

Tony Kanaan mete seu LCI Reynard ao lado do carro Player's de Greg Moore. Os dois terminaram em quinto e sexto lugares, tendo o estreante brasileiro levado a melhor por curta margem.

Abaixo, da esquerda para a direita: Gil de Ferran liderou grande parte da corrida, mas um problema de transmissão forçou-o a abandonar; a roupa de chuva de marca de Mario Andretti recebe a aprovação dos antigos campeões Rick Mears e Al Unser Jr.; Michael Andretti segura o futuro vencedor Alex Zanardi, mas um problema de pneus roubou-lhe a vitória.

Substituto dá espetáculo na qualificação

OUTRO brasileiro a chamar a atenção no sul da Califórnia foi Gualter Salles que conseguiu um sensacional quarto lugar na qualificação. A melhor posição obtida anteriormente pela equipe de Dale Coyne fora o quinto lugar feito por Michel Jourdain em 1997.

Com 27 anos, Salles, que esteve bem como estreante em 97 na Davis Racing, apesar de um orçamento fraco, não tem conseguido manter um lugar fixo na presente temporada. Tal como em Motegi, onde Salles foi convidado para ocupar o lugar de Dennis Vitolo, ainda a recuperar de um dedo partido, o brasileiro continuou em Homestead e em Long Beach, já que Vitolo não obteve autorização do médico.

"O médico disse para mim: olha, estou a fazer um favor para você", relatou Vitolo. " Ele disse que se eu partisse outra vez o dedo tinha de fazer uma cirurgia e estaria ausente por uns dois meses. O meu erro foi tentar correr em Miami. Se não o tivesse feito, estava agora em perfeita forma."

Claro, um muito agradecido Salles instalava-se novamente no cockpit do Reynard, ironicamente o mesmo chassi 97 I-035 no qual esteve envolvido num assustador acidente com Gil de Ferran, nos treinos de Long Beach no ano passado. Estabelecendo excelentes relações com o engenheiro de pista Louis d'Agostino no Japão, Salles entrou rapidamente no ritmo. Mesmo assim admitiu ter ficado surpreendido com o seu tempo na qualificação.

"Foi uma volta linda, pode crer," declarou Salles. Honestamente não sei se conseguiria repetir de novo. Os pneus estavam no seu melhor e corri alguns riscos mas não cometi nenhum erro. Simplesmente limitei-me a puxar, nunca pensei alcançar aquele tempo."

Salles passou Adrian Fernandez para o terceiro posto nas primeiras voltas mas depois caiu devido a uma parada caótica no box. Foi também um dos implicados nos incidentes no gancho perdendo uma volta para montar um bico novo. Terminou em 13°, mesmo à justa do último ponto disponível.

Fotos: Michael C. Brown

os cinco primeiros, a equipe jogou os dados e saiu sem nada pela segunda corrida consecutiva. Assim, no comando dos pontos até ali, o ex-líder baixava para quinto na graduação oficial com 20 pontos abaixo de Adrian Fernandez que executou uma grande exibição. Com efeito, o mexicano acabou num excelente quarto lugar cimentando a sua posição de líder do campeonato.

"Não tínhamos grande coisa hoje", admitiu o engenheiro de pista John Ward. "Falhamos completamente o acerto do carro, Adrian fez um belo trabalho com o que tinha nas mãos, não cometeu erros e manteve-se fora das confusões. Marcou uns belos pontos."

Pela segunda vez Tony Kanaan foi outro dos estreantes a terminar bem colocado. Desta feita colocou seu Reynard-Honda em quinto apesar de ter ficado com o motor parado num dos incidentes no famoso gancho. "Estava com um problema na embreagem que me custou imensas posições " declarou Kanaan. "Nunca desistimos e o carro estava muito bom. Foi pena não termos terminado um pouco melhor mas, mesmo assim, estou muito contente."

Mas ninguém estava mais contente do que Zanardi o qual, depois do seu longo atraso, recuperou a liderança ultrapassando De Ferran momentos antes de uma situação de precaução na volta 56. Então, Zanardi acelerou para a vitória e talvez ainda mais importante, subiu para o terceiro lugar na lista da pontuação.

"Para ser franco não achava ser possível obter os 20 pontos da vitória", disse Zanardi na Victory Lane. "Eu pensava que quarto ou quinto é que era possível mas terminei em primeiro. É divertido, estou muito feliz. Arriscamos na nossa última parada no box quando colocamos pneus e combustível. Com efeito, é preciso ter-se um pouco de sorte mas hoje a sorte estava do meu lado e coloquei muitos pontos no meu bolso."

A primeira de muitas?

HÉLIO Castro-Neves ganhou a maioridade como piloto do Campeonato no Grande Prêmio Toyota de Long Beach. Este brasileiro de 22 anos de idade começou nos karts com 12 anos, correu em Fórmula 3 na sua terra natal e na Europa na Paul Stewart Racing antes de procurar o seu futuro na América do Norte onde se juntou à equipe de Steve Horne no Campeonato Indy Lights em 1996. Castro-Neves esteve perto do título em 97 ficando a escassos quatro pontos do seu companheiro Tony Kanaan para agarrar uma oportunidade na Tony Bettenhausen por intermédio do seu mentor e manager Emerson Fittipaldi.

Castro-Neves teve uma árdua iniciação entre os grandes em Homestead, com um violento acidente nos treinos para, depois, na corrida, danificar o seu carro de reserva quando tentava encostar para deixar passar o comandante da prova. Felizmente Castro-Neves aprendeu com os erros e recuperou a sua autoconfiança com uma sólida 11ª posição no Japão, obtendo assim os seus primeiros pontos na Copa PPG. Dirigiu brilhantemente em Long Beach onde a estratégia de dois reabastecimentos de Bettenhausen lhe permitiu rodar com o futuro vencedor Alex Zanardi após a segunda parada na volta 83.

Não há dúvidas de que Castro-Neves podia ter ganho a corrida, não obstante ter caído para último na primeira volta quando teve de parar para evitar o Penske de Al Unser Jr. que bateu no muro na Curva Três depois de um toque em Scott Pruett.

Após liderar durante 16 voltas o jovem cometeu um erro de principiante ao blocar os freios no final de Seaside Way derrapando até ao muro de pneus na Curva Seis quando faltavam somente 15 voltas.

"Tony começou a falar comigo pelo rádio exatamente no meu ponto de freada e eu perdi a concentração por um momento", explicou Castro-Neves, que realizou a terceira melhor volta da corrida ao recuperar até à nona posição final. "Foi culpa minha", explicou Castro-Neves, "devia ter aliviado um pouco, é uma pena mas, ao mesmo tempo, é bom saber que a gente pode estar ao nível deles. Foi uma lição para não esquecer. Foi a primeira vez que liderei uma prova do Campeonato e estou certo que foi a primeira de muitas outras."

Abaixo: Lado a lado. Os pilotos da PacWest Mauricio Gugelmin e Mark Blundell disputam entre si a Curva Um, sendo perseguidos por Max Papis, PJ Jones, Patrick Carpentier e Alex Barron.

Fotos: Michael C. Brown

BREVES LONG BEACH

• Bryan Herta mostrou a sua classe e maturidade quando interrogado depois da corrida sobre o significado de voltar a perder para Alex Zanardi nas voltas finais. "Não tenho absolutamente quaisquer queixas", respondeu Herta. "Alex fez um belo trabalho, foi uma ultrapassagem limpa, dou-lhe os meus parabéns. O que é que ia fazer? Ficar aborrecido e atirar com os meus brinquedos para o lado? Não é o meu estilo. Vou continuar a esforçar-me para obter a minha primeira vitória."

• O primeiro pódio de Dario Franchitti no final da corrida foi também o primeiro do dono da equipe Barry Green desde que Jacques Villeneuve ganhou o título em 1995.

• O Reynard-Mercedes de JJ Lehto levava inscrições sobre o filme "Jurassic Park" na base de um acordo com os estúdios Universal para uma série de programas e filmes do carro nº 9 durante a temporada.

• Joe Walsh, ex-Eagles, deu um poderoso contributo na execução do hino nacional antes da partida.

• Sete países diferentes estavam representados nos sete primeiros lugares. O terceiro lugar de Herta foi o bastante para aumentar a vantagem do Team USA na pontuação da Copa das Nações, 52 contra 41 para o México. Brasil e Canadá são terceiros com 37 pontos.

• Greg Moore recebeu uma penalização nas últimas voltas por ter atropelado o mecânico Tim Wilson quando fez o seu rapidíssimo reabastecimento na volta 98. Felizmente que Wilson não ficou gravemente ferido.

• Mimmo Schiattarella que participou em duas provas do Champ Cars em 95 na equipe de Andreas Leberle regressou à ação em Long Beach com uma atuação interessante apesar de ter sofrido uma variedade considerável de avarias nos treinos e na qualificação. O italiano ficou em 16º graças a um problema no Lola de Arnd Meier, na última volta.

• Os carros equipados com pneus Firestone ocuparam as oito melhores posições apesar dos carros de Gil de Ferran e de Hélio Castro-Neves terem rodado na frente num total de 67 voltas com pneus Goodyear.

• Não obstante o tempo inclemente durante os dias de treinos e de qualificação (a previsão de mais chuva no dia da corrida não se confirmou), mais de 200.000 espectadores assistiram à mais rápida "festa da praia". Entre os observadores estava o Vice-Presidente da FIA e promotor da Fórmula 1 Bernie Ecclestone que se deslocou a Long Beach para conversações com o promotor Chris Pook no sentido da realização do regresso de um Grande Prêmio de Fórmula 1 aos Estados Unidos num futuro não muito distante.

Jon Ferrey/Allsport

FEDEX CHAMPIONSHIP SERIES • PROVA 3

TOYOTA GRAND PRIX OF LONG BEACH

LONG BEACH STREET CIRCUIT, CALIFORNIA

5 ABRIL, 105 voltas – 265.976 Km

Clf	Piloto (Nac.)	Nº.	Patrocinadores Chassis-Motor	Pneus	Qlf Veloc.	Q Tempo	Pos.	Voltas	Tempo/Causa	Média	Pts.
1	**Alex Zanardi (I)**	**1**	**Target/Chip Ganassi Racing Reynard 98I-Honda**	**FS**	**177.278**	**51.440s**	**11**	**105**	**1h 51m 29.113s**	**143.144**	**20**
2	**Dario Franchitti (GB)**	**27**	**Team KOOL Green Reynard 98I-Honda**	**FS**	**177.533**	**51.366s**	**8**	**105**	**1h 51m 32.030s**	**143.083**	**16**
3	**Bryan Herta (USA)**	**8**	**Team Rahal Shell Reynard 98I-Ford**	**FS**	**179.000**	**50.945s**	**1**	**105**	**1h 51m 33.449s**	**143.213**	**15**
4	**Adrian Fernandez (MEX)**	**40**	**Patrick Tecate Beer/Quaker State Oil Reynard 97I-Ford**	**FS**	**178.608**	**51.057s**	**3**	**105**	**1h 51m 34.998s**	**143.019**	**12**
5	***Tony Kanaan (BR)**	**21**	**Tasman Motorsports LCI Reynard 98I-Honda**	**FS**	**177.188**	**51.466s**	**13**	**105**	**1h 51m 45.018s**	**142.805**	**10**
6	**Greg Moore (CDN)**	**99**	**Forsythe Player's Ltd./Indeck Reynard 98I-Mercedes**	**FS**	**177.153**	**51.476s**	**14**	**105**	**1h 51m 48.470s**	**142.732**	**8**
7	**Mark Blundell (GB)**	**18**	**PacWest Racing Group Motorola Reynard 97I-Mercedes**	**FS**	**174.710**	**52.196s**	**23**	**105**	**1h 51m 50.271s**	**142.694**	**6**
8	**Jimmy Vasser (USA)**	**12**	**Target/Chip Ganassi Racing Reynard 98I-Honda**	**FS**	**176.094**	**51.786s**	**20**	**105**	**1h 51m 53.715s**	**142.620**	**5**
9	***Helio Castro-Neves (BR)**	**16**	**Bettenhausen Alumax Aluminum Reynard 98I-Mercedes**	**GY**	**177.023**	**51.514s**	**15**	**105**	**1h 52m 06.487s**	**142.349**	**4**
10	**Mauricio Gugelmin (BR)**	**17**	**PacWest Racing Group Hollywood Reynard 97I-Mercedes**	**FS**	**175.004**	**52.108s**	**22**	**105**	**1h 52m 20.565s**	**142.051**	**3**
11	**PJ Jones (USA)**	**98**	**All American Racers Castrol/Degree Reynard 98I-Toyota**	**GY**	**173.762**	**52.481s**	**25**	**104**	**Em prova**		**2**
12	**Scott Pruett (USA)**	**20**	**Patrick Visteon Reynard 97I-Ford**	**FS**	**177.755**	**51.302s**	**7**	**104**	**Em prova**		**1**
13	Gualter Salles (BR)	34	Payton/Coyne Reynard 97I-Ford	FS	178.542	51.076s	4	104	Em prova		
14	*Alex Barron (USA)	36	All American Racers Castrol/Degree Reynard 97I-Toyota	GY	173.091	52.684s	27	103	Em prova		
15	Arnd Meier (D)	77	Davis Baan Business Software/TotalTel Lola T97/00-Ford	GY	175.436	51.980s	21	102	Em prova		
16	Mimmo Schiattarella (I)	15	Project Indy Hawaiian Tropic Reynard 97I-Mercedes	GY	173.084	52.686s	28	101	Acidente		
17	Bobby Rahal (USA)	7	Team Rahal Miller Lite Reynard 98I-Ford	FS	178.682	51.036s	2	101	Em prova		
18	*JJ Lehto (SF)	9	Hogan Motor Leasing Reynard 98I-Mercedes	FS	176.807	51.577s	16	99	Em prova		
19	Hiro Matsushita (J)	24	Arciero-Wells Panasonic/Duskin Reynard 98I-Toyota	FS	168.908	53.989s	29	98	Em prova		
20	Gil de Ferran (BR)	5	Walker Valvoline/Cummins Reynard 98I-Honda	GY	178.486	51.092s	5	94	Transmissão		
21	Michael Andretti (USA)	6	Newman/Haas Kmart/Texaco Havoline Swift 009.c-Ford	GY	177.785	51.293s	6	55	Acidente		
22	Andre Ribeiro (BR)	3	Marlboro Team Penske Penske PC27-Mercedes	GY	176.458	51.679s	17	55	Fuga de óleo		
23	Richie Hearn (USA)	10	Della Penna Budweiser/Ralphs Swift 009.c-Ford	FS	176.277	51.732s	19	53	Transmissão		
24	Max Papis (I)	25	Arciero-Wells Racing MCI Reynard 98I-Toyota	FS	173.857	52.452s	24	37	Acidente		
25	Paul Tracy (CDN)	26	Team KOOL Green Reynard 98I-Honda	FS	177.447	51.391s	9	19	Acidente		
26	Christian Fittipaldi (BR)	11	Newman/Haas Kmart Swift 009.c-Ford	GY	177.257	51.446s	12	19	Acidente		
27	Michel Jourdain Jr. (MEX)	19	Payton/Coyne Herdez/Viva Mexico! Reynard 97I-Ford	FS	176.290	51.728s	18	14	Acidente		
28	Patrick Carpentier (CDN)	33	Forsythe Player's Ltd./Indeck Reynard 98I-Mercedes	FS	173.493	52.562s	26	8	Danos devido a acidente		
29	Al Unser Jr. (USA)	2	Marlboro Team Penske Penske PC27-Mercedes	GY	177.327	51.426s	10	0	Acidente		

* Piloto Rookie

Bandeira amerela: Voltas 1–3, acidente/Unser; voltas 15–18, acidente/Jourdain; voltas 20–23, acidente/Fittipaldi, Tracy; voltas 26–28, falsa largada/Rahal; voltas 30–33, vários carros; voltas 39–42, acidente/Papis; voltas 55–61, acidente/Andretti. **Total:** Sete durante 29 voltas.

Líderes: Bryan Herta, 1–20 (20 voltas); JJ Lehto, 21–25 (5 voltas); Helio Castro-Neves, 26–39 (14 voltas); Gil de Ferran, 40–80 (41 voltas); Castro-Neves, 81–82 (2 voltas); de Ferran, 83–92 (10 voltas); Herta, 93 (1 volta); Dario Franchitti, 94–95 (2 voltas); Adrian Fernandez, 96 (1 volta); Greg Moore, 97–98 (2 voltas); Herta, 99–103 (5 voltas); Alex Zanardi, 104–105 (2 voltas). **Totais:** de Ferran, 51 voltas; Herta, 26 voltas; Castro-Neves, 16 voltas; Lehto, 5 voltas; Franchitti, 2 voltas; Moore, 2 voltas; Zanardi, 2 voltas; Fernandez, 1 volta.

Volta mais rápida: Bobby Rahal, 51.333s, 177.647 Km/h na volta 96 (recorde).

Classificação no campeonato: **1** Fernandez, 41; **2** Moore, 37; **3** Zanardi, 34; **4** Franchitti, 25; **5** Andretti e de Ferran, 21; **7** Herta, 20; **8** Kanaan, 18; **9** Unser, 16; **10** Fittipaldi, 12; **11** Pruett e Vasser, 11; **13** Tracy e Blundell, 10; **15** Castro-Neves e Gugelmin, 6; **17** Ribeiro, 4; **18** Carpentier e Jones, 2; **20** Salles, 1.

FEDEX CHAMPIONSHIP SERIES • 4ª PROVA

NAZARETH

1 - VASSER
2 - ZANARDI
3 - MOORE

Patrick Carpentier largou da pole no Reynard nº33 da Player's, mas foi descendo na classificação até ao 13º lugar no final.

Abaixo: O fosso de gerações. Bobby Rahal, ainda competitivo aos 45 anos, na frente de Tony Kanaan de 23 anos, que estava a emergir como forte candidato ao título de "Rookie do Ano".

QUALIFICAÇÕES

Em perfeito contraste com as primeiras previsões para o dia da corrida, a qualificação para o Grande Prêmio Bosch desenrolou-se em condições quase perfeitas, com céu azul e agradáveis temperaturas na tarde de sábado. O formato já tradicional de fazer rodar os carros mais rápidos no final assegurou um clímax excitante antes de Patrick Carpentier estabelecer as regras do jogo - assim como o seu companheiro Greg Moore - merecendo a primeira pole da sua carreira no CART com um tremendo recorde da pista em 18.652 seg. a uma média de 293.771 km/h.

"Os nossos engenheiros trocam muitas informações o que é muito benéfico para nós os dois", dizia Carpentier, muito feliz por relegar Moore para a faixa exterior da primeira fila. "O Greg andou muito bem esta tarde e eu acho que estabelecemos as bases a partir das quais pudemos construir a corrida. A corrida em si é muito longa mas eu sei que se você se qualifica na pole tem muito boas chances de sair vencedor."

Moore, o oitavo mais rápido na manhã, não estava muito contente por perder a hipótese de adicionar um ponto na Copa PPG com a pole. No mínimo, ele partiria do segundo posto de um animado grupo à frente do herói local Andretti.

"O carro estava realmente bom", declarou Andretti que vive muito perto da pista de Nazareth. "Estou um pouco desapontado porque pensava que ia ter uma chance para a pole. Sempre pensei isso até ter um pequeno problema na Curva Três."

Andretti não conseguiu obter uma grande velocidade mas foi, mesmo assim, suficiente para fazer a diferença no conjunto dos 26 carros separados por um pouco mais de um mísero segundo, a mais pequena diferença da história do CART.

Gil de Ferran (Reynard-Honda) e o presumível vencedor Jimmy Vasser (Reynard-Honda) era quarto e quinto no grid enquanto Maurício Gugelmin, o segundo mais rápido na manhã de sábado aprendia o quanto a competição era cerrada ao cair para o 13º posto com a sua Reynard- Mercedes.

"O carro batia no chão com os patins da frente em todo o percurso", dizia Gugelmin, desiludido, um dos cinco pilotos que não conseguiu melhorar os tempos dos treinos. "A única diferença desta manhã era a pressão dos pneus. Tivemos muito cuidado com isso mas parece que este jogo de pneus não deu para atingir as pressões desejadas."

CONSTITUIDO em 1990, o Team Chip Ganassi Racing tinha vencido 16 corridas antes da prova de Nazareth. Esta equipe sediada em Indianápolis conseguiu garantir títulos na Copa PPG graças aos esforços de Alex Zanardi e de Jimmy Vasser. Mas o êxito na exigente pista oval de uma milha de diâmetro parecia ilusório...até que Vasser, finalmente, estabeleceu o recorde numa pilotagem espetacular nesta muito particular oval de três curvas, situada na zona rural do leste da Pensilvania. E, reforçar o feito, Zanardi terminou muito perto no segundo lugar com o idêntico Reynard-Honda.

"Tradicionalmente temos tido dificuldades nas ovais de uma milha simplesmente porque o carro não era consistente", explicava Vasser que se tornara, entretanto, o quarto vencedor diferente em igual número de corridas da FedEx. "O meu engenheiro Julian Robertson e eu trabalhamos duro durante os testes que fizemos aqui há um par de semanas para ver se chegávamos a um pouco mais de consistência. Os resultados ficaram hoje à vista. Tivemos sempre um bom carro, penso que não mudamos nada em cada uma das paradas nos boxes. Esta pista é muito dura pelo que, vencer aqui dá uma bela sensação. Não poderia estar mais contente".

O mau tempo foi o principal problema durante todo o final de semana. Uma chuva persistente forçou o adiamento da corrida por 24 horas e, apesar das evidentes melhoras na segunda-feira, uma brisa gelada apresentava problemas aos pilotos para conseguirem atingir a temperatura ideal dos pneus.

Contudo os dramas começaram mais cedo quando o líder do Campeonato Adrian Fernandez rodou na Curva Dois com seu Reynard na primeira volta. O contato com o muro interior foi leve mas o bastante para terminar ali o dia.

"Por uma razão que desconheço tínhamos o carro muito solto", relatou Fernandez. "Na Curva Um senti que ia acontecer qualquer coisa mas não tive tempo de reajustar as barras estabilizadoras a partir do interior do carro. Perdi o controlo ao sair da Curva Dois, fui apanhado desprevenido e dei uma rodada."

O incidente beneficiou o homem da pole Patrick Carpentier graças às bandeiras amarelas uma vez que o seu Reynard-Mercedes cortava a linha de partida no comando da primeira das 225 voltas. Mas já nessa altura o muito favorecido residente local Michael Andretti marcava a sua presença passando facilmente o seu companheiro Carpentier e o outro acompanhante da primeira linha de partida, Greg Moore com uma tão audaciosa quanto característica manobra pelo exterior na Curva Dois.

Logo após o recomeço Andretti lidou com Carpentier exatamente no mesmo estilo. Mas, uma vez mais, o fluxo da corrida seria rapidamente interrompido, desta vez devido a Dennis Vitolo ter perdido o controlo do seu Reynard-Ford batendo no muro da Curva Quatro.

Andretti era perseguido sem piedade pelos dois carros da Player's nas 20 voltas seguintes após o recomeço mas, logo que os líderes começaram a tropeçar no tráfico dos atrasados a experiência de Andretti veio ao de cima dando-lhe uma vantagem nítida. Moore beneficiava da ultrapassagem a um retardatário na volta 46 para usurpar o 2º lugar de Carpentier mas há muito que Andretti abria na frente para uma diferença de uns bons cinco segundos. O Swift-Ford n.º 6 mantinha-se firme no comando durante a primeira ronda de reabastecimentos começada na volta 67, aliás despoletada pelo incidente número três da tarde. Desta vez a causa era o estreante Hélio Castro-Neves, que perdeu o domínio do Reynard-Mercedes na Curva Três.

Outros acidentes isolados que envolveram o Reynard-Honda de Dario Franchitti e o Reynard-Mercedes de Mark Blundell quebravam o ritmo do meio da corrida. Blundell foi levado para o hospital mais perto queixando-se de dores de cabeça, sendo liberado horas mais tarde. O último incidente, pela volta 110, acelerava a ronda de paradas nos boxes para reabastecimento.

Desta feita, as equipes de Bryan Herta (Reynard-Ford), de Vasser e de Robby Gordon, conduzindo uma corrida típica de estreia dos novos Reynard-Toyota, optaram por não parar. O trio herdava assim as melhores posições logo após o recomeço na volta 124.

Momentos depois, Andretti surpreendia todos ao bater forte na Curva Quatro depois de perder o controlo do seu carro. Andretti nem conseguia explicar o seu erro. "Acho que os pneus frios me apanharam desprevenido," disse ele vendo que tinha visto mais uma vez a vitória escorregar-lhe das mãos.

Mais 10 voltas atrás do Pace Car e Herta comandava tranqüilo após o

TARGET
HONDA
TARGET
HONDA
Havoline
TARGET
TARGET
TARGET
sparco
Hanes

Hanes
PNC BANK
BOSCH
HONDA
Energizer
Coca-Cola
TARGET
Speed Stick
St. Jude Children's Research Hospital

Jimmy Vasser e o companheiro de equipe Alex Zanardi comemoram a dobradinha para a Target/Chip Ganassi Racing. Foi Vasser (abaixo) que venceu, dando à equipe sua primeira vitória numa oval de uma milha, mas o italiano reforçou as suas pretensões ao título com o segundo lugar.

recomeço à frente de Vasser e do impressionante Gordon. Vasser manteve-se como uma sombra negra de Herta até à volta 155 quando o campeão de 96 tirou bom partido da passagem por alguns retardatários, passando Herta na aproximação à Curva Três. Vasser manteve-se na frente por mais umas 10 voltas antes de dar um pulo aos boxes para o segundo e último reabastecimento do dia. Herta tinha sido assistido quatro voltas antes mas as suas esperanças de lutar pela vitória foram por água a baixo ao começar a sentir o seu carro a fugir de traseira nas últimas passagens.

"É muito desanimador", exclamava Herta depois de cair para o oitavo posto no final. "Ao menos ainda pontuamos mas esperava uma classificação melhor."

Vasser caiu uma volta para trás do novo líder - nada mais nada menos do que o seu companheiro Zanardi - logo depois da sua visita ao box, mas continuou a manter um ritmo vivo, como todos aqueles que tinham passado para a frente dele. Indo, um a um à assistência para os seus últimos reabastecimentos, Vasser conseguia construir um caminho gradual em direção ao topo da tabela classificativa e recuperava a liderança quando Moore parou na volta 194.

Faltavam só 31 voltas. Apesar de seguir uma estratégia totalmente diferente, Zanardi emergia atrás do seu companheiro de equipe na segunda posição. Vinham depois Moore e Gugelmin, que quase rodava incógnito no seu Reynard-Mercedes. Mas faltou a sorte a Gugelmin que bateu forte na Curva Três, na 207. Tal como o seu companheiro, o brasileiro era hospitalizado, queixando-se de dores no pescoço.

Seguia-se mais um demorado período de contenção preparando o palco para uma épica batalha nas últimas cinco voltas. Conhecido como mestre na finalização das corridas, Zanardi surgia ameaçador no segundo lugar. Mas Vasser estava pronto para a luta. "Mas que grande dia," afirmou radiante depois de vencer por 1,4 segundos. "Este ano começou muito parecido com o de 97. Muitas vezes estivemos em posição de ganhar corridas mas havia sempre algo que nos estragava o dia. Hoje tudo correu como desejávamos. Não estava seguro sobre a decisão do meu diretor esportivo Tom Anderson de fazermos só duas paradas mas tudo correu a nosso favor."

Zanardi também estava felicíssimo: "Pensava que começava a corrida e ia ficar para trás dez voltas depois, tal como já me sucedeu aqui," dizia o italiano. "Mas, como nada disso aconteceu, comecei a mudar a minha atitude e tornei-me mais agressivo. Tentei aproximar-me do Jimmy mas não fui capaz."

Moore também ficava por perto, em terceiro e, dadas as circunstâncias, estava satisfeito: "O maior problemas que tivemos aconteceu esta manhã quando trocamos para o carro de reserva de Patrick, na seqüência de um problema de motor no treino de aquecimento," relatava Moore. A equipe Player's tem vindo a usar três chassis Reynard desde a grande batida de Moore no Japão. Em Nazareth foi a vez de Carpentier fazer uso do reserva 981.

"É um verdadeiro tributo ao pessoal da equipe e um testemunho por terem conseguido fazer tudo direito," continuava Moore. "No fundo, eles só tinham uma hora para transferir tudo do meu carro para o de Patrick."

Gil de Ferran beneficiava do quarto lugar sem problemas no seu Reynard-Honda embora tenha reclamado por uma ultrapassagem menos correta de Zanardi depois do acidente de Michael: "O Alex passou-me com as amarelas" declarava o brasileiro. Os comissários desportivos deviam inverter as nossas posições." Contudo, apesar de ter feito passar os protestos para o pessoal do CART via seu patrão Derrick Walker, o status quo manteve-se. Zanardi ultrapassara antes das bandeiras amarelas serem mostradas.

Paul Tracy também esteve bem ao conseguir a sua melhor classificação desta temporada. De fato, Tracy rodou claramente entre os cinco primeiros durante todo o dia perdendo somente algumas posições devido a uma muito lenta parada nos boxes na parte final:" Isso custou-nos uns bons dois lugares e assim ficamos", dizia Tracy. "Todo o mundo estava rodando muito bem e não havia meio de lhes dar a volta."

Bobby Rahal (Reynard-Ford) e Gordon eram os últimos a terminar na mesma volta do vencedor, em sexto e sétimo, com Rahal a levar a melhor mesmo a seguir à última situação de precaução. Ninguém, na realidade, podia evitar os gêmeos da Target de obterem uma memorável vitória

"Normalmente, a segunda posição é a primeira dos derrotados", concluía Zanardi, "mas hoje é bem saboroso por duas razões: foi totalmente inesperado e o primeiro foi o meu companheiro de equipe e amigo. Quando estávamos a lutar pelo primeiro lugar até parecia que estávamos a rodar um anúncio."

Fotos: Michael C. Brown

Penske com fim de semana para esquecer

Fotos: Michael C. Brown

Entusiasticamente como sempre, Al Unser Jr. regressa à corrida numa nuvem de fumo de pneu depois de ter reabastecido, mas o seu carro pura e simplesmente não era competitivo.

O TEAM Marlboro Penske, cuja base se situa na vizinha Reading, fez a curta deslocação até à pista de Nazareth confiante no sucesso, depois dos bons resultados obtidos nas duas primeiras corridas nas pistas ovais de Homestead e Motegi. Mas ainda era cedo para desgostos. André Ribeiro completou quatro curtas voltas na primeira sessão antes de perder brutalmente o controlo e ir bater de traseira no muro da Curva Dois. O acidente registou 109 G de desaceleração no computador de bordo. Ribeiro teve a sorte de sair ileso, exceção feita a uma grande dor de cabeça e um ligeiro ferimento na perna esquerda. O seu companheiro Al Unser Jr. bateu-se durante o resto do dia no outro Penske PC27 até que foi tomada a decisão de ir a Reading buscar um outro carro, o PC26 mais fiável, com o qual Unser tinha realizado alguns bons tempos durante os testes para a Goodyear e que ainda deu para Unser e o seu companheiro da época passada Paul Tracy de fazerem terceiro e primeiro, respetivamente, em Nazareth, 1997. Unser produziu um teste de ponta a ponta na manhã de sábado e sentiu imediatamente que o carro "velho" representava uma melhoria, particularmente nos ressaltos da Curva Dois. O seu PC27 ficava tranqüilamente parqueado durante todo o final de semana. Veio a qualificação e o PC27 de faz de conta de Ribeiro não fez melhor do que 19.897 seg., o tempo mais lento mas o suficiente para o colocar na 18ª posição do grid do ano anterior. O brasileiro seria contudo repescado segundo as regras do CART, para ocupar uma posição na partida na qualidade de anterior vencedor de uma prova de 500 milhas, oportunidade que o patrão da equipa, Roger Penske declinou, apesar de ter junto de si uma enorme quantidade de convidados de grandes empresas: " Começamos a pensar para que iria servir correr assim", explicou Penske. "André está em baixo de autoconfiança e a gente tem de o ajudar a recuperar. Precisamos de ir ao fundo dos problemas que temos e resolvê-los. Não o faríamos andando nas traseiras do pelotão."

Entretanto, Unser, qualificado em 18º, bateu-se sempre para terminar a corrida a cinco voltas do final em 15º. "Foi um longo dia com o carro em más condições," disse Unser, com ar desapontado. "Vamos continuar aqui para fazer testes, portanto penso que estaremos mais fortes no Rio."

Tônico de Gordon para a Toyota

Robby Gordon deu à Totyota algum encorajamento ao levar o Panasonic/Duskin Reynard da Arciero-Wells ao sétimo lugar no seu regresso ao campeonato.

ROBBY Gordon fez um impressionante regresso ao CART em Nazareth, dando à Toyota a melhor classificação de sempre ao terminar na sétima posição no mesmo Reynard-Toyota dirigido anteriormente por Hiro Matsushita.

Especialista das pistas de terra em tempos idos, Gordon viu receber uma oportunidade em Champ Car por Chip Ganassi em 1992 quando dirigiu o segundo chassi ao lado de Eddie Cheever em alguns eventos especiais. Mais tarde dirigiu para A. J. Foyt e Derrick Walker, vencendo duas vezes antes de perder a sua posição no final dum péssimo ano de 1996. Depois de uma tentativa abortada no Campeonato NASCAR em 1997, Gordon fez uma aparição no final da ano com a Hogan Racing no seguimento da sua separação de Dario Franchitti. Mais tarde juntou forças ao seu amigo de longa data, Cal Wells III, desenvolveu a maior parte do trabalho de testes para a Toyota durante a pré-temporada e tomou o lugar de Matsushita que decidira retirar-se após a corrida do Rio. Matsushita deu-se conta que teria enormes dificuldades em obter um posto entre os 26 carros à largada de Nazareth, pelo que deu o seu lugar a Gordon. Este não se fez rogado e mostrou desde logo disposição para obter o nono tempo na primeira sessão de treinos na sexta-feira. Ficou muito desiludido por se qualificar somente em 24º devido a um erro resultante do seu carro ficar muito baixo. Mesmo assim, conseguiu cumprir as 225 voltas da prova. Por outro lado, Gordon foi auxiliado pela inspiração de fazer menos um reabastecimento do que a maior parte dos seus adversários. "Tive um grande dia," disse Gordon depois de rodar num belo terceiro lugar graças ao seu engenheiro Kenny Anderson ter decidido seguir a estratégia de duas paradas, tal como Herta e Vasser. "A equipe fez um trabalho fantástico. Estiveram incríveis no box quando lá fomos e tiveram uma estratégia magnífica. Tenho de agradecer à Toyota pelo motor. Talvez ainda não tenhamos potência suficiente mas já conseguimos chegar ao fim das corridas."

BREVES NAZARETH

• A somar aos incidentes que envolveram os dois pilotos da PacWest, Mark Blundell e Maurício Gugelmin, o mecânico Tim Douthat teve de ir à enfermaria por ter sido derrubado por um pneu traseiro ao desengatar a mangueira de ar, numa assistência a Blundell. Mais tarde, a pouca sorte da PacWest manifestava-se outra vez quando Paul Morris teve de ser levado ao hospital de Easton na seqüência de um terrível acidente durante a corrida Indy Lights. Felizmente, nenhum deles ficou gravemente ferido.

• David Bruns, desenhador-chefe do Swift 009 não estava presente em Nazareth depois de ter-se demitido da empresa devido à nomeação de Mark Handford para o lugar de diretor técnico. Poucos dias depois, Bruns era nomeado desenhador-chefe da Advanced Projects na equipe All American Racers de Dan Gurney.

Michael C. Brown

• Tony Kanaan, nono no Reynard-Honda foi o estreante melhor classificado pela terceira vez consecutiva. O jovem brasileiro igualou Nigel Mansell que também terminou no top 10 em três das suas primeiras quatro corridas de Champ Car, a caminho de vencer a Copa PPG em 1993.

• O adiamento para segunda-feira representou a primeira decisão total de um evento CART desde Abril de 1982. Com efeito, a corrida de Atlanta só se realizou no sábado seguinte. Em Setembro de 1986, uma chuvada torrencial em Road America teve de ser interrompida à primeira volta. A corrida foi acabada um mês mais tarde.

• Várias equipes tiveram problemas a que chamaram de "raro desgaste" nos pneus do lado direito, na sexta-feira, apressando os engenheiros da Goodyear a fornecerem pneus de opção para o resto do final de semana. Nos anos anteriores, as equipes tinham liberdade para escolher entre compostos primários e opcionais propostos por cada um dos fornecedores de pneus. Mas, de acordo com uma nova regra introduzida no princípio da época, os pneus de opção só podem ser usados por decisão do fornecedor, pelo que, se assim acontecer, todas as equipes sob contrato terão de fazer a troca.

• Christian Fittipaldi e o estreante Hélio Castro-Neves arrancaram os tempos mais rápidos nas duas sessões de treinos de sexta-feira. Nenhum deles, contudo, conseguiu manter essa supremacia depois de terem passado para o composto opcional da Goodyear.

FEDEX CHAMPIONSHIP SERIES • PROVA 4

BOSCH SPARK PLUG GRAND PRIX PRESENTED BY TOYOTA

NAZARETH SPEEDWAY, PENNSYLVANIA

27 ABRIL, 105 voltas – 265.976 Km

Clf	Piloto (Nac.)	Nº.	Patrocinadores Chassis-Motor	Pneus	Qlf Veloc.	Q Tempo	Pos.	Voltas	Tempo/Causa	Média	Pts.
1	**Jimmy Vasser (USA)**	**12**	**Target/Chip Ganassi Racing Reynard 98I-Honda**	**FS**	**293.843**	**18.652s**	**5**	**225**	**1h 57m 20.307s**	**175.159**	**20**
2	**Alex Zanardi (I)**	**1**	**Target/Chip Ganassi Racing Reynard 98I-Honda**	**FS**	**292.636**	**18.729s**	**8**	**225**	**1h 57m 21.707s**	**175.123**	**16**
3	**Greg Moore (CDN)**	**99**	**Forsythe Player's Ltd./Indeck Reynard 98I-Mercedes**	**FS**	**294.223**	**18.628s**	**2**	**225**	**1h 57m 23.917s**	**175.069**	**14**
4	**Gil de Ferran (BR)**	**5**	**Walker Valvoline/Cummins Reynard 98I-Honda**	**GY**	**294.033**	**18.640s**	**4**	**225**	**1h 57m 28.323s**	**174.959**	**12**
5	**Paul Tracy (CDN)**	**26**	**Team KOOL Green Reynard 98I-Honda**	**FS**	**291.189**	**18.822s**	**10**	**225**	**1h 57m 28.605s**	**174.953**	**10**
6	**Bobby Rahal (USA)**	**7**	**Team Rahal Miller Lite Reynard 97I-Ford**	**FS**	**291.236**	**18.819s**	**9**	**225**	**1h 57m 29.925s**	**174.921**	**8**
7	**Robby Gordon (USA)**	**24**	**Arciero-Wells Panasonic/Duskin Reynard 98I-Toyota**	**FS**	**283.918**	**19.304s**	**24**	**225**	**1h 57m 30.474s**	**174.906**	**6**
8	**Bryan Herta (USA)**	**8**	**Team Rahal Shell Reynard 98I-Ford**	**FS**	**292.697**	**18.725s**	**7**	**224**	**Em prova**		**5**
9	***Tony Kanaan (BR)**	**21**	**Tasman Motorsports LCI Reynard 98I-Honda**	**FS**	**288.478**	**18.999s**	**16**	**224**	**Em prova**		**4**
10	**Richie Hearn (USA)**	**10**	**Della Penna Budweiser/Ralphs Swift 009.c-Ford**	**FS**	**290.064**	**18.895s**	**13**	**224**	**Em prova**		**3**
11	**Christian Fittipaldi (BR)**	**11**	**Newman/Haas Kmart Swift 009.c-Ford**	**GY**	**293.750**	**18.658s**	**6**	**224**	**Em prova**		**2**
12	**Michel Jourdain Jr. (MEX)**	**19**	**Payton/Coyne Herdez/Viva Mexico! Reynard 98I-Ford**	**FS**	**285.264**	**19.213s**	**23**	**223**	**Em prova**		**1**
13	Patrick Carpentier (CDN)	33	Forsythe Player's Ltd./Indeck Reynard 98I-Mercedes	FS	297.561	18.419s	1	222	Em prova		1
14	Max Papis (I)	25	Arciero-Wells Racing MCI Reynard 98I-Toyota	FS	286.682	19.118s	20	221	Em prova		
15	Al Unser Jr. (USA)	2	Marlboro Team Penske Penske PC26-Mercedes	GY	287.177	19.085s	18	220	Em prova		
16	*JJ Lehto (SF)	9	Hogan Motor Leasing Reynard 98I-Mercedes	FS	288.721	18.983s	15	218	Em prova		
17	Mauricio Gugelmin (BR)	17	PacWest Racing Group Hollywood Reynard 98I-Mercedes	FS	288.811	18.977s	14	206	Acidente		
18	Michael Andretti (USA)	6	Newman/Haas Kmart/Texaco Havoline Swift 009.c-Ford	GY	294.096	18.636s	3	122	Acidente		1
19	PJ Jones (USA)	98	All American Racers Castrol/Degree Reynard 97I-Toyota	GY	283.508	19.332s	25	107	Freios		
20	Mark Blundell (GB)	18	PacWest Racing Group Motorola Reynard 98I-Mercedes	FS	286.622	19.122s	21	107	Acidente		
21	Dario Franchitti (GB)	27	Team KOOL Green Reynard 98I-Honda	FS	288.400	19.004s	17	80	Acidente		
22	Scott Pruett (USA)	20	Patrick Visteon Reynard 97I-Ford	FS	290.264	18.882s	12	68	Incêndio		
23	*Helio Castro-Neves (BR)	16	Bettenhausen Alumax Aluminum Reynard 98I-Mercedes	GY	286.801	19.110s	19	62	Acidente		
24	Arnd Meier (D)	77	Davis Baan Business Software/TotalTel Lola T98/00-Ford	GY	280.175	19.562s	26	28	Transmissão		
25	Dennis Vitolo (USA)	34	Payton/Coyne SmithKline/Beecham Reynard 97I-Ford	FS	286.157	19.153s	22	10	Acidente		
26	Adrian Fernandez (MEX)	40	Patrick Tecate Beer/Quaker State Oil Reynard 98I-Ford	FS	290.803	18.847s	11	0	Danos devido a acidente		
NQ	*Alex Barron (USA)	36	All American Racers Castrol/Degree Reynard 97I-Toyota	GY	278.962	19.647s	27	–	Não qualificado		
NQ	Andre Ribeiro (BR)	3	Marlboro Team Penske Penske PC27-Mercedes	GY	275.456	19.897s	28	–	Não qualificado		

* Piloto Rookie

Bandeira amarela: Voltas 1–9, acidente/Fernandez; voltas 14–19, acidente/Vitolo; voltas 63–78, acidente/Castro-Neves; voltas 82–91, acidente/Franchitti; voltas 109–122, acidente/Blundell; voltas 123–132, acidente/Andretti; voltas 207–219, acidente/Gugelmin. **Total:** sete durante 78 voltas.

Líderes: Patrick Carpentier, 1–10 (10 voltas); Michael Andretti, 11–112 (102 voltas); Bryan Herta, 113–154 (42 voltas); Jimmy Vasser, 155–164 (10 voltas); Alex Zanardi, 165–191 (27 voltas); Greg Moore, 192–194 (3 voltas); Vasser, 195–225 (31 voltas). **Totais:** Andretti, 102 voltas; Herta, 42 voltas; Vasser, 41 voltas; Zanardi, 27 voltas; Carpentier, 10 voltas; Moore, 3 voltas.

Volta mais rápida: Greg Moore, 19.514s, 280.864 Km/h na volta 204 (recorde).

Classificação no campeonato: **1** Moore, 51; **2** Zanardi, 50; **3** Fernandez, 41; **4** de Ferran, 33; **5** Vasser, 31; **6** Franchitti e Herta, 25; **8** Andretti e Kanaan, 22; **10** Tracy, 20; **11** Unser, 16; **12** Fittipaldi, 14; **13** Pruett, 11; **14** Blundell, 10; **15** Rahal, 8; **16** Gordon, Castro-Neves e Gugelmin, 6; **19** Ribeiro, 4; **20** Hearn e Carpentier, 3; **22** Jones, 2; **23** Salles e Jourdain, 1.

RIO

1 - MOORE
2 - ZANARDI
3 - FERNANDEZ

FEDEX CHAMPIONSHIP SERIES • 5ª PROVA

Pascal Rondeau/Allsport

O pole Dario Franchitti ainda detém a vantagem enquanto o pelotão se dirige para a Curva Um na primeira volta, mas o herói local Tony Kanaan, aqui já ao lado de Alex Zanardi por fora, está prestes a lançar-se em busca da glória.

Abaixo à esquerda: Greg Moore assumiu a liderança depois de Zanardi ser inadvertidamente bloqueado por Arnd Meier e venceu por uma margem inferior a meio segundo.

QUALIFICAÇÃO

Na sexta-feira tudo corria pelo melhor até à primeira interrupção, sete minutos após o início, quando o Swift de Richie Hearn explodiu em chamas devido a uma fuga de combustível. Depois, a sessão seria encurtada devido à chuva. A parte da tarde não seria melhor, tendo começado com 20 minutos de atraso, primeiro por causa de uma falta de corrente, depois, uma interrupção originada em vários incidentes. Ambos os carros de Pat Patrick entravam em contato com as inovadoras barreiras de pneus de proteção, Paul Tracy, André Ribeiro, Jimmy Vasser, Tony Kanaan, Maurício Gugelmin e Christian Fittipaldi também deram rodadas na abominável pista escorregadia e suja.

No seu Swift-Ford, Michael Andretti foi muito rápido enquanto Gil de Ferran fazia subir sua Reynard-Ford ao cimo da tabela na manhã de sábado. Fittipaldi e Andretti garantiam os três melhores tempos para a Goodyear mas, na qualificação, a história foi outra com Dario Franchitti a encabeçar os pilotos da Firestone e a sacar para si a pole.

"Na realidade, quando desci do carro pensei que ainda tinha mais algo para dar," disse Franchitti no final da sessão, que viu três pilotos – Alex Barron, Max Papis e, surpreendentemente, Al Unser Jr. – baterem no muro. Vários outros pilotos evitaram por pouco o acidente com seus carros em configuração de fraco apoio aerodinâmico em busca da maior velocidade possível. "O meu companheiro Paul Tracy, falando com o meu engenheiro Don Halliday no final da sua tentativa, disse que a pista não estava assim tão má como parecia," continuou Franchitti, "porque, na televisão, parecia mesmo horrível. Falou que não valia a pena reajustar o carro, então eu dirigi exatamente como na parte da manhã. Com franqueza, até estou surpreendido por os outros caras não terem melhorado os seus tempos."

Mesmo assim o tempo de Franchitti só era melhor em uma pequena décima de segundo em relação a Zanardi. O italiano era seguido pelo estreante Tony Kanaan muito louvado por ser o brasileiro mais rápido, depois seguiam os outros brasileiros de Ferran e Fittipaldi. Bryan Herta a menos de um décimo do tempo de Zanardi, era o primeiro americano, na sexta posição. Andretti desceu para um mísero oitavo lugar enganado por uma deficiência no sensor da indicação do câmbio.

Fotos: Michael C. Brown

ALEX Zanardi dominou totalmente o Rio 400. O campeão em título assegurou a liderança logo após a largada e liderou 117 das 133 voltas ao Emerson Fittipaldi Speedway, no Rio de Janeiro, Brasil. Mas nem isso foi o suficiente. Os líderes foram forçados a poupar combustível depois do último reabastecimento quando faltavam 41 voltas para o final e Greg Moore, no Reynard-Mercedes da Player's perseguia sem descanso a Reynard-Honda de Zanardi.

Finalmente, a seis voltas do fim com Zanardi a ter de se conter momentânea e inesperadamente atrás de Arnd Meier, Moore construiu a sua vantagem na Curva Um, numa manobra pelo exterior de cortar a respiração. "Ambos fomos os dois muito, muito a fundo,", contou Moore. "Provavelmente fomos mais a fundo do que durante todo o resto do dia. Já fizera aquele truque um pouco antes com o Jimmy (Vasser), por isso sabia que o carro agüentava bem aquela manobra. Tinha imensa sub-viragem à entrada da curva e pensei que o Alex ia passar por mim à saída, até que vi o carro dele nos meus espelhos. Aí confirmei que estava tudo bem."

De qualquer das formas, Zanardi pôde safar-se bem, continuando em segundo. As suas preocupações em relação ao consumo foram facilitadas quando fez algumas poupanças controlando Moore para poder apertar um pouco mais o ritmo começando a fazer tempos de qualificação. Moore, pelo seu lado, manteve-se calmo por forma a dominar a situação. O jovem canadense de 23 anos de idade acabaria por ver a bandeira quadriculada com uma vantagem de uns meros 0,427 seg.

"Definitivamente o Alex é um dos melhores pilotos do Mundo," dizia Moore depois de alcançar a terceira vitória da sua recente carreira em Champ Car. "Poder competir com ele e passá-lo a seis voltas do fim é mesmo muito gratificante."

Inicialmente, Zanardi dirigiu as suas frustrações para o infortunado Meier de quem disse que tinha ignorado as bandeiras azuis e o bloqueou no meio da Curva Quatro; pouco mais tarde, diga-se, já estava de melhor humor. "Estou desiludido com a maneira como correu o dia", afirmou Zanardi. "Hoje tínhamos o melhor carro e não ganhamos a corrida. Estou contente pelo Greg ter andado bem, foi mesmo brilhante, e por ter confiando em mim o bastante para passar o que prova que não sou o bicho mau que tantos reclamam que sou."

As primeiras fases da Rio 400 deixaram ver outros dois jovens pilotos marcarem as suas presenças. Primeiramente Dario, com os seus 24 anos, que assegurou a pole para a Kool Green. O escocês liderou até à primeira curva sob a pressão de Zanardi, qualificado para a linha exterior do grid, ambos, afinal,

Um Zanardi frustrado responsabiliza Meier

ALEX Zanardi desceu abruptamente do seu Reynard-Honda depois de obter a segunda posição e dirigiu-se em passo apressado até ao final da via dos boxes onde Arnd Meier parava seu carro com falta de combustível, averbando, mesmo assim, o 14º posto. De jeito nenhum Zanardi mostrava intenções de dar os parabéns ao germânico que conseguira levar o solitário Lola até final embora fora dos pontos. Para Zanardi, Meier tinha-lhe prejudicado a vitória.

"Cheguei junto de um atrasado o qual, por sinal, até era o mesmo que me custou o segundo lugar em Homestead," falava Zanardi em tom exaltado, referindo-se à primeira corrida da ano em Março, em que ironicamente Moore fora beneficiado. "Ele levantou o pé a meio da curva, fez uma manobra que nunca deveria ter feito. É muito desconcertante porque eu tinha velocidade para ganhar a corrida. Não quero dizer que ele fez de propósito, quero que isso fique claro, mas aqui não é como em Michigan onde podem entrar dois nas curvas. Aqui você não pode passar por fora," continuava Zanardi de um fôlego, esquecendo-se que fora precisamente assim que Moore tinha tirado ganhos para si. Por seu lado, Meier protestava pela sua inocência: "Tentei ficar fora do caminho, quiseram usar-me como abridor de caminho, não vejo razão para ele estar zangado comigo."

Moore também reconheceu que Meier não tinha errado: "Na reunião de pilotos antes de cada corrida dizemos sempre "os mais lentos vão por baixo", é o que fazemos sempre. Meier foi por baixo. Acho que Alex pensava que estava mais rápido do que na realidade."

Mas Zanardi também criticou os homens do CART reclamando que as regras de apresentação das bandeiras azuis, que indicam a aproximação de um carro mais rápido, não foram bem aplicadas. Manteve-se de mau humor durante a conferência de imprensa acabando por "acordar" antes do final: "Penso que foi pouca sorte encontrar o cara no lugar errado e no tempo errado," resumiu Zanardi. "É por isso que estou desiludido, porque perdi uma corrida que não devia ter perdido. É por isso que estou fulo. Agora que me estou acalmando, só desejo que quando estou num dia de azar, que seja igual a hoje. Quando estamos num dia mau e acabamos segundo, no fim das contas não é um dia tão mau assim. Faz parte da competição, fico esperando que muito depressa eu volte a ter hipóteses de recolher uns pontinhos, assim a sorte me ajude."

Fotos: Michael C. Brown

A ímpar 'roval' do Rio ' proporciona sempre ação emocionante em todo o pelotão. Scott Pruett ultrapassa Mark Blundell, enquanto Paul Tracy, Christian Fittipaldi e Alex Barron assistem de perto.

Abaixo ao centro: Gil de Ferran pôs à prova a barreira de pneus do Emerson Fittipaldi Speedway depois de uma otimista tentativa de ultrapassagem a Paul Tracy ter falhado.

Mauricio Gugelmin (abaixo à esq.) não tinha muito para se alegrar na sua visita anual a casa. Era um regresso a uma decepcionante e amarga temporada para a PacWest após a promessa mostrada em 1997.

eclipsados pelo incrível arranque do estreante Kanaan, de 23 anos, que mergulhou bem fundo na Curva Um para assumir a vantagem inicial com o seu Reynard-Honda.

Mas Kanaan teria uma glória efêmera. Zanardi saiu melhor da curva e meteu acelerador a fundo para a reta do outro lado. Kanaan tomou em consideração o tom cauteloso de Steve Horn que lhe implorava pelo rádio para não se entusiasmar demasiado na primeira volta. Kanaan, então, não contestou uma tentativa de Gil de Ferran à freada por que vinha de quarto no grid no Reynard-Honda de Derrick Walker. Franchitti, por sua vez, também se lançou a fundo na Curva Quatro mas foi só para Kanaan lhe retribuir o cumprimento na Curva Um. Já tudo se processava com grande emoção, numa pista que todos os pilotos apreciam – apesar da superfície saltitante e da muita poeira – ao mesmo tempo que as grandes retas e as estreitas curvas de terceira marcha fornecem amplas oportunidades de ultrapassagem. Rapidamente a ordem ficava estabelecida com Zanardi e de Ferran a fazerem o seu caminho na frente, seguidos de Kanaan, cujo carro, aliás, começava a ficar demasiado solto. Foi passado por Franchitti na volta 13 depois de fazer um ligeiro escorregamento na Curva Um. 16 voltas depois o motor de Kanaan rebentava completamente. "Foi pena porque queria obter um bom resultado aqui no Brasil," lamentava-se o paulista. "Estava com um carro bom, íamos mudar a pressão dos pneus na primeira parada e acabamos por não ter hipóteses de fazer nada."

Ao mesmo tempo que Kanaan saía do seu carro na entrada da Curva Três, todos os outros favoritos aproveitaram a primeira situação de precaução para fazerem o primeiro reabastecimento. Zanardi manteve a liderança enquanto de Ferran descia para quinto quando a sua equipe técnica deu por um problema no sistema de reabastecimento. O brasileiro recuperava duas posições depois do recomeço passando Franchitti na Curva Um, subindo depois para terceiro graças à penalização que Andretti teve de cumprir por tocar num dos seus pneus acabados de trocar na parada que fizera no box. (Andretti descia para 19º). Então, de Ferran executou uma manobra ambiciosa para ganhar um lugar a Tracy na freada para a Curva Um...mas, tudo o que conseguiu foi mandar com os dois Reynard-Honda para o muro de pneus.

Uma outra precaução acontecia pouco depois por causa do Reynard-Ford de Michel Jourdain Jr. que subia de 25º para 12º. Para piorar as coisas o seu companheiro na Payton/Coyne, Gualter Salles, também acabou por colar o seu entusias-

Realçar o positivo

RICHIE Hearn foi atormentado por toda a espécie de fantasmas mecânicos ao longo de toda a primeira parte da época no seio da tão entusiasta quanto financeiramente debilitada equipe de Della Penna. O final de semana no Rio começou mal com uma fuga no tanque de combustível que provocou um incêndio no Swift-Ford logo após o início da sessão de sexta-feira. Obrigado a usar o chassi de reserva, Hearn trabalhou à exaustão para encontrar uma base razoável de funcionamento. Na qualificação rodou na Curva Quatro, antes de surgir a bandeira verde. Com sorte, o carro não ficou danificado e Hearn foi autorizado a completar uma volta depois de todos os outros terem concluído as suas séries...exepção feita para o fato de ter acontecido uma dose pouco usual de incidentes devido aos quais o tempo atribuído para a sessão seria encurtado poucos minutos antes de Hearn poder recomeçar a sua vez. Por isso ele teve de fazer a largada atrás dos 28 carros do pelotão.

Hearn conseguiu progredir até ao 16º lugar antes das primeiras amarelas, caindo rapidamente para a última posição em virtude de deixar calar o motor na sua primeira parada no box para reabastecimento. Seria ainda contemplado com uma penalização de passagem pela via dos boxes por infração naquela zona. Muito acertadamente a equipe chamou-o para um reabastecimento rápido antes do recomeço. Com esta estratégia ele pode gozar das delícias de se encontrar no comando por algumas voltas até voltar a cumprir a sua segunda parada prevista (de quatro no total), na volta 82. Regressou em 11º para voltar aos boxes, 10 voltas depois, numa situação de bandeiras amarelas. Hearn não precisava de mais do que uns poucos litros de metanol. O excelente serviço da equipe de Phil Howard permitiu ao californiano residente no Nevada ganhar o 5º lugar, onde tudo indicava que seria o seu no final...até Maurício Gugelmin sair dos boxes exatamente na última volta depois de ir buscar uns rápidos litros de combustível, surgindo mesmo à frente de Hearn na saída da Curva Um.

"Se não fosse por isso não me teriam alcançado," falou Hearn depois do seu bom desempenho. "Eles não estavam a ganhar para mim, é um pouco triste mas tudo faz parte da competição. Tanto posso exaltar esse fato como exaltar o fato de terminarmos em 7º depois de termos largado em último."

Fotos: Michael C. Brown

mo à barreira de pneus na volta 90.

Nesta altura entravam em ação várias estratégias de reabastecimento de algumas equipes que aproveitaram a situação de interrupção da precaução máxima. Richie Hearn, por exemplo, que largara do último lugar no Swift de John Della Penna, tirou partido duma excelente estratégia – e de um pouco de sorte – minimizando os efeitos de uma penalização anterior por infração na zona dos boxes colocando-se no comando por umas quantas voltas para regressar aos boxes um pouco mais tarde na altura em que Salles saiu.

Franchitti também mostrou estar em boa forma. Isolado no grupo da frente era chamado pela sua equipe para fazer uma parada durante a interrupção na volta 55. Regressou na cauda do pelotão para subir ao comando na volta 82, altura em que todo o mundo fizera a sua parada de reabastecimento já com as bandeiras verdes. Infelizmente a sua corrida terminava sem glória na volta 90 com o motor morto.

"Penso que a nossa estratégia teria funcionado na perfeição", refletiu o patrão da equipe, Barry Green. "Tivemos as bandeiras amarelas exatamente quando nos dava mais jeito, infelizmente ocorreu aquele problema de sobreaquecimento do motor que nos colocou fora da corrida."

O incidente de Salles, entretanto, originava a última situação de precaução assim como a última ronda de reabastecimentos. Mesmo assim Zanardi mantinha-se no comando. O italiano era perseguido por Moore, que perdera tempo na sua primeira parada por causa de uma porca de roda mal posta, mas saltava de quinto para segundo graças a uma brilhante operação da equipe de mecânicos da Player's na derradeira parada. Adrian Fernandez também beneficiou do mesmo tipo de atuação da Patrick Racing ao galgar de quinto para terceiro.

Coincidência ou não os três primeiros do topo da classificação de pontos na Copa PPG estavam na frente do pelotão quando a corrida recomeçou na volta 98. Hearn, muito oportunamente, ocupava o quarto lugar à frente de Bryan Herta que perdera duas posições quando a sua equipe, o Team Rahal, optou por montar pneus novos no Reynard-Ford.

Os outros do grupo da frente tinham decidido ganhar alguns preciosos segundos evitando de ir aos boxes para trocar os pneus. Embora ainda faltassem 35 voltas, o palco estava montado para o ato final, com todos os atores lançando uma olhada atenta ao consumo de combustível. O ritmo da corrida baixara um pouco da casa dos 39 seg. médios e altos para a casa dos 40 seg. baixos e médios.

Herta libertava, entretanto, Hearn da quarta posição na volta 112. Andretti, por seu turno, recomposto do atraso inicial, passava Vasser a cinco voltas do final, depois metia-se à frente do desgraçado Hearn na última volta no próprio momento em que Maurício Gugelmin saía um tanto mal da Curva Um.

Moore vivia momentos de tensão e de grande susto quando o seu Reynard perdeu subitamente aderência à saída da Curva Quatro. O piloto conseguia recuperar o domínio do carro e até continuava a exercer pressão sobre Zanardi. O drama final chegou seis voltas mais tarde quando os líderes encontraram o Lola amarelo de Meier na Curva Quatro.

O jovem piloto alemão cumpriu as instruções recebidas na conferência de pilotos mantendo a trajetória na parte baixa da saída da curva. Zanardi enfiou a frente do seu carro na traseira do Lola para aproveitar um pouco do cone de ar para saltar para a linha exterior. Moore, pelo seu lado, mergulhava para o interior. Este trio fazia levantar de entusiasmo o imenso público dos seus lugares, subindo os câmbios em aceleração máxima numa formação com frente de três carros. Zanardi cortava na frente do bico de Meier, ainda com alguma vantagem sobre Moore, na intenção de proteger a linha interior na Curva Um. Moore não desperdiçou a oportunidade.

"O Alex bloqueou o interior, coisa que não é proibida, por isso eu fui para a parte superior", disse Moore. "Quando se está no interior tens que ir um pouco mais devagar porque tens uma linha de curva mais fechada. Seria ou um movimento heróico ou coisa nenhuma."

Moore calculou a manobra com toda a perfeição e cortava pela frente de Zanardi para ganhar o comando. Mas o seu nível de metanol estava muito perigosamente baixo. "O meu alarme de nível baixo começou a soar duas voltas e meia antes do final," relatou Moore, "e eu só esperava que eles tivessem feito mal as contas e que a bandeirada final chegasse uma volta antes." Não aconteceu assim mas o fato é que ele ainda cruzou a linha bem à frente de Zanardi, aumentando o seu confortável avanço em pontos no Campeonato FedEx.

BREVES RIO

• Foi graças às duras negociações levadas a cabo pelo presidente do CART, Andrew Craig, devido a alguns passos em falso pelos promotores, que foi possível concretizar a realização da Rio 400. O que se passou foi que as autoridades da cidade do Rio de Janeiro vieram em defesa da garantia de pagamento a alguns fornecedores em troca do compromisso do CART de assegurar a realização da prova em 1999 e anos seguintes.

• Sem trabalho desde que participou nas duas primeiras corridas do Projeto Indy, Roberto Moreno voltou à ação enquanto as equipes estavam se deslocando para o Rio, tratando de testar os carros da Newman/Haas Racing na pista de Gateway International, como preparação para a prova seguinte do Campeonato FedEx.

• Para Hiro Matsushita esta corrida foi o "canto do cisne" da sua carreira. Terminou em 15º para anunciar no final a sua retirada das competições de Champ Cars logo após o Rio 400. Este japonês de 37 anos de idade, residente na Califórnia, iniciou a sua carreira em 1990, totalizando 117 corridas, com a melhor classificação a situar-se num sexto lugar na Michigan 500, em 1994. Vai, no entanto, manter a sua ligação à competição na qualidade de presidente da Swift Engineering.

• Quando Max Papis desceu do seu Reynard no final da 18ª volta, ficava registada a primeira desistência em1998 por quebra do motor Toyota. Todos os outros três carros equipados com motores Toyota chegaram ao final, com o estreante e também campeão em título da Fórmula Atlantic, Alex Barron averbando o seu primeiro ponto na PPG graças ao 12º posto.

• JJ Lehto foi o melhor dos estreantes com o 10º lugar no Reynard-Mercedes de Carl Hogan, apesar de dos problemas com o acelerador preso.

• A seqüência de azares de André Ribeiro continuou com a saída e toque no muro na sexta-feira, depois continuou com uma má escolha de câmbios na corrida que o relegou para 22º e último, para terminar, por causa da fragilidade da transmissão do seu Penske PC27 quebrada numa das paradas no box.

FEDEX CHAMPIONSHIP SERIES • PROVA 5

RIO 400

EMERSON FITTIPALDI SPEEDWAY, RIO DE JANEIRO, BRAZIL

10 MAIO, 133 voltas – 442.427 km

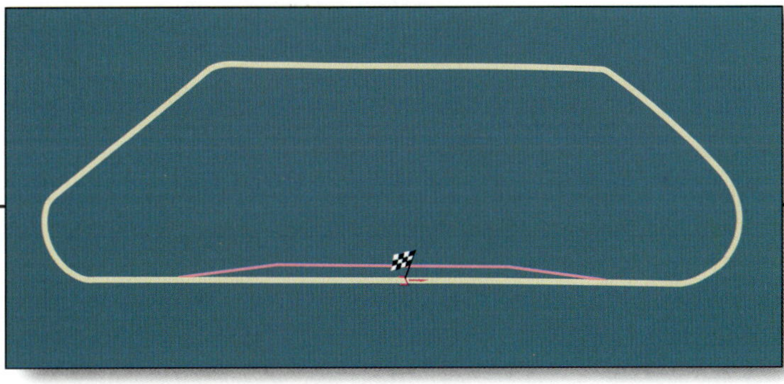

Clf	Piloto (Nac.)	Nº.	Patrocinadores Chassis-Motor	Pneus	Qlf Veloc.	Q Tempo	Pos.	Voltas	Tempo/Causa	Média	Pts.
1	Greg Moore (CDN)	99	Forsythe Player's Ltd./Indeck Reynard 98I-Mercedes	FS	274.842	39.293s	7	133	1h 52m 14.135s	213.287	20
2	Alex Zanardi (I)	1	Target/Chip Ganassi Racing Reynard 98I-Honda	FS	275.746	39.164s	2	133	1h 52m 14.562s	213.275	17
3	Adrian Fernandez (MEX)	40	Patrick Tecate Beer/Quaker State Oil Reynard 97I-Ford	FS	271.551	39.769s	12	133	1h 52m 18.974s	213.135	14
4	Bryan Herta (USA)	8	Team Rahal Shell Reynard 98I-Ford	FS	275.107	39.255s	6	133	1h 52m 27.086s	212.879	12
5	Michael Andretti (USA)	6	Newman/Haas Kmart/Texaco Havoline Swift 009.c-Ford	GY	274.380	39.359s	8	133	1h 52m 28.459s	212.835	10
6	Jimmy Vasser (USA)	12	Target/Chip Ganassi Racing Reynard 98I-Honda	FS	271.190	39.822s	13	133	1h 52m 29.386s	212.806	8
7	Richie Hearn (USA)	10	Della Penna Budweiser/Ralphs Swift 009.c-Ford	FS	no speed	no time	28	133	1h 52m 29.934s	212.789	6
8	Bobby Rahal (USA)	7	Team Rahal Miller Lite Reynard 98I-Ford	FS	273.477	39.489s	10	133	1h 52m 42.784s	212.385	5
9	Mauricio Gugelmin (BR)	17	PacWest Racing Group Hollywood Reynard 98I-Mercedes	FS	267.344	40.395s	21	132	Em prova		4
10	*JJ Lehto (SF)	9	Hogan Motor Leasing Reynard 98I-Mercedes	FS	267.091	40.433s	22	132	Em prova		3
11	Mark Blundell (GB)	18	PacWest Racing Group Motorola Reynard 98I-Mercedes	FS	268.673	40.195s	18	132	Em prova		2
12	*Alex Barron (USA)	36	All American Racers Castrol/Degree Reynard 97I-Toyota	GY	263.868	40.927s	24	131	Em prova		1
13	PJ Jones (USA)	98	All American Racers Castrol/Degree Reynard 98I-Toyota	GY	264.146	40.884s	23	130	Em prova		
14	Arnd Meier (D)	77	Davis Baan Business Software/TotalTel Lola T97/00-Ford	GY	268.366	40.241s	19	130	Em prova		
15	Hiro Matsushita (J)	24	Arciero-Wells Panasonic/Duskin Reynard 98I-Toyota	FS	262.381	41.159s	26	129	Em prova		
16	Al Unser Jr. (USA)	2	Marlboro Team Penske Penske PC27-Mercedes	GY	no speed	no time	27	118	Motor		
17	Patrick Carpentier (CDN)	33	Forsythe Player's Ltd./Indeck Reynard 98I-Mercedes	FS	268.800	40.176s	17	106	Estabilidade		
18	Scott Pruett (USA)	20	Patrick Visteon Reynard 98I-Ford	FS	270.112	39.981s	15	98	Transmissão		
19	Dario Franchitti (GB)	27	Team KOOL Green Reynard 98I-Honda	FS	276.869	39.005s	1	90	Prob. elétricos		1
20	Gualter Salles (BR)	34	Payton/Coyne Banco Cacique Reynard 97I-Ford	FS	270.456	39.930s	14	89	Acidente		
21	Christian Fittipaldi (BR)	11	Newman/Haas Kmart Swift 009.c-Ford	GY	275.455	39.204s	5	78	Sist. de combustível		
22	Andre Ribeiro (BR)	3	Marlboro Team Penske Penske PC27-Mercedes	GY	269.592	40.058s	16	76	Transmissão		
23	*Helio Castro-Neves (BR)	16	Bettenhausen Alumax Aluminum Reynard 98I-Mercedes	GY	272.751	39.594s	11	54	Motor		
24	Michel Jourdain Jr. (MEX)	19	Payton/Coyne Herdez/Viva Mexico! Reynard 97I-Ford	FS	263.391	41.001s	25	53	Acidente		
25	Paul Tracy (CDN)	26	Team KOOL Green Reynard 98I-Honda	FS	273.561	39.477s	9	39	Acidente		
26	Gil de Ferran (BR)	5	Walker Valvoline/Cummins Reynard 98I-Honda	GY	275.654	39.177s	4	39	Acidente		
27	*Tony Kanaan (BR)	21	Tasman Motorsports LCI Reynard 98I-Honda	FS	275.662	39.176s	3	28	Motor		
28	Max Papis (I)	25	Arciero-Wells Racing MCI Reynard 98I-Toyota	FS	267.947	40.304s	20	17	Motor		

* Piloto Rookie

Bandeira amarela: Voltas 29–35, motor/Kanaan; voltas 39–45, acidente/de Ferran/Tracy; voltas 54–58, acidente/Jourdain; voltas 90–96, acidente/Salles. **Total:** Quatro durante 26 voltas.

Líderes: Alex Zanardi, 1–77 (77 voltas); Richie Hearn, 78–81 (4 voltas); Dario Franchitti, 82–88 (7 voltas); Zanardi, 89–128 (40 voltas); Greg Moore, 129–133 (5 voltas). **Totais:** Zanardi, 117 voltas; Franchitti, 7 voltas; Moore, 5 voltas; Hearn, 4 voltas.

Volta mais rápida: Alex Zanardi, 39.328s, 227.597 Km/h na volta 131 (recorde).

Classificação do campeonato: **1** Moore, 71; **2** Zanardi, 67; **3** Fernandez, 55; **4** Vasser, 39; **5** Herta, 37; **6** de Ferran, 33; **7** Andretti, 32; **8** Franchitti, 26; **9** Kanaan, 22; **10** Tracy, 20; **11** Unser, 16; **12** Fittipaldi, 14; **13** Rahal, 13; **14** Blundell, 12; **15** Pruett, 11; **16** Gugelmin, 10; **17** Hearn, 9; **18** Gordon e Castro-Neves, 6; **20** Ribeiro, 4; **21** Lehto e Carpentier, 3; **23** Jones, 2; **24** Salles, Jourdain e Barron, 1.

GATEWAY

Energizer
TARGET
PNC BANK
BOSCH
Hanes
OMEGA
Coca-Cola
Firestone

Photos: Michael C. Brown

1 – ZANARDI

2 – ANDRETTI

3 – MOORE

ALUMAX
Kmart

Páginas anteriores: a vitória de Alex Zanardi fez com que fosse o primeiro piloto a ganhar mais de uma corrida em 1998. Foi acompanhado no pódio pelo feliz Greg Moore e por um menos satisfeito Michael Andretti.

A primeira sessão de reabastecimentos: enquanto Jimmy Vasser sai para perseguir Michael Andretti, Greg Moore consegue sair na frente de Alex Zanardi, mas o carro de Gil de Ferran (abaixo à direita) ainda está a ser reabastecido.

POR vezes, a importância do trabalho de equipe é subestimada nas corridas de automóveis; mas, depois de ter ganho por duas vezes o Campeonato FedEx, Alex Zanardi não deixou passar a oportunidade de homenagear os mecânicos da Chip Ganassi Racing. Zanardi não estava completamente satisfeito com o comportamento do seu Reynard-Honda durante o warm-up. Uma mudança para os acertos realizados no carro do seu companheiro Jimmy Vasser revelou-se muito benéfica. Zanardi arrancou em 11º do grid para a Motorola 300, foi progredindo mas parecia estar destinado a ficar em segundo atrás do Swift-Ford de Michael Andretti. Foi então que a sua equipe liderada por Rob Hill executou um serviço espetacular na última parada que permitiu a Zanardi arrancar na frente do seu rival.

"Começo a ficar habituado a este gênero de trabalho" afirmava Zanardi, muito feliz, por se ver catapultado para o comando do campeonato. "Eles são incríveis. O simples fato de me terem colocado à frente do Michael foi, realmente, a chave da corrida. Dizemos sempre que é uma vitória da equipe mas hoje ainda é muito mais. Esta manhã no warm-up estava um pouco perdido. Jimmy estava a rodar muito bem e foi muito simpático da parte dele em nos deixar dar uma olhada ao seu livro das afinações. Pudemos assim retirar alguma informação e proceder aos pequenos ajustes de que necessitávamos, por isso eu quero agradecer-lhe por tudo."

Pelo seu lado, Vasser saltou para a liderança passando ao lado do Reynard-Mercedes do homem da pole, Greg Moore, nas Curvas Um e Dois. O estreante Tony Kanaan que se qualificara em 3º pela segunda vez consecutiva ainda desafiou os homens da linha da frente colocando-se ao lado mas acabaria, muito ajuizadamente, por optar por se manter no terceiro lugar...para se deixar ultrapassar na reta traseira por um Andretti imparável. Pouco depois, Dario Franchitti, o quinto na qualificação, exagerou um tanto na Curva Três, e fez uma rodada com o seu Reynard-Honda n.º 27.

"O carro esteve bastante nervoso durante todo o final de semana", revelava Franchitti. "Na primeira volta, quando apliquei o freio para Curva Três o carro ficou difícil. Fiz umas duas ou três rodadas, consegui ainda agarrar algumas mas a última era demais e a traseira passou-se. Não estávamos ainda em velocidade máxima de corrida mas os pneus frios e os saltos na Três foram uma combinação infeliz."

O pior foi que o incidente provocou uma reação em cadeia no resto do pelotão eliminando Paul Tracy, o companheiro de equipe de Franchitti, o Swift-Ford de Richie Hearn, o Reynard de Patrick Carpentier e o Swift de Christian Fittipaldi, todos envolvidos na situação. Fittipaldi e Carpentier voltaram à pista pouco depois e, o brasileiro ainda conseguiu salvar-se no 11º lugar final.

O resto do pelotão teve de circular atrás do Pace Car por uma dúzia de voltas enquanto os carros quebrados eram retirados, para o Reynard-Ford de Dennis Vitolo perder o caminho certo na volta a seguir ao recomeço. Nova situação de precaução cuja estatística mostrava que só duas voltas tinham sido realizadas em andamento normal. Vasser fugiu como gato escaldado abrindo uma margem de segurança de quatro segundos sobre Moore e Andretti, mantendo-se os dois juntos em segundo e terceiro. Kanaan estabilizava-se em quarto à frente do seu colega estreante JJ Lehto que estava a fazer uma boa prova ao volante do Reynard-Mercedes nº 9 de Carl Hogan.

Em nítido contraste estavam os dois homens da PacWest, Mark Blundell e Maurício Gugelmin, que davam continuidade a um início de época muito desmaiado e figuravam em bons últimos.

Pela volta 34, o líder Vasser começava a encher os seus espelhos apronteando-se para lhes dar uma volta. O par trocava de posições na volta 36 e, ao mesmo tempo, Vasser passava Gugelmin. Mas a liderança de Vasser começava a tornar-se cada vez mais curta à medida que o tráfico levantava problemas.

O Reynard-Mercedes de Blundell manteve-se à frente de Vasser por mais uma boa meia dúzia de voltas, altura em que Andretti, depois de se ter livrado de Moore na Curva Um, volta 40, carregava duro nos calcanhares de Vasser. Na volta 43, Andretti atacava os dois carros e passava por eles de uma só vez.

Andretti ganhou uma volta a mais seis carros incluindo o Reynard-Toyota de Max Papis, colocado na 12ª posição e aumentou a sua vantagem sobre Vasser para mais de três segundos – até as luzes de precaução voltarem a piscar novamente na volta 48. Kanaan, que levava o seu Reynard-Honda em quarto lugar, bateu com alguma violência.

"O pedal do freio começou a ir ao fundo cada vez mais", relatou Kanaan, que teve a sorte de se tirar com dores no pescoço apesar de ter sofrido 85 G no impacto com o muro. "Ia para a Curva Três quando o pedal afundou completamente. Até estávamos a andar bem. Na Curva Dois tive um ligeiro alarme mas o carro não estava mal."

O acidente disparou a primeira série de paradas nos boxes, após as quais Andretti recomeçava na liderança à frente de Vasser, Moore e Zanardi que tinham voado para a frente de Gil de

QUALIFICAÇÃO

Pela segunda vez na época em 1998 as posições do grid foram determinadas pelos tempos dos treinos depois da tradicional sessão de qualificação de um carro de cada vez ter sido anulada na sexta-feira. Tal como em Montegi não foi atribuído nenhum ponto para o campeonato. Greg Moore mereceu a honra de largar da pole em virtude de estabelecer o melhor tempo na solitária sessão totalmente cumprida na quinta-feira de manhã. O tempo de volta virado em 25.757 seg. (285.6 km/h), estava bastante abaixo do record da pista pertencente a Raul Boesel em 24.324 seg., tempo que é explicado pelo fato de as novas regras CART para 98 obrigarem ao uso de pequenas asas e pouca aderência com o fim de evitar escalada nas velocidades.

"Não testamos aqui antes da corrida e agora estamos a correr com asas pequenas de alta velocidade pelo que grande parte da sessão foi aproveitada para estudar o acerto do carro" afirmava um Moore muito satisfeito depois de ter experimentado os seus dois chassis Reynard. "Colocamos um jogo novo de pneus nos últimos cinco minutos, tal como fazemos habitualmente, e andamos muito bem."

Tal como a maioria dos pilotos, também Moore esperava melhorar o tempo nas sessões seguintes mas a meteorologia baralhou tudo. Quinta-feira à tarde ficou perdida devido a uma tremenda tempestade, com direito a tornado e tudo. Uma outra sessão programada para sexta-feira à tarde também não resultou. Os carros pouco andaram devido a uma forte chuvada puxada do oeste. No sábado, a situação melhorou ligeiramente com um denso nevoeiro a tomar o lugar da chuva constante; rapidamente a nuvem branca desaparecia e dava lugar a um resto de dia seco. O último treino de aquecimento foi alargado para mais quinze minutos para permitir que as equipes experimentassem os pneus e outros equipamentos. Desta vez era Jimmy Vasser, o segundo mais rápido na quinta-feira, a marcar o ritmo da Chip Ganassi Racing.

Os estreantes Tony Kanaan (Reynard-Honda) e JJ Lehto (Reynard-Mercedes) alinhavam na segunda linha, seguidos do Reynard-Honda de Dario Franchitti e do Swift-Ford de Michael Andretti. É curioso notar a ínfima diferença entre os 28 carros em que todos menos dois estão no mesmo segundo do melhor tempo de Vasser no sábado.

Um novo desafio

Michael C. Brown

A DECISÃO de obrigar os carros a uma configuração aerodinâmica de baixa aderência em todas as pistas ovais de comprimento médio em 1998 (ao contrário da configuração de pista curta e muito apoio com que se correu em Gateway em 97) fez com que as equipes tenham tido imenso trabalho de regulações para a Motorola 300. Especialmente pelo fato de todas as sessões, exceto durante uma hora de treino livre, foram vítimas das inclemências do tempo na quinta e na sexta-feira. Ninguém sabia exatamente o que esperar desta pista realmente em forma de ovo de 2.04 Km de comprimento, antes de começarem as operações. Mas a maior parte dos pilotos estava a favor das alterações.

"Gosto", falou de Ferran. "Parece uma outra pista totalmente diferente, é mais interessante para o piloto porque não se vai a fundo em todo o percurso, é preciso trabalhar com o acelerador. Eu aqui desci dois câmbios na Curva Um e um câmbio na Curva Três."

Jimmy Vasser também concordou inteiramente: "As Curvas Três e Quatro eram mesmo muito rápidas", declarou o vencedor do campeonato PPG de 1996, "especialmente em relação ao ângulo dos muros. Agora estamos mais de 30 Km por hora mais lentos nas curvas. Desta forma você tem de dirigir o carro mais com o fundo das costas e penso que os melhores pilotos – e os que têm uma melhor sensibilidade do carro – estarão acima dos outros."

Certamente ele tinha razão e ninguém vai discutir os méritos de Alex Zanardi, Michael Andretti, Greg Moore e do próprio Vasser que, aliás, arrecadaram as quatro melhores posições para o dia da corrida.

"O carro tem muito menos apoio no solo e muito menos aderência mas ainda atingimos velocidades mais altas nas retas,", continuou Vasser. "É tudo uma questão de trabalhar com os engenheiros no sentido de ganhar aderência pela via mecânica do que ficar a contar sempre com o apoio aerodinâmico. É sempre um grande desafio você pegar um carro seja em qual for a configuração e levá-lo até ao limite. O problema do nosso Campeonato é que temos muitas pistas diferentes, carros e configurações diferentes. Acho que é uma das nossas forças. O piloto que terminar Campeão tem de ser capaz de adaptar-se a tudo o que esteja para vir. Tem que ser versátil e é isso que faz dele um verdadeiro Campeão."

Persistência recompensa Hogan

Michael C. Brown

POUCOS patrões de equipa trabalharam com tanta diligência nos últimos anos como Carl Hogan. Este veterano podia ser perdoado por se retirar no final de 96 quando a associação com Bobby Rahal e Roger Penske terminou mal. Bem vistas as coisas, Carl Hogan tinha 67 anos de idade. Tivera um frutuoso envolvimento no esporte nos anos 60 e 70, depois retirou-se durante algum tempo para organizar uma das mais importantes companhias de transporte do país.

Quando regressou em 1992, associado a Bobby Rahal, a equipe ganhava a Copa PPG na sua primeira participação.

Mas Hogan não estava pronto para tomar a retirada. Em vez disso formou a sua própria organização com Dario Franchitti a conseguir obter alguns bons resultados em 97 antes de se separar de Hogan para agarrar uma oportunidade no Team Kool Green. Hogan ficou profundamente ofendido mas, mais uma vez, encontrava reservas para lutar e ir buscar um outro estreante para 98, mas com uma grande experiência.

JJ Lehto só era estreante de nome. Este finlandês já era muito conhecido especialmente de tudo quanto fizera anteriormente na Europa ao vencer os Campeonatos de Fórmula Ford, Fórmula 2000 e Fórmula 3 antes de ingressar na Fórmula 1. Tal como Zanardi, não teve chances de mostrar o seu potencial na F1, primeiro devido a um terrível acidente, depois por nunca ter disposto de bom material competitivo.

Mas Lehto entrou no Campeonato FedEx como peixe na água. Ele nunca tinha visto uma pista oval na vida e, muito rapidamente sentiu-se à vontade: "Gosto de velocidade, de exatidão, para mim é isso que é a essência das corridas de automóveis", afirmou.

Nas primeiras corridas Lehto não teve muita sorte mas, em Gateway ele começou a mostrar o que valia. O seu Reynard-Mercedes estreou uma nova decoração baseada no lendário pica-pau Woody Woodpecker dos desenhos animados e festejou o acontecimento com uma bela posição segunda fila do grid de partida.

Lehto fez uma corrida muito certa entre os seis primeiros mas cairia para nono em seqüência de uma parada não prevista no box sob bandeiras verdes.

"Estou um pouco desiludido com a maneira como as coisas resultaram mas ganhamos muita experiência, a equipe veio de muito longe mas agora estamos definitivamente na direção certa", falou Lehto.

Ferran (Reynard-Honda) e Lehto. Adrian Fernandez também ganhou dois lugares, passando para quinto, no Reynard-Ford de Pat Patrick. De Ferran estava próximo de Al Unser Jr., que havia levado o seu Penske-Mercedes a uma rápida verificação nos boxes e, Lehto, que pagava as contas de um serviço muito lento. Scott Pruett (Reynard-Ford), Hélio Castro-Neves (Reynard-Mercedes) e Bobby Rahal (Reynard-Ford) completavam a lista dos 11 primeiros enquanto Papis, Michel Jourdain Jr. e o par da PacWest preferiam jogar na roleta, descartando uma ida aos boxes. Rapidamente entraram na volta do líder mas iriam pagar caro a impertinência quando tiveram que entrar nos boxes já sob as bandeiras verdes.

Zanardi manobrou bem no recomeço passando Moore à entrada da Curva Um. Depois relegou o seu companheiro Vasser que tinha um problema no sistema de controlo da altura do carro ao solo, impedindo-o de achar o melhor equilíbrio para compensar o excesso de peso resultante do tanque cheio. Andretti parecia intocável. Zanardi estava a atrás dele, em segundo, a três segundos e, esta situação, manteve-se durante as 20 voltas seguintes. Vindo a alterar-se radicalmente até uma margem de mais de 12 segundos – quase meia volta – a partir da altura em que Andretti começou a rolar certo como um relógio no segundo 26 à média de 273,5 km/h. "O carro estava bom, sobretudo nas ultrapassagens no meio dos atrasados.", explicou Andretti.

Pela volta 105 restavam somente nove carros na mesma volta do líder. Zanardi continuava em segundo levando Vasser e Moore atrás de si. Moore rolava em formação cerrada juntamente com Fernandez, de Ferran, Lehto, Pruett e o jovem Castro-Neves. Unser e Rahal também chegaram a fazer parte deste grupo mas seriam ambos ultrapassados, perdendo uma volta, mesmo antes da situação de precaução na volta 107, quando Papis, disputando o 17º lugar de Arnd Meier (Lola-Ford) levou ambos a bater no muro da Curva Um, ficando lá os dois.

O incidente não afetou ninguém, exceto Andretti que não conseguia descolar de Zanardi depois do recomeço. A diferença estabilizava-se nos três segundos, a mesma que separava Vasser mais atrás, até ser passado por Moore na volta 172, precisamente antes das luzes de precaução voltarem a ser acionadas por causa de despiste de Unser, impotente para controlar o seu carro na Curva Quatro.

Estava a chegar a hora da última ronda de visitas aos boxes – para todos exceto para o infeliz Lehto que tinha feito a sua assistência umas voltas antes sob bandeiras verdes, perdendo a sua posição na volta do líder. Terminaria num pouco significativo nono lugar.

Quando a bandeira verde foi mostrava na 180ª volta, Zanardi tinha retirado o comando a Andretti, Moore, Vasser, Fernandez, Pruett, de Ferran e Castro-Neves. Foi uma manobra crucial, tendo em conta as pequenas asas usadas, tornadas obrigatórias nas super-rápidas ovais de média distância. A baixa capacidade de aderência aliada às altas velocidades resultavam num cocktail francamente difícil de tomar. Andretti manteve-se sempre a uma distância de ataque mas Zanardi, não caía na tentação de cometer qualquer erro. Andretti teve de se contentar com o segundo lugar.

"Foi uma corrida de posições na pista e de tráfico e nós, no fim de contas, não fizemos nem uma nem outra. Perdemos posições nas paradas nos boxes mas, ao mesmo tempo, eu pensei que íamos recuperar no tráfico porque o nosso carro estava bem nessas condições. No fim das contas, nem sequer encontramos muito tráfico," declarou Andretti.

Moore, que tinha sido obrigado a passar para o seu carro de reserva devido a um problema elétrico nos treinos de aquecimento, estava razoavelmente satisfeito por terminar em 3º depois de lutar contra uma sobreviração exagerada na primeira fase da corrida. Vasser, em quarto, ficava em contenção por causa de Fernandez até o mexicano ver explodir o seu motor, sem pré-aviso, na volta 206. Até ali ele não tivera uma pausa para descanso sendo perseguido por Pruett, de Ferran e por Castro-Neves. No final, a diferença era de 1.089 segundos.

"O nosso carro estava bem no princípio mas o comando do controlo da distribuição do peso quebrou, fazendo com que todo o peso do carro incidisse sobre o lado direito, o que provocou uma comportamento muito difícil durante todo o resto do dia. Felizmente todos estávamos juntos e ainda pudemos somar alguns pontos para o campeonato," afirmava Vasser, acrescentando: "foi um grande dia para a equipe, o Alex fez uma corrida fantástica e eu estou muito contente por ele e por toda a equipe", exclamou o campeão de 96.

BREVES GATEWAY

Al Bello/Allsport

• "Tenho de usar um colar para proteger o pescoço e sinto-me como o Robocop", afirmou Tony Kanaan depois de fazer uma visita rápida ao hospital na seqüência do grave acidente na volta 48. "Para olhar em volta tenho de virar o corpo todo. Tenho uma dor não muito grande e espero ficar bom para Milwaukee. Talvez dê para largar entre os três primeiros novamente. Na verdade, não quero voltar a sair em terceiro. Larguei em terceiro no Rio e tivemos problemas de motor, depois em St. Louis. O terceiro não é um lugar de sorte para mim. Precisamos de largar dos dois primeiros lugares, ou do quarto, ou mesmo do quinto mas não do terceiro," falava o jovem brasileiro.

• Exatamente duas semanas depois de ter testado em Gateway para a Newman/Haas Racing, Roberto Moreno foi nomeado piloto de testes da Penske. "Estou muito contente por ter oportunidade de fazer parte de uma equipe com tantos sucessos e tanta história" afirmou Moreno que daria assistência ao desenvolvimento do chassi PC27 por indisponibilidade dos pilotos titulares Al Unser Jr. e André Ribeiro. Ribeiro fez o melhor tempo no treino de aquecimento mas alinhou na 27ª posição devido a uma fuga no turbo. Andou bem até ao 13º lugar nas primeiras 39 voltas antes de sofrer uma quebra na asa dianteira após um contato com Bobby Rahal. Ribeiro perdeu quatro voltas e depois abandonou por falha na transmissão.

• Robby Gordon assegurou a melhor posição de sempre no grid para a Toyota, a 13ª, na sua segunda participação do ano e na sua primeira desde que tomou regularmente o lugar de Hiro Matsushita. O californiano conseguiu evitar a catástrofe da primeira volta para chegar a um sensacional oitavo, mas teve o azar de não poder capitalizar a vantagem por falta de velocidade nas retas.

• Kenny Adolf, responsável pelo placard de sinalização da Davis Racing, foi atingido por um pedaço de uma peça do carro de Denis Vitolo quando este teve um choque violento na parte inicial da corrida. Adolf teve vários cortes no lado direito do peito mas regressava mais tarde ao trabalho.

• Pela quarta vez em seis corridas três marcas diferentes de motores estavam representadas no pódio; e, pela quarta corrida sucessiva todos os quatro protagonistas pontuaram.

FEDEX CHAMPIONSHIP SERIES • PROVA 6

MOTOROLA 300

GATEWAY INTERNATIONAL RACEWAY, MADISON, ILLINOIS

23 MAIO, 133 voltas – 442.427 km

Clf	Piloto (Nac.)	Nº.	Patrocinadores Chassis-Motor	Pneus	†Qlf Veloc.	†Q Tempo	Pos.	Voltas	Tempo/Causa	Média	Pts.
1	**Alex Zanardi (I)**	**1**	**Target/Chip Ganassi Racing Reynard 98I-Honda**	**FS**	**280.537**	**26.228s**	**11**	**236**	**2h 23m 02.140s**	**201.851**	**20**
2	**Michael Andretti (USA)**	**6**	**Newman/Haas Kmart/Texaco Havoline Swift 009.c-Ford**	**GY**	**282.584**	**26.038s**	**6**	**236**	**2h 23m 02.713s**	**202.321**	**17**
3	**Greg Moore (CDN)**	**99**	**Forsythe Player's Ltd./Indeck Reynard 98I-Mercedes**	**FS**	**285.666**	**25.757s**	**1**	**236**	**2h 23m 03.666s**	**202.299**	**14**
4	**Jimmy Vasser (USA)**	**12**	**Target/Chip Ganassi Racing Reynard 98I-Honda**	**FS**	**285.112**	**25.807s**	**2**	**236**	**2h 23m 20.014s**	**201.914**	**12**
5	**Scott Pruett (USA)**	**20**	**Patrick Visteon Reynard 98I-Ford**	**FS**	**278.519**	**26.418s**	**17**	**236**	**2h 23m 20.451s**	**201.905**	**10**
6	**Gil de Ferran (BR)**	**5**	**Walker Valvoline/Cummins Reynard 98I-Honda**	**GY**	**279.992**	**26.279s**	**12**	**236**	**2h 23m 20.863s**	**201.895**	**8**
7	***Helio Castro-Neves (BR)**	**16**	**Bettenhausen Alumax Aluminum Reynard 98I-Mercedes**	**GY**	**281.847**	**26.106s**	**8**	**236**	**2h 23m 21.103s**	**201.888**	**6**
8	**Bobby Rahal (USA)**	**7**	**Team Rahal Miller Lite Reynard 97I-Ford**	**FS**	**276.053**	**26.654s**	**20**	**235**	**Em prova**		**5**
9	***JJ Lehto (SF)**	**9**	**Hogan Motor Leasing Reynard 98I-Mercedes**	**FS**	**284.869**	**25.829s**	**4**	**235**	**Em prova**		**4**
10	**Mark Blundell (GB)**	**18**	**PacWest Racing Group Motorola Reynard 98I-Mercedes**	**FS**	**277.730**	**26.493s**	**18**	**233**	**Em prova**		**3**
11	**Christian Fittipaldi (BR)**	**11**	**Newman/Haas Kmart Swift 009.c-Ford**	**GY**	**279.726**	**26.304s**	**14**	**233**	**Em prova**		**2**
12	**PJ Jones (USA)**	**98**	**All American Racers Castrol/Degree Reynard 97I-Toyota**	**GY**	**276.033**	**26.656s**	**21**	**232**	**Em prova**		**1**
13	Robby Gordon (USA)	24	Arciero-Wells Panasonic/Duskin Reynard 98I-Toyota	FS	279.800	26.297s	13	231	Em prova		
14	*Alex Barron (USA)	36	All American Racers Castrol/Degree Reynard 98I-Toyota	GY	275.949	26.664s	22	231	Em prova		
15	Patrick Carpentier (CDN)	33	Forsythe Player's Ltd./Indeck Reynard 98I-Mercedes	FS	279.089	26.634s	16	231	Em prova		
16	Mauricio Gugelmin (BR)	17	PacWest Racing Group Hollywood Reynard 98I-Mercedes	FS	275.928	26.666s	23	231	Em prova		
17	Michel Jourdain Jr. (MEX)	19	Payton/Coyne Herdez/Viva Mexico! Reynard 98I-Ford	FS	274.713	26.784s	25	230	Em prova		
18	Adrian Fernandez (MEX)	40	Patrick Tecate Beer/Quaker State Oil Reynard 98I-Ford	FS	281.276	26.219s	10	206	Motor		
19	Al Unser Jr. (USA)	2	Marlboro Team Penske Penske PC27-Mercedes	GY	280.783	26.205s	9	169	Acidente		
20	Andre Ribeiro (BR)	3	Marlboro Team Penske Penske PC27-Mercedes	GY	270.670	27.184s	27	106	Transmissão		
21	Arnd Meier (D)	77	Davis Baan Business Software/TotalTel Lola T98/00-Ford	GY	274.037	26.850s	26	104	Acidente		
22	Max Papis (I)	25	Arciero-Wells Racing MCI Reynard 98I-Toyota	FS	274.826	26.773s	24	104	Acidente		
23	Bryan Herta (USA)	8	Team Rahal Shell Reynard 98I-Ford	FS	282.161	26.077s	7	71	Estabilidade		
24	*Tony Kanaan (BR)	21	Tasman Motorsports LCI Reynard 98I-Honda	FS	285.024	25.815s	3	47	Acidente		
25	Dennis Vitolo (USA)	34	Payton/Coyne SmithKline Beecham Reynard 97I-Ford	FS	264.806	27.786s	28	14	Acidente		
26	Paul Tracy (CDN)	26	Team KOOL Green Reynard 98I-Honda	FS	279.428	26.332s	15	2	Acidente		
27	Dario Franchitti (GB)	27	Team KOOL Green Reynard 98I-Honda	FS	282.692	26.028s	5	0	Acidente		
28	Richie Hearn (USA)	10	Della Penna Budweiser/Ralphs Swift 009.c-Ford	FS	277.196	26.544s	19	0	Acidente		

* Piloto Rookie   † grid determinado por tempos nos treinos.

Bandeira amarela: Voltas 1–11, acidente/vários carros; voltas 14–21, acidente/Vitolo; voltas 48–60, acidente/Kanaan; voltas 107–120, acidente/Papis e Meier; voltas 172–179, acidente/Unser; voltas 188–193, rodada/Jones. **Total:** Seis durante 60 voltas.

Líderes: Jimmy Vasser, 1–42 (42 voltas); Michael Andretti, 43–175 (133 voltas); Alex Zanardi, 176–236 (61 voltas). **Totais:** Andretti, 133 voltas; Zanardi, 61 voltas; Vasser, 42 voltas.

Volta mais rápida: Jimmy Vasser, 26.567s, 276.956 Km/h na volta 26.

Classificação no campeonato: 1 Zanardi, 87; **2** Moore, 85; **3** Fernandez, 55; **4** Vasser, 51; **5** Andretti, 49; **6** de Ferran, 41; **7** Herta, 37; **8** Franchitti, 26; **9** Kanaan, 22; **10** Pruett, 21; **11** Tracy, 20; **12** Rahal, 18; **13** Unser e Fittipaldi, 16; **15** Blundell, 15; **16** Castro-Neves, 12; **17** Gugelmin, 10; **18** Hearn, 9; **19** Lehto, 7; **20** Gordon, 6; **21** Ribeiro, 4; **22** Jones e Carpentier, 3; **24** Salles, Jourdain e Barron, 1.

FEDEX CHAMPIONSHIP SERIES • 7ª PROVA

MILWAUKEE

1 - VASSER

2 - CASTRO-NEVES

3 - UNSER

Um exultante Jimmy Vasser saúda a sua segunda vitória da temporada com uma pequena ajuda de Hélio Castro-Neves (à esquerda) e Al Unser Jr.

Abaixo à esquerda: Castro-Neves poupou as suas reservas de combutível para fazer chegar ao fim em segundo lugar o seu Alumax Reynard, pouco na frente do Marlboro Penske de Unser.

Fotos: Michael C. Brown

Página ao lado: Os Reynards da Player's dos dois melhor qualificados Patrick Carpentier e Greg Moore mantêm a vantagem na volta inaugural, com o terceiro classificado Michael Andretti (Swift) logo atrás.

Robert Laberge/Allsport

QUALIFICAÇÃO

A qualificação de sábado à tarde subiu em crescendo para um clímax à medida que os pilotos entravam em pista um após outro, com os mais rápidos em último ligar. André Ribeiro, 19º nos cronômetros apesar de ter sido o 10º mais rápido na parte da manhã, foi o primeiro a registrar uma grande diferença averbando mais de meio segundo em relação ao melhor tempo, com os ponteiros a ficarem parados nos 20.138.

Por seu turno, Gil de Ferran, que teve uma forte batida na parte da manhã por causa de um rolamento de roda gripado no seu Reynard-Honda, não conseguia igualar o tempo de Ribeiro. Nem mesmo o companheiro de Ribeiro, Al Unser Jr., nem Paul Tracy, nem ainda Maurício Gugelmin.

Depois foi a vez de Patrick Carpentier que estabelecia um novo record da pista em 20.028 no seu Reynard-Mercedes. Andretti, Franchitti e o líder do Campeonato Alex Zanardi todos tentaram, sem êxito, bater a marca do franco-canadense. O palco estava montado para o grande espetáculo. Greg Moore, companheiro de Carpentier, com honras de último por ter realizado o melhor tempo na sessão anterior em 20.286 tinha direito à última oportunidade de segurar a tão cobiçada pole.

Moore fez tudo o que sabia, num clima de grande expetativa, mas não passava de 20.102 o que não era bastante. "Na verdade até nem estou muito desapontado, acho que a maior desilusão vem de não termos tirado aquele ponto extra ponto que o campeonato está muito cerrado. Mesmo assim estou feliz pelo Patrick", exclamou Moore.

Na verdade, Carpentier estava em estado de êxtase com a sua segunda pole e também por ver o seu companheiro ao seu lado nesta pequena oval de Nazareth: "O carro estava incrível", afirmava , "o meu engenheiro Lee Dykstra e toda a equipe deram-me um carro de sonho, eu só tinha que dirigir, o que até foi a parte mais fácil", assegurou Carpentier.

Ribeiro e Andretti seguraram a segunda linha seguidos de Franchitti e Vasser. Depois vinham Unser e JJ Lehto, o estreante mais rápido que mais uma vez conseguiu ultrapassar a falta de experiência de pistas ovais no Reynard-Mercedes.

CHIP Ganassi Racing confirmou a sua confiança recém adquirida nas ovais curtas com a vitória de Jimmy Vasser na Miller Lite 200. O campeão de 96 dirigiu uma corrida perfeita na famosa pista de Milwaukee Mile ficando em posição de controlo durante as primeiras voltas das 200 e no seguimento tirar o melhor partido duma estratégia excelente e dum trabalho de equipe exemplar para assumir o comando depois da ronda final de paradas nos boxes. Vasser demonstrou ainda capacidade para manter um consumo de combustível frugal do seu motor Honda HRK, que o levou até à bandeirada final com 7.673 seg. de vantagem sobre o estreante Hélio Castro-Neves.

"Temos trabalhado muito com o objetivo de descobrirmos a magia negra nas pistas ovais de uma milha", falava Vasser, "o carro altera-se imenso desde o início de um turno com tanque cheio até ao final. O nosso carro estava sólido, mas não estava super-rápido, penso mesmo que não éramos os mais rápidos mas fomos os mais consistentes e é com esses carros que se ganha nas ovais de uma milha.", concluiu Vasser.

Castro-Neves foi obrigado a poupar combustível durante a fase final, por isso o seu Reynard-Mercedes não tinha hipótese de atacar o Reynard-Honda de Vasser. Mesmo assim o jovem deixou uma indelével impressão. Al Unser Jr. também marcou o regresso à forma no Team Penske. Falhou por uns milímetros a luta corpo a corpo com Castro-Neves pelo segundo melhor classificado que ficou sem combustível à saída da Curva Quatro na última volta.

Ao todo houve sete pilotos que tomaram o comando das operações durante esta espetacular prova do campeonato FedEx. O primeiro a mostrar-se na frente foi o homem da pole, Patrick Carpentier que se agüentou bem mantendo em respeito o seu colega Greg Moore na Curva Um. Michael Andretti, pelo seu lado, espreitando de perto suplantava Moore Na Curva Dois e entrava na segunda posição na reta das traseiras. Vasser também realizou uma boa arrancada colocando na frente de André Ribeiro e seu Penske-Mercedes.

Mas quem demonstrou grande rapidez foi Andretti nas primeiras voltas. Mostrou estar bastante mais rápido do que Carpentier mas o franco-canadense manteve-se na frente até à volta 17 quando o Swift-Ford de Andretti saiu mais rápido da Curva Dois e mostrou o bico na segunda reta.

Andretti, pelo interior ficou suspenso por instantes até Carpentier cortar brutalmente em vão para reclamar a trajetória. Os dois carros entraram em contato, o Reynard-Mercedes de Carpentier entrou em derrapagem mas pareceu, durante alguns momentos, que ia ser recuperado. Não aconteceu assim, Carpentier perdeu totalmente o controlo do carro entre as Curvas Três e Quatro até ir bater com força e de traseira, no muro. Andretti saiu-se um pouco melhor mas tinha a suspensão quebrada, deixando escorregar-lhe entre os dedos mais uma eventual vitória. "Ia para a Curva com o Carpentier e ele simplesmente cortou o bico do meu carro, não sei porque é que ele fez isso. Esta foi a primeira vez que corri contra ele e agora sei com quem estou a lidar. Estava no lado de dentro e não tinha mais sítio nenhum para onde ir," exclamava Andretti.

Obviamente Carpentier viu o incidente duma forma diferente: "Vi-o chegar-se ao meu lado na reta, freando muito mais cedo do que eu esperava. Entrei para a curva acreditando que ele já lá não estava. O meu carro não tinha muita aderência na parte alta, por isso fiquei na parte baixa mantenho a minha trajetória, depois os carros tocaram-se."

Com o azar de uns ganham outros e Moore herdava assim a liderança do seu companheiro ao mesmo tempo que a conseqüente situação de precaução meteu todos em fila com Vasser, Ribeiro e os dois Reynard-Honda de Paul Tracy (que fez uma grande arrancada saltando do 14º para o 6º em duas voltas) e Dario Franchitti. Tracy manteve a pressão passando Ribeiro logo depois do recomeço mas as amarelas voltam pouco depois quando Roberto Moreno, que ocupava o lugar de Christian Fittipaldi a recuperar, exibiu uma bela pirueta à saída da Quatro. Para cúmulo, o brasileiro só perdia uma posição com esta situação.

No recomeço, Moore continuou na liderança mas não conseguia sacudir Vasser da sua companhia, pelo menos até à primeira ronda de reabastecimentos. Tracy retrocedia um pouco na altura em que os líderes começaram a encontrar tráfico pelo caminho, por volta da 60ª passagem depois voltaram todos ao convívio com Vasser antes da sua parada na volta 71. O Penske de Ribeiro, entretanto, descia na tabela por rápida perda de aderência. Tanto melhor para o seu companheiro Unser que beneficiava do mal do outro, isto apesar de perder uma posição no volta 39 para JJ Lehto, que estava ao ataque. O Reynard-Mercedes mostrou-se em quinto mas teria que deixar o terreno por causa de um sobreaquecimento no motor, por alturas da volta 119.

A primeira série de paradas nos boxes, sob bandeiras verdes, manifestou-se sem conseqüências. Tracy passava Vasser graças ao excelente trabalho da equipe de Tony Cotman no carro nº 26 mas, a grande história, dizia respeito a Richard Hear, cuja equipe, a Della Penna Motorsports, tal como no Rio, optava por uma pequena diferença de estratégia. O patrão Della Penna, muito sabiamente, achou que depois do seu carro começar da 24ª posição na qualificação, não havia nada a perder com uma breve parada só para atestar o tanque durante a precaução anterior resultante do incidente entre Andretti e Carpentier. Os Swift-Ford juntaram-se aos últi-

Segurança em primeiro lugar

A PRIMEIRA sessão oficial de treinamento do programa na histórica Milwaukee Mile teve de ser interrompida uma meia hora mais cedo na sexta-feira em conseqüência do grande acidente de Christian Fittipaldi na Curva Dois. Terceiro mais rápido até àquela hora, o Swift-Ford de Fittipaldi derrapou e foi bater no muro com tal violência que abriu uma brecha de uns 60 cm. no cimento. Motor e eixo traseiro foram arrancados do carro.

Pessoal do CART e da manutenção da pista acorreram imediatamente para verificarem os estragos no muro. Foi então decidido aplicar uma placa de aço no lado da frente do muro, presa por grandes parafusos e o mesmo foi feito na parte traseira do muro. Três horas depois, contudo, a Comissão de Segurança da Associação de Pilotos de Campeonato (composta por Gil de Ferran, Bryan Herta e Greg Moore) juntamente com o presidente da Associação, Al Unser Jr. e Max Papis (que também ele abriu um buraco no muro quando estava testando no mês anterior) expressaram sérias dúvidas sobre a reparação. A preocupação deles residia no fato de poder haver novo embate no mesmo local que poderia remover os parafusos e as placas.

"Os nossos homens mais os da pista fizeram o que lhes era possível para reparar o problema o mais rápido possível", relatou o Presidente do CART, Andrew Craig. "Quando a gente foi lá ao local com Al Unser Jr. e os membros do comitê de segurança dos pilotos estabelecemos um acordo no sentido de fazermos algo mais. Muito agradecemos as opiniões dos nossos pilotos, estamos absolutamente de acordo com eles."

Assim sendo, o resto do programa do dia foi interrompido para efetuarem uma reparação mais segura. Enquanto os pilotos passavam o resto da tarde assinando autógrafos, posando para fotos e falando com admiradores, operários dos serviços de conservação abriam uma vala de uns sete metros de comprimento por 90 cm de profundidade atrás do muro, enchendo tudo com mais de 20 toneladas de concreto. Depois fixaram e soldaram placas metálicas em toda a área de impacto. O trabalho prolongou-se até à noite com satisfação de todos.

Michael C. Brown

mos do pelotão mas continuaram em bom ritmo e foram subindo na classificação à medida que os primeiros entravam nos boxes para a primeira das duas paradas previstas. Hearn agarrava assim a oportunidade de assumir o comando pela volta 78.

A correção da decisão tornou-se evidente quando as luzes amarelas voltaram a acender na volta 90. Gil de Ferran, então em 11º no seu Reynard-Honda era vítima do motor mesmo em frente à arquibancada principal. A respetiva situação de precaução permitiu que Hearn fosse ao boxe sem perder uma volta, retomando a corrida em sétimo atrás de Tracy, Vasser, Unser, Alex Zanardi e Franchitti, que tinha perdido tempo no reabastecimento.

Moore também estava bem colocado mas as suas esperanças de vitória desvaneceram-se por causa de Maurício Gugelmin que levantou o pé sem aviso quando o motor de Ferran explodiu. Moore, que estava junto, não pode evitar o contato. O braço superior esquerdo da suspensão do seu Reynard-Ford quebrou e o infeliz canadense perdia quatro voltas junto dos mecânicos para a reparação do prejuízo.

Com o atraso de Moore e a parada de Hearn, a liderança ia para Tracy que foi ganhando vantagem até um segundo de diferença para Vasser na volta 120. Foi quando Robby Gordon bateu forte na Curva Dois. Gordon, terceiro melhor tempo no treino de aquecimento levava o seu Reynard-Toyota no 13º lugar. Outra prova em como os Toyotas estão a melhorar foi dada por PJ Jones no Reynard-Toyota de Dan Gurney: 22º no grid de largada e oitavo nas primeiras 55 voltas. Tudo foi por água abaixo para Jones no primeiro reabastecimento, e depois com um deslize em pista, enfim, ele merecia mais do que terrminar em 14º.

O acidente de Gordon acelerou a segunda ronda de visitas aos boxes. Desta vez coube a Tracy a sua quota de pouca sorte; um pneu traseiro esquerdo recusou-se a deixar o carro, fazendo-o perder valiosos segundos. Tracy parecia ter sido mordido por uma serpente, não querendo acreditar que tinha caído para o quinto posto antes de voltar à pista. Melhor foi para Vasser que voou para a frente de Castro-Neves que mostrava, por sua vez, um ritmo excelente durante a fase média da corrida trepando de 10º para quarto. Castro-Neves ainda subia mais um lugar graças à desgraça de Tracy no box e beneficiava da qualidade do trabalho dos seus mecânicos liderados por Vince Kramer que lhe permitia sair à frente do Penske de Unser. Faltavam 70 voltas quando Jim Swintal mostrou as bandeiras verdes pela última vez. Para muitos, o controlo do consumo de combustível seria crucial. Mas era coisa que não parecia incomodar Vasser que manteve um ritmo consistente, o mesmo fazendo Castro-Neves até que a sua equipe lhe implorou para se acalmar e pensar na fase final das 200 milhas de prova.

Na mesma onda iam Unser e Zanardi representando uma batalha lado a lado com duração de duas voltas até Unser conseguir ganhar supremacia. Tracy seguia em quinto com Scott Pruett (Reynard-Ford) e Franchitti. Um pouco mais para trás estava Bobby Rahal (Reynard-Ford) envolvido numa grande discussão com Adrian Fernandez (Reynard-Ford) e Hearn que tinha optado por fazer a sua última parada quatro voltas depois dos principais lideres. O truque levou-o para a parte final do pelotão dos lideres mas ele acabaria por ser o único a poder meter o pé no fundo até ao final sem ter de se preocupar com o consumo de combustível.

Vasser aumentou a sua margem para mais de seis segundos nas 20 voltas finais antes de receber a bandeirada final pela sétima vez na sua carreira. Diga-se que a vitória foi merecida.

Castro-Neves conseguiu agüentar-se para obter a segunda posição da sua carreira com Unser a terminar a uns meros 0.033 segundos do brasileiro. "Estava decidido a agarrar o Hélio quando saía da Curva Quatro e quase quebrava o pedal do acelerador para passar mas não deu", comentava Unser no final. Mesmo assim Unser estava contente com o terceiro lugar, uma boa posição tendo em conta que o chassis Penske PC27 está demorando a melhorar. Franchitti salvou um difícil quarto lugar à frente de Rahal, Hearn e Tracy; Zanardi e Pruett tiveram de fazer rápidos reabastecimentos mesmo em cima das últimas voltas para chegarem ao fim.

Andar vazio

HÉLIO Castro-Neves teve o melhor final de semana da sua curta carreira em Champ Car ao terminar no segundo lugar no Reynard-Mercedes de Tony Bettenhausen. A corrida em si foi como que "coisa já vista" para o patrão Bettenhausen que viu frustrarem-se todas as aspirações no ano passado na GATEWAY International Raceway quando o seu então piloto Patrick Carpentier cedeu o comando a Paul Tracy para poupar combustível nas últimas voltas. Desta vez Castro-Neves teve de aliviar o ritmo na sua perseguição ao virtual vencedor Jimmy Vasser.

" Tony gritava no rádio – poupa combustível, poupa combustível – e eu respondia que já estava a levantar o pé. O que é que podia fazer mais, colocar o câmbio em ponto-morto? Não tinha meio de poupar mais. Na última volta vi o Al (Unser Jr.) aproximar-se de mim; de repente, senti o carro ir-se abaixo na Curva Quatro, pensei: isto não pode estar a acontecer! Então comecei a saltar na minha baquet tentando empurrar o carro para a frente", relatou Castro-Neves.

Não é que o estratagema funcionou? Castro-Neves recebeu a bandeirada uns centímetros à frente do Penske-Mercedes de Unser. "Acho que havia uma pequena brisa atrás de mim porque no final conseguimos", acrescentou. "Eu tinha que poupar combustível mas ainda tínhamos o bastante. Para ser franco, até falei para o Tony no rádio – a gente vai conseguir, está tudo certo . Eu era o único a manter a calma mas não imaginava que iria ser assim tão curto!"

A posição de Carpentier à chegada era igual à de 1997, a melhor de sempre para a Bettenhausen Motorsports. Para além disso, foi a prenda de aniversário perfeita para os 38 anos do diretor da equipe, Tom Brown. "É uma sensação única", afirmou o escocês. "O Tony trabalhou no duro, toda a equipe trabalhou no duro e o Hélio fez um belo trabalho para nós. No fundo foi um grande trabalho de equipe."

A alegria de Castro-Neves era ainda maior pelo fato de ter saltado para a frente do seu grande amigo e rival Tony Kanaan na classificação de pontos dos estreantes, com 28 contra 22.

Al Unser Jr. (abaixo) deu à Marlboro Team Penske motivos para um otimismo renovado com uma atuação tipicamente inspirada até ao terceiro lugar.

Fotos: Michael C. Brown

BREVES MILWAUKEE

• Christian Fittipaldi ficou inconsciente por alguns minutos logo após o acidente (que registou 66 g na caixa negra do carro e mais 52 g no impacto secundário lateral) na Curva Dois. Não sofreu ferimentos graves mas, de acordo com as regras médicas do CART, Fittipaldi foi retirado da corrida. Em lugar dele entrava o super-substituto Roberto Moreno para voltar a repetir o mesmo que já fizera para o seu amigo e compatriota depois do acidente na Fittipaldi Surfers Paradise, em que quebrou uma perna). Moreno andou muito bem, obtendo um 17º lugar mas, na corrida foi traído por um problema na ignição que o afastava da pista ao fim de 49 voltas.

• Uma terrível tempestade na noite de sábado causou imensos prejuízos em várias motorhomes das equipes e nos toldos mas o mau tempo rodou para outro lado dando lugar a um belo dia de sol no domingo.

• Patrick Carpentier manteve a sua boa forma nas ovais pequenas mostrando o seu segundo lugar no placard final. Em quatro presenças em pistas ovais desde a sua estreia em Champ Car em 1997, Carpentier nunca se qualificou abaixo da quarta posição.

• Alex Barron protagonizou uma curiosa série de quatro quebras no câmbio no sábado, em três chassis diferentes e ficou impossibilitado de registrar um tempo oficial nas qualificações. Denis Vitolo também falhou a qualificação vítima de uma batida violenta.

• As Indústrias PPG nomearam Carl Haas, co-proprietário da Newman-Haas e promotor da prova de Milwaukee Mile com o Troféu da Personalidade PPG numa cerimónia que decorreu no sábado à tarde.

• Ao chegar em terceiro, Al Unser Jr. realizou a sua 80ª subida ao pódio num total de 244 participações em Champ Car, ao mesmo tempo que permitiu ao Team Penske Marlboro sair de uma sequência de resultados menos bons. "A montanha que a gente decidiu subir no final do ano passado, continuando a construir os nossos próprios carros foi uma decisão enorme para o meu patrão Roger Penske", afirmou Unser. " Até à data está provado que foi uma pequena colina, mostramos como André Ribeiro se qualificou e como ele correu hoje que logramos dar a volta por cima."

FEDEX CHAMPIONSHIP SERIES • PROVA 7

MILLER LITE 200

MILWAUKEE MILE, WISCONSIN STATE FAIR PARK, W. ALLIS, WISCONSIN

30 MAIO, 200 voltas – 332.168 Km

Clf	Piloto (Nac.)	Nº.	Patrocinadores Chassis-Motor	Pneus	Qlf Veloc.	Q Tempo	Pos.	Voltas	Tempo/Causa	Média	Pts.
1	**Jimmy Vasser (USA)**	**12**	**Target/Chip Ganassi Racing Reynard 98I-Honda**	**FS**	**295.129**	**20.259s**	**5**	**200**	**1h 34m 17.011s**	**211.385**	**21**
2	***Helio Castro-Neves (BR)**	**16**	**Bettenhausen Alumax Aluminum Reynard 98I-Mercedes**	**GY**	**291.703**	**20.497s**	**10**	**200**	**1h 34m 24.684s**	**211.099**	**16**
3	**Al Unser Jr. (USA)**	**2**	**Marlboro Team Penske Penske PC27-Mercedes**	**GY**	**292.358**	**20.451s**	**7**	**200**	**1h 34m 24.717s**	**211.097**	**14**
4	**Dario Franchitti (GB)**	**27**	**Team KOOL Green Reynard 98I-Honda**	**FS**	**293.003**	**20.406s**	**6**	**200**	**1h 34m 28.302s**	**210.964**	**12**
5	**Bobby Rahal (USA)**	**7**	**Team Rahal Miller Lite Reynard 97I-Ford**	**FS**	**289.556**	**20.649s**	**12**	**200**	**1h 34m 42.190s**	**210.447**	**10**
6	**Richie Hearn (USA)**	**10**	**Della Penna Budweiser/Ralphs Swift 009.c-Ford**	**FS**	**284.852**	**20.685s**	**24**	**199**	**Em prova**		**8**
7	**Paul Tracy (CDN)**	**26**	**Team KOOL Green Reynard 98I-Honda**	**FS**	**289.051**	**20.685s**	**14**	**199**	**Em prova**		**6**
8	**Alex Zanardi (I)**	**1**	**Target/Chip Ganassi Racing Reynard 98I-Honda**	**FS**	**292.029**	**20.474s**	**9**	**199**	**Em prova**		**5**
9	**Adrian Fernandez (MEX)**	**40**	**Patrick Tecate Beer/Quaker State Oil Reynard 98I-Ford**	**FS**	**284.905**	**20.986s**	**23**	**199**	**Em prova**		**4**
10	**Scott Pruett (USA)**	**20**	**Patrick Visteon Reynard 97I-Ford**	**FS**	**289.360**	**20.663s**	**13**	**199**	**Em prova**		**3**
11	**Bryan Herta (USA)**	**8**	**Team Rahal Shell Reynard 98I-Ford**	**FS**	**285.640**	**20.932s**	**21**	**198**	**Em prova**		**2**
12	**Mark Blundell (GB)**	**18**	**PacWest Racing Group Motorola Reynard 98I-Mercedes**	**FS**	**286.709**	**20.854s**	**18**	**196**	**Em prova**		**1**
13	Greg Moore (CDN)	99	Forsythe Player's Ltd./Indeck Reynard 98I-Mercedes	FS	297.434	20.102s	2	195	Em prova		
14	PJ Jones (USA)	98	All American Racers Castrol/Degree Reynard 98I-Toyota	GY	285.069	20.974s	22	195	Em prova		
15	Michel Jourdain Jr. (MEX)	19	Payton/Coyne Herdez/Viva Mexico! Reynard 98I-Ford	FS	283.891	21.061s	25	194	Em prova		
16	Max Papis (I)	25	Arciero-Wells Racing MCI Reynard 98I-Toyota	FS	286.310	20.883s	19	194	Em prova		
17	*Tony Kanaan (BR)	21	Tasman Motorsports LCI Reynard 98I-Honda	FS	282.523	21.163s	26	192	Em prova		
18	Andre Ribeiro (BR)	3	Marlboro Team Penske Penske PC27-Mercedes	GY	296.903	20.138s	3	189	Em prova		
19	*JJ Lehto (SF)	9	Hogan Motor Leasing Reynard 98I-Mercedes	FS	292.272	20.457s	8	119	Sobreaquecimento		
20	Robby Gordon (USA)	24	Arciero-Wells Panasonic/Duskin Reynard 98I-Toyota	FS	288.494	20.725s	16	118	Acidente		
21	Mauricio Gugelmin (BR)	17	PacWest Racing Group Hollywood Reynard 98I-Mercedes	FS	291.191	20.533s	11	102	Prob. eléctricos		
22	Gil de Ferran (BR)	5	Walker Valvoline/Cummins Reynard 98I-Honda	GY	288.688	20.711s	15	88	Motor		
23	Arnd Meier (D)	77	Davis Baan Business Software/TotalTel Lola T97/00-Ford	GY	285.750	20.924s	20	82	Estabilidade		
24	Roberto Moreno (BR)	11	Newman/Haas Kmart Swift 009.c-Ford	GY	287.081	20.827s	17	49	Prob. eléctricos		
25	Patrick Carpentier (CDN)	33	Forsythe Player's Ltd./Indeck Reynard 98I-Mercedes	FS	298.533	20.028s	1	16	Acidente		
26	Michael Andretti (USA)	6	Newman/Haas Kmart/Texaco Havoline Swift 009.c-Ford	GY	296.211	20.185s	4	16	Acidente		
NQ	Dennis Vitolo (USA)	34	Payton/Coyne SmithKline Beecham Reynard 97I-Ford	FS	273.414	21.868s	27	–	Não qualificado		
NQ	*Alex Barron (USA)	36	All American Racers Castrol/Degree Reynard 98I-Toyota	GY	s/ result.	s/ tempo	28	–	Não qualificado		
NS	Christian Fittipaldi (BR)	11	Newman/Haas Kmart Swift 009.c-Ford	GY	s/ result.	s/ tempo	–	–	Abandono/acidente		

* denotes Rookie driver

Bandeira amarela: Voltas 16–24, acidente/Andretti/Carpentier; voltas 28–32, rodada/Moreno; voltas 89–100, motor/de Ferran; voltas 119–129, acidente/Gordon. Total: Quatro durante 37 voltas.

Líderes: Patrick Carpentier, 1–16 (16 voltas); Greg Moore, 17–71 (55 voltas); Jimmy Vasser, 72–73 (2 voltas); Helio Castro-Neves, 74 (1 volta); Scott Pruett, 75–76 (2 voltas); Richie Hearn, 77–95 (19 voltas); Paul Tracy, 96–121 (26 voltas); Hearn, 122–125 (4 voltas); Vasser, 126–200 (75 voltas). **Totais:** Vasser, 77 voltas; Moore, 55 voltas; Tracy, 26 voltas; Hearn, 23 voltas; Carpentier, 16 voltas; Pruett, 2 voltas; Castro-Neves, 1 volta.

Volta mais rápida: Scott Pruett, 21.519s, 277.848 Km/h na volta 109 (Recorde).

Classificação no campeonato: 1 Zanardi, 92; **2** Moore, 85; **3** Vasser, 72; **4** Fernandez, 59; **5** Andretti, 49; **6** de Ferran, 41; **7** Herta, 39; **8** Franchitti, 38; **9** Unser, 30; **10** Castro-Neves, 28; **11** Rahal, 28; **12** Tracy, 26; **13** Pruett, 24; **14** Kanaan, 22; **15** Hearn, 17; **16** Fittipaldi e Blundell, 16; **18** Gugelmin, 10; **19** Lehto, 7; **20** Gordon, 6; **21** Ribeiro e Carpentier, 4; **23** Jones, 3; **24** Salles, Jourdain e Barron, 1.

Michael C. Brown

DETROIT

1 - ZANARDI

2 - FERNANDEZ

3 - DE FERRAN

'Fiquei sem talento' foi a explicação modesta de Alex Zanardi após o acidente no warm-up, mas o italiano confirmou que ainda tinha muito de reserva com a vitória categórica na corrida.

Papis tem a sua oportunidade de glória

NA SEXTA-FEIRA, um aguaceiro pela hora do almoço levantaria alguns problemas e preocupações na primeira fase de qualificação quando o segundo grupo de carros, os mais lentos, tomou conta da pista em Belle Isle, totalmente revisionada. À medida que o chão ia secando, Max Papis levantou o desafio tirando o melhor partido de todas as armadilhas da pista para segurar na mão a melhor pole provisória no seu Reynard-Toyota nº 25. Nos últimos minutos, Max Papis foi negociando a melhor posição com Robby Gordon, muito motivado e com o Campeão PPG de 96, Jimmy Vasser, antes de marcar um assinalável tempo de 1m17.990 na sua última volta, mais rápido do que Vasser por um bom meio segundo. Era o primeiro sinal válido de competitividade para a sacrificada equipe de engenheiros da Toyota e para todo o Team Arciero-Wells Racing.

"Sou um homem feliz", afirmava o animado Papis. "Sou um homem que goza a vida em todos os momentos, mas é duro quando você tem o potencial e não o pode usar. Aprendi muito sobre paciência que não tive de todo quando cheguei aos Estados Unidos no início de 95." Continuando, Papis explicava: "Estas são condições especiais mas nós estamos mostrando que estamos progredindo. Quando entrei para o carro pensei que esta era a minha grande chance. Só tive que aproveitar. Isto foi como que uma prenda, como se fosse o Natal. Andas atrás de uma coisa durante dois anos e meio e hoje recebeste a recompensa. Acho que hoje a gente mostrou para todo o mundo que temos o potencial para estar aqui, só temos que ser pacientes. Penso que devemos olhar para o dia de hoje com um sorriso nos lábios e dizer, vamos em frente."

É evidente, a coisa não podia durar muito tempo. Quando a segunda sessão de qualificação teve lugar no sábado à tarde com um sol esplendoroso, os tempos por volta começaram a cair bem depressa. Para mais, Papis acabaria por falhar redondamente quando bateu forte na Curva Quatro, acabando por largar de 19º.

"Simplesmente eu ia para a curva e o carro escapou do meu controlo, não sei o que se passou," comentou Papis, continuando: " ontem fomos felizes, foi um grande dia para todos nós e a gente mostrou que estamos aí para mostrar serviço, mas hoje foi mais uma situação de corrida, uns dias bons, outros maus."

Jamie Squire/Allsport

QUALIFICAÇÃO

O grid provisório na sexta-feira tinha um aspecto surrealista com o Reynard-Toyota na pole mas tudo voltou à realidade no sábado quando o Reynard-Mercedes de Greg Moore foi o mais rápido em ambas as sessões incluso a mais importante, a qualificação final que decorreu em perfeitas condições climatéricas. Em tipos idos, o canadense tinha de trabalhar bastante para encontrar um bom acerto do carro mas agora, com o "velho" engenheiro Steve Challis ele conseguiu evoluir para uma melhor situação.

"Conseguimos colocar o carro numa situação agradável para ser dirigido", relatou Moore depois de garantir a terceira pole da época. "O carro está muito fácil, muito consistente, então eu posso puxar por ele um pouco mais. "O líder do Campeonato FedEx, Alex Zanardi, teve de sujeitar-se à posição exterior na linha da frente do grid com o Reynard-Honda do jovem canadense a quase três décimos.

"Ainda temos algum trabalho para fazer", reconhecia Zanardi, que bateu no muro no sábado e amassou a suspensão do lado esquerdo durante a sessão de aquecimento antes da corrida. "O carro ainda está bastante nervoso, especialmente nos ressaltos da pista, precisamos de melhorar o acerto do chassi. Mas, olhem aqui, estamos em segundo!!"

Adrian Fernandez manteve a sua boa forma ao garantir uma posição na fila interior para o seu Reynard-Ford. Com isso o mexicano proporcionou que três marcas diferentes de motores estivessem representadas nas três melhores posições do grid. Richie Hearn também produziu um belo esforço obtendo o quarto melhor tempo – o melhor da sua carreira – ao volante do Swift-Ford de John Della Penna. Este resultado foi tanto mais válido quanto a sua equipe teve de proceder a uma rápida troca de motor na seqüência de problemas na sessão de treinamento da manhã.

"O pessoal da Budweiser/Ralph realizou em excelente trabalho para mim," disse Hearn, depois de conseguir o melhor tempo na sua última volta. "Temos um bom carro, na verdade, a chave para Detroit é garantir uma boa posição à largada e nós temos aqui o quarto tempo. Agora o segredo é ficar de fora dos problemas na corrida e chegar ao fim."

ALEX Zanardi reforçou a sua posição ao segundo título consecutivo ao obter uma vitória sublime no Grande Prêmio de DETROIT – ITT. O italiano, de 31 anos, levou a melhor sobre Greg Moore na qualificação, mas depois de perseguir o seu rival canadense do Reynard-Mercedes nas primeiras voltas, Zanardi esgueirou-se para o comando durante a primeira ronda de paradas nos boxes. A partir daí, o Reynard-Honda nº 1 nunca mais seria ameaçado.

"Pode ser que de fora a coisa parecesse fácil mas aquilo foi muito difícil," declarou Zanardi no final da sua segunda vitória da temporada ao mesmo tempo que aumentava a sua vantagem nos pontos do Campeonato FedEx para 17, 113 contra 96 de Moore, o seu mais direto rival que caía para quinto no final. "Esta é uma corrida muito difícil, dirigi nos limites sem ter exigido demasiado do carro"

O duelo entre os protagonistas para o título, Zanardi e Moore, foi o ponto fulcral durante as primeiras voltas das 72 à volta do novo circuito de Belle Isle Park. Moore arrecadou o primeiro ponto de bônus na PPG graças à pole. O jovem canadense, então, embarcou para a liderança mas não pode sacudir Zanardi.

Rapidamente o par afastava-se do resto, com Adrian Fernandez à frente que desfrutava de uma boa performance no seu Reynard-Ford. Mesmo assim, na volta 10, Fernandez já estava com mais de cinco segundos atrás dos lideres. O mexicano, por seu turno, mantinha uma confortável margem de quatro segundos sobre Bryan Herta que, por seu lado, abria espaço de um grande grupo de carros liderados pelo Reynard-Honda do estreante Tony Kanaan.

Richie Hearn, que fez um excelente quarto lugar na qualificação para a equipe Della Penna Motorsports, perdeu duas posições à largada mas encontrou maneira de passar Kanaan na volta 11 para voltar a aproximar-se Herta. Dario Franchitti e Gil de Ferran vinham a seguir no grupo principal com Jimmy Vasser, Michael Andretti, Christian Fittipaldi, Bobby Rahal, Paul Tracy, Al Unser Jr. e Hélio Castro-Neves, todos uns atrás dos outros em formação nariz com cauda. Era uma autêntica peleja. De Ferran passou Franchitti na volta 12, para o escocês repor a verdade sete voltas depois. Franchitti atacava Kanaan e, uma vez em sexto, o Reynard-Honda começou a aproximar-se rapidamente do Swift-Ford.

Entretanto, na frente, a batalha ia forte. Moore, depois de ter ganho uma pequena vantagem foi forçado a abrandar o ritmo para poupar os pneus Firestone e garantir margem de combustível

A atuação disciplinada de Adrian Fernandez na corrida deu-lhe o segundo lugar e a obtenção de pontos para o campeonato depois de se ter qualificado em quarto lugar no grid.

O excelente trabalho de boxe dos mecânicos da Walker Racing ajudou Gil de Ferran (abaixo à direita) a ascender ao terceiro lugar, e foi onde terminou apesar dos ataques nas últimas voltas da corrida por um determinado Dario Franchitti.

para um suplemento de milhas. Zanardi vivia com os mesmos problemas mas conseguia manter a pressão ao mesmo tempo que fazia um consumo melhor. Esta estratégia mostrou-se acertada permitindo a Zanardi completar mais duas voltas rápidas enquanto Moore parava para assistência na volta 23.

"O nosso truque estava em parar mais tarde do que o Greg", relatou Zanardi que só foi ao box na volta 25 e saía de lá na liderança. "Rodar na traseira dele dava para acompanhar o ritmo dele com uma mistura mais pobre dando-nos uma margem maior. Quando ele parou eu sabia que ainda tinha gasolina para mais duas voltas, então decidiu fazer essas duas voltas o mais rápido possível. Foi nessa fase que estabeleci as voltas mais rápidas da corrida e, quando saí dos boxes estava quatro segundos à frente".

O combate continuava, Moore pressionou durante mais umas voltas mas não chegava para reduzir o défice em relação ao campeão. Para mais, tendo parado antes de um terço da distância, Moore teve de adotar uma aproximação mais cuidada para o resto da tarde. O pior estava, contudo, para vir. Depois de ter caído para uns 13 segundos atrás de Zanardi, Moore perdia um tempo precioso na segunda parada no box devido ao sistema de abastecimento não estar funcionando bem. Essa falha custou-lhe umas duas voltas e quando Franchitti realizou uma oportuna ultrapassagem logo após a segunda das duas únicas situações de precaução, ambas já perto das últimas voltas, Moore teve de se contentar com a quinta posição.

"É muito triste a gente não ter capitalizado sobre a pole", disse Moore. " Estivemos bem com os pneus novos mas quando começaram a ficar gastos começamos a sofrer dum terrível subviramento. Para finalizar tivemos uma má operação no box. Se olhar para trás e ver o que é que a gente teve de bom esta tarde, só vejo os 10 pontos. A parte boa do final de semana foi a gente ter provado a todo o mundo que somos rápidos em circuitos urbanos. Acho que surpreendemos muita gente."

A superioridade de Zanardi nunca foi ameaçada na parte final. Recebeu a bandeirada com 6,624 seg. de vantagem sobre Fernandez no final duma exibição sem mácula.

"Tinha carro para a função", disse Zanardi. "Era só uma questão de evitar todos os problemas, que pode encontrar numa pista de cidade como esta onde você não tem margem para erros."

O italiano então presenteava os cerca de 65 mil espectadores com várias séries de rodadas com os pneus largando

TECATE
Firestone
TECATE
PATRICK RACING
Duralast
BOSCH
Firestone

HONDA
National Car Rental
GOODYEAR
Cummins
HOLSET
CHAMPION
HONDA
Cummins
Cummins

Aumento do circuito cria novo local de ultrapassagem

DESDE 1992, quando o Grande Prêmio de Detroit ITT mudou da sua localização anterior no centro da cidade (que recebeu desde 1982, primeiro o Campeonato do Mundo de Fórmula 1 da FIA, depois, em 1989, os Champ Cars) para o Parque de Belle Isle, os pilotos fizeram ouvir a sua voz queixando-se especialmente da natureza do estado da pista, muito saltitante e também dos poucos locais de ultrapassagem.

Houve grandes melhorias no estado da pista durante esses anos e também um substancial trabalho no alargamento dando mais espaço para a circulação.

Os pilotos sempre consideraram a corrida de Belle Isle como uma das mais empenhativas do calendário FeDex, devido à quantidade e variedade das curvas e ao grau de precisão exigido para realizar uma volta muito rápida. Mesmo assim, ainda lhe faltavam locais para as ultrapassagens.

Em 1998 as preocupações dos pilotos foram atendidas. O grupo Promotor, trabalhando em concerto com o CART e a cidade de Detroit construíram uma extensão de 600 metros configurando uma larga reta que leva a uma curva estreita de 90 graus, a Curva Três. Talvez que a nova seção não tenha produzido grandes hipóteses de ultrapassagem, contrariamente ao que muita gente tinha previsto; mas conseguiu reunir unanimidade na aceitação já que forneceu excelentes oportunidades de visão para os espectadores ao mesmo tempo que criou uma zona de ultrapassagens.

"Esta é de longe a minha pista urbana favorita", declarou o segundo classificado Adrian Fernandez. "É bem larga, um grande desafio e muito divertida para dirigir."

Tony Kanaan, o melhor estreante na classificação, afirmava por seu turno: "Foi sempre uma das melhores pistas de rua, é imensamente divertida e agora há uma possibilidade de ultrapassar."

O terceiro classificado, Gil de Ferran, acrescentava: "Acho que o circuito está 100 por cento melhor que no ano passado. Hoje fiz três passes para ganhar posições na Curva Três, o que representa duas ultrapassagens mais do que fiz no ano passado."

fumaça em diferentes pontos da pista para completar o show.

"Nem sempre a gente tem oportunidade de abusar de um carro de um milhão de dólares", falava Zanardi com um largo sorriso. "Assim eu aproveitei este milhão de dólares e me diverti imenso. Não foi só o povão, eu também gozei com a brincadeira."

Fernandez também estava contente com o segundo lugar herdado de Moore que deu uma boa mão cheia de pontos.

"Esta pista foi sempre boa para a gente e eu estou bem contente para a equipe do Patrick racing," disse Fernandez depois de ver solidificada a sua quarta posição nos pontos do Campeonato PPG. "Foi duro desde o começo sem bandeiras amarelas, é incrível até porque isso não costuma acontecer aqui. Os meus moços fizeram um trabalho excepcional nos boxes, até me colocaram na frente do Greg na última parada, tudo correu muito bem. Penso que o campeonato ainda está muito aberto e muita coisa pode ainda acontecer. É preciso manter a concentração em cada corrida, acho mesmo que temos uma chance de lutar pelo campeonato mas temos de trabalhar duro. Só temos que garantir que as coisas más não aconteçam."

De Ferran também tirou partido de excelentes paradas nos boxes para fazer subir o seu Reynard-Honda de nono no grid para terceiro no final.

"O Team Walker fez um trabalho magnífico, de cada vez que ia aos boxes saía com duas posições ganhas. Foi atacar, atacar, atacar todo o tempo. O carro estava consistente e eu pude dirigir rápido Nunca precisei de poupar nada hoje, tentei levar o Adrian à falta mas ele dirigiu muito bem "

Franchitti ficara por perto no final. Perdera uma posição para Kanaan na altura das primeiras paradas para abastecimento e pneus mas recuperou na segunda parada, durante a primeira situação de precaução total na volta 44. Um tanto ironicamente tudo foi provocado pelo seu companheiro Paul Tracy que provocou, sem querer, uma perda de controlo a Christian Fittipaldi na Curva 12 quando os dois estavam se batendo para a nona posição.

No recomeço o ordenamento mostrava Zanardi liderando Fernandez, de Ferran, Moore, Franchitti e Kanaan embora o estreante tivesse caído para a nona posição atrás de Herta (que também perdera três posições quando o seu motor ficou "calado" na segunda estada nos boxes), de Vasser e Tracy, numa tentativa um tanto optimista de passar Franchitti na freada para a Curva Três.

As bandeiras amarelas voltaram a flutuar pouco depois, agora por causa de Hearn traído por uma bruta quebra do motor que o obrigou a parquear o carro numa zona muito perigosa. Hearn estava em décimo naquela altura, depois de perder uma dúzia de posições na sua primeira parada no box originada pelo mau funcionamento duma pistola de ar.

No recomeço na volta 56 continuava a mesma ordem de posições com Franchitti a fazer uma manobra impressionante para passar Moore na Curva Três. Depois, Franchitti ia empurrar de Ferran todo o tempo até à linha de chegada.

"Estou um pouco frustrado por não estarmos mais perto da linha da frente", disse Franchitti. "Só tive que manter a minha concentração e continuar a pressionar toda a corrida. É uma pena a gente não se ter classificado melhor mas esta pista é muito difícil para ultrapassar".

Vasser, no segundo Reynard-Honda da Target terminou junto com Moore em sexto, enquanto Tracy lutou no duro para chegar em sétimo, tendo saído da 15ª posição. Kanaan vinha a seguir ganhando uma posição às custas do desgraçado Herta que viu o seu motor quebrar justo quando faltavam quatro voltas. Mesmo assim Kanaan não estava contente.

"Nós não tínhamos o carro mais rápido de todos mas éramos competitivos", concluiu o brasileiro. "Estou aborrecido comigo mesmo porque fiz uma falta, mas aprendemos imenso e estou feliz por ter terminado outra vez nos dez primeiros classificados".

BREVES DETROIT

• Paul Tracy e Christian Fittipaldi trocaram palavras azedas devido ao incidente em que o canadense levou, sem querer, o brasileiro a perder o controlo do seu carro quando disputava a nona posição. Depois, o Chefe dos Comissários Wally Dallenbach colocou Tracy em situação de suspensão provisória por ter provocado, como disse, um acidente evitável.

• Dias antes do fim de semana da corrida, o tricampeão CART Rick Mears passou a fazer parte do Pavilhão dos Famosos do Esporte Motorizado na cidade próxima de Novi, Michigan. Ali estão outros homenageados como o Campeão de 1920/21 Tommy Milton e o grande criador de equipamentos de segurança, Bill Simpson.

• Os companheiros de equipe da Chip Ganassi Racing, Jimmy Vasser e Alex Zanardi foram homenageados numa cerimónia especial destinada a apresentar uma edição especial e limitada duma caixa de Wheaties comemorando os Campeões PPG de 96 e 97.

• A quinta vitória da Honda aumentou a sua liderança no Campeonato dos Construtores para 149 pontos contra os 123 da Ford-Cosworth.

• André Ribeiro qualificou-se num modesto 25º porque seu Penske-Mercedes teve problemas de câmbio na qualificação e perdeu uma volta após a primeira situação de amarelas na volta 41. Contudo, Ribeiro ficaria junto do vencedor Zanardi até final da corrida. "Aprendemos muito sobre o carro. Se tivessemos largado de lugar melhor , terminariamos numa posição diferente na chegada," declarou ele.

Fotos: Michael C. Brown

• O Presidente do CART e Diretor executivo Andrew Craig foi homenageado no sábado com o título de Personalidade PPG. O título foi criado em 1995 em reconhecimento dos membros da comunidade das corridas que levam colorido, estilo, personalidade e alegria ao Campeonato. "A competição na PPG é excepcionalmente forte e o Andrew Craig ajudou o CART a atrair patrocinadores, visitantes, equipes e torcedores", notava Mike Sack, Diretor de Marketing da PPG.

• A Payton/Coyne Racing procurou um "novo" Reynard 97I (um ex-carro de Bryan Herta utilizado como carro de testes da Patrick Racing) para Denis Vitolo após a sua batida uma semana antes em Milwaukee. Entregue na segunda-feira à noite, a equipe de Mark Mason completou o processo de repintura e reconstrução do carro na quarta-feira.

FEDEX CHAMPIONSHIP SERIES • PROVA 8

ITT AUTOMOTIVE DETROIT GRAND PRIX

RACEWAY ON BELLE ISLE PARK, DETROIT, MICHIGAN

7 JUNHO, 72 voltas – 271.837 Km

Clf	Piloto (Nac.)	Nº.	Patrocinadores Chassis-Motor	Pneus	Qlf Veloc.	Q Tempo	Pos.	Voltas	Tempo/Causa	Média	Pts.
1	**Alex Zanardi (I)**	**1**	**Target/Chip Ganassi Racing Reynard 98I-Honda**	**FS**	**184.117**	**1m 13.822s**	**2**	**72**	**1h 41m 17.673s**	**161.018**	**21**
2	**Adrian Fernandez (MEX)**	**40**	**Patrick Tecate Beer/Quaker State Oil Reynard 97I-Ford**	**FS**	**184.067**	**1m 13.842s**	**3**	**72**	**1h 41m 24.297s**	**160.843**	**16**
3	**Gil de Ferran (BR)**	**5**	**Walker Valvoline/Cummins Reynard 98I-Honda**	**GY**	**182.240**	**1m 14.582s**	**9**	**72**	**1h 41m 25.184s**	**160.818**	**14**
4	**Dario Franchitti (GB)**	**27**	**Team KOOL Green Reynard 98I-Honda**	**FS**	**182.409**	**1m 14.513s**	**8**	**72**	**1h 41m 26.020s**	**160.797**	**12**
5	**Greg Moore (CDN)**	**99**	**Forsythe Player's Ltd./Indeck Reynard 98I-Mercedes**	**FS**	**184.847**	**1m 13.530s**	**1**	**72**	**1h 41m 27.457s**	**160.759**	**11**
6	**Jimmy Vasser (USA)**	**12**	**Target/Chip Ganassi Racing Reynard 98I-Honda**	**FS**	**182.638**	**1m 14.420s**	**7**	**72**	**1h 41m 28.081s**	**160.742**	**8**
7	**Paul Tracy (CDN)**	**26**	**Team KOOL Green Reynard 98I-Honda**	**FS**	**181.062**	**1m 15.067s**	**15**	**72**	**1h 41m 29.814s**	**160.697**	**6**
8	***Tony Kanaan (BR)**	**21**	**Tasman Motorsports LCI Reynard 98I-Honda**	**FS**	**182.708**	**1m 14.291s**	**6**	**72**	**1h 41m 34.858s**	**160.564**	**5**
9	**Scott Pruett (USA)**	**20**	**Patrick Visteon Reynard 98I-Ford**	**FS**	**180.904**	**1m 15.133s**	**17**	**72**	**1h 41m 38.964s**	**160.456**	**4**
10	**Michael Andretti (USA)**	**6**	**Newman/Haas Kmart/Texaco Havoline Swift 009.c-Ford**	**GY**	**181.881**	**1m 14.729s**	**11**	**72**	**1h 41m 40.071s**	**160.427**	**3**
11	**Bobby Rahal (USA)**	**7**	**Team Rahal Miller Lite Reynard 97I-Ford**	**FS**	**181.680**	**1m 14.812s**	**12**	**72**	**1h 41m 40.576s**	**160.412**	**2**
12	***Helio Castro-Neves (BR)**	**16**	**Bettenhausen Alumax Aluminum Reynard 98I-Mercedes**	**GY**	**181.134**	**1m 15.039s**	**14**	**72**	**1h 41m 42.075s**	**160.374**	**1**
13	Michel Jourdain Jr. (MEX)	19	Payton/Coyne Herdez/Viva Mexico! Reynard 98I-Ford	FS	180.574	1m 15.270s	18	72	1h 41m 53.199s	160.083	
14	Robby Gordon (USA)	24	Arciero-Wells Panasonic/Duskin Reynard 97I-Toyota	FS	178.549	1m 15.700s	20	72	1h 41m 53.727s	160.068	
15	Patrick Carpentier (CDN)	33	Forsythe Player's Ltd./Indeck Reynard 98I-Mercedes	FS	180.909	1m 15.131s	16	72	1h 41m 54.556s	160.046	
16	Andre Ribeiro (BR)	3	Marlboro Team Penske Penske PC27-Mercedes	GY	173.514	1m 18.333s	25	71	Em prova		
17	Christian Fittipaldi (BR)	11	Newman/Haas Kmart Swift 009.c-Ford	GY	181.931	1m 14.709s	10	71	Em prova		
18	Max Papis (I)	25	Arciero-Wells Racing MCI Reynard 98I-Toyota	FS	179.969	1m 15.523s	19	71	Em prova		
19	Mauricio Gugelmin (BR)	17	PacWest Racing Group Hollywood Reynard 98I-Mercedes	FS	177.546	1m 16.554s	22	71	Em prova		
20	*Alex Barron (USA)	36	All American Racers Castrol/Degree Reynard 98I-Toyota	GY	172.568	1m 18.762s	26	70	Em prova		
21	Bryan Herta (USA)	8	Team Rahal Shell Reynard 98I-Ford	FS	183.523	1m 14.061s	5	69	Motor		
22	Mark Blundell (GB)	18	PacWest Racing Group Motorola Reynard 98I-Mercedes	FS	177.980	1m 16.367s	21	56	Acidente		
23	Richie Hearn (USA)	10	Della Penna Budweiser/Ralphs Swift 009.c-Ford	FS	183.685	1m 13.995s	4	50	Turbo		
24	Al Unser Jr. (USA)	2	Marlboro Team Penske Penske PC27-Mercedes	GY	181.658	1m 14.821s	13	46	Transmissão		
25	PJ Jones (USA)	98	All American Racers Castrol/Degree Reynard 98I-Toyota	GY	176.782	1m 16.885s	24	40	Transmissão		
26	*JJ Lehto (SF)	9	Hogan Motor Leasing Reynard 98I-Mercedes	FS	177.169	1m 16.717s	23	17	Estabilidade		
27	Arnd Meier (D)	77	Davis Hasseroder Pils/TotalTel Lola T98/00-Ford	GY	168.548	1m 20.641s	27	9	Motor		
28	Dennis Vitolo (USA)	34	Payton/Coyne SmithKline Beecham Reynard 97I-Ford	FS	167.175	1m 21.303s	28	6	Prob. elétricos		

* Piloto Rookie

Bandeira amarela: Voltas 43–45, rodada/Fittipaldi; voltas 51–54, rebocado/Hearn. **Total:** Duas durante sete voltas.

Líderes: Greg Moore, 1–22 (22 voltas); Alex Zanardi, 23–72 (50 voltas). **Totais:** Zanardi, 50 voltas; Moore, 22 voltas.

Volta mais rápida: Alex Zanardi, 1m 16.280s, 178.183 Km/h na volta 64 (foi recorde).

Classificação no campeonato: **1** Zanardi, 113; **2** Moore, 96; **3** Vasser, 80; **4** Fernandez, 75; **5** de Ferran, 55; **6** Andretti, 52; **7** Franchitti, 50; **8** Herta, 39; **9** Tracy, 32; **10** Unser e Rahal, 30; **12** Castro-Neves, 29; **13** Pruett, 28; **14** Kanaan, 27; **15** Hearn, 17; **16** Fittipaldi e Blundell, 16; **18** Gugelmin, 10; **19** Lehto, 7; **20** Gordon, 6; **21** Ribeiro e Carpentier, 4; **23** Jones, 3; **24** Salles, Jourdain e Barron, 1.

PORTLAND

1 - ZANARDI
2 - PRUETT
3 - HERTA

QUALIFICAÇÃO

Uma meia-hora final dramática de qualificação na pista urbana de cerca de 3.200 metros de Portland International acabou, de fato, num anti-climax quando Christian Fittipaldi sacou a bandeira vermelha de parada imediata por ter estacionado o seu Swift-Ford na beira da pista, sem combustível, quando faltavam poucos minutos para o final da sessão. De acordo com a regra mais ou menos popular de cumprimento rigoroso do programa, a bandeira quadriculada era mostrada antes do carro do brasileiro poder ser removido para um local mais seguro.

"Sinto-me bafejado", disse Herta logo depois de bater o record da pista, por um segundo em relação à marca existente de Scott Pruett. "Na realidade não alteramos assim tanto o nosso carro até porque estivemos aqui há umas semanas em testes e eu senti que a pista estava a vir até nós em cada sessão. Este final de semana eu tinha uma missão para cumprir mas reconheço que tive um pouquinho de sorte porque estava rodeado de gente capaz de me bater."

Não deixava de ser um ponto a seu favor. Dario Franchitti tinha de se contentar com uma posição lateral na linha da frente depois de quase ter feito uma rodada na sua volta final e de ter ficado sem gasolina no seu Reynard-Honda. Ao contrário de Fittipaldi, Franchitti parqueou o seu carro bem fora da pista e longe de qualquer perigo.

Pruett foi o terceiro mais rápido no seu Reynard-Ford seguido do par de Reynard-Hondas pilotados por Jimmy Vasser e Alex Zanardi. O italiano conseguiu somente a 18ª posição na sexta-feira depois de ter rodado duas vezes durante essa sessão, depois foi obrigado a trocar para o seu carro de reserva no seguimento de um incidente com Fittipaldi na sessão de sábado. De imediato Zanardi se sentiu bem mais à vontade com a sua máquina de reserva. "Perdemos dois dias no carro principal", disse ele. "Foi como se a gente chegasse aqui e só tivesse tirado o carro do transportador. Este carro está a responder melhor e, em definitivo, é mais consistente. A gente ainda precisa de ajustar algumas coisas mas, no todo, o carro está equilibrado e podemos tirar ainda mais dele para fazermos uma boa corrida." E assim ficaria provado...

Enquanto o pelotão circula atrás do pace-car, antes do início, Alex Zanardi está em quinto, imediatamente atrás do Target/Chip Ganassi Racing do companheiro de equipe Jimmy Vasser. Contudo, tirando partido dos azares alheios, o atual campeão continuou até à sua quarta vitória em nove corridas.

Michael C. Brown

BRYAN Herta parecia reunir o favoritismo para ganhar a G.I. Joe 200 na pista internacional de Portland. O americano, de 28 anos, qualificou-se na pole pela quinta vez na sua carreira no CART e liderou com segurança desde o início. Mas o Team Rahal optou por chamar Herta aos boxes durante uma situação de bandeiras amarelas.

Partindo do princípio de que a jogada de três paradas tem jogado desfavoravelmente contra Herta nos últimos tempos, dando vantagem ao eterno vingador Alex Zanardi que fez uma parada a menos conseguindo assim marcar a sua quarta vitória da temporada para a Chip Ganassi Racing.

"Obviamente foi um dia fantástico para mim", afirmou Zanardi, cuja alegria era composta pelo fato de três dos seus mais diretos rivais no Campeonato FedEx (Greg Moore, Adrian Fernandez e Gil de Ferran) não terem pontuado. Na verdade, Zanardi deixava o Oregon com uma vantagem de 38 pontos sobre Moore na sua procura do segundo título consecutivo. "O Campeonato começou muito bem e estou muito contente por ter podido retirar vantagem dos azares dos outros."

Zanardi demonstrou mais uma grande exibição ao volante do seu Reynard-Honda recebendo a bandeirada final com 6.8 seg. de diferença para Scott Pruett, em Reynard-Ford. "Às vezes tenho motivos para ir para casa com má cara", disse o italiano, "mas não posso deixar de aproveitar ocasiões quando as coisas correm bem como sucedeu hoje."

As 98 voltas começaram com Herta liderando o seu companheiro de primeira fila Dario Franchitti na primeira curva. Atrás acontecia o inesperado com Moore, que tinha feito um péssimo 14º na qualificação, ao realizar uma tentativa tão optimista quanto arriscada pelo interior da curva na freada para a chicane de Festival Curves. Moore embateu no inocente Christian Fittipaldi o qual, por seu turno, batia no seu companheiro de equipe Michael Andretti. Paul Tracy acabaria por também protagonizar a estranha confusão.

"Estava ali um incrível engarrafamento", disse Moore. "Fiz uma boa largada, passei alguns carros, depois todo o mundo levantou o pé mais do que eu estava esperava e entrei depressa de mais. Foi culpa minha e peço desculpa."

Fittipaldi não ficou impressionado: "Um pedido de desculpas já é bom mas não muda o resultado final", disse o brasileiro. "Saí em sétimo e não perdi nenhuma posição na largada. Na verdade, não posso ver como é que um cara pode vir de 14º para 7º na primeira curva. Não dá mesmo para entender."

Moore, Fittipaldi e Tracy estavam feitos para o resto do dia. Andretti regressou ainda que com duas voltas de atraso e já sem hipóteses de lutar.

Depois de três voltas atrás do Pace Car a corrida foi retomada com Herta liderando outra vez à frente de Franchitti, Pruett e Zanardi que acabara de passar o seu companheiro Jimmy Vasser na primeira curva. Mas, na volta 10, as bandeiras de precaução foram de novo mostradas por causa de novo incidente na Festival Curves. Desta vez foi Fernandez que colidiu com Vasser quando tentava desalojar o campeão de 96 da quinta posição. "Tentei passá-lo diversas mas não estava muito perto dele," disse Fernandez. "Desta vez pensei que estava junto dele o suficiente e limitei-me a mergulhar para o interior. Já estava mesmo dentro e ele não abriu espaço e pronto, deu-se o acidente. Tentei, mas não resultou."

Vasser continuava na cauda do pelotão. Fernandez, por seu lado, ficava de fora. A corrida recomeçou na volta 14 mas por pouco tempo. Robby Gordon dava uma virada na Curva Nove em conseqüência dum contato com o seu companheiro Max Papis. As bandeiras amarelas voltaram a ser mostradas, para darem lugar à fatídica decisão da equipe de Herta. "Não acreditavamos que podíamos chegar ao final com o esquema das duas paradas nos boxes", explicou o Chefe do Team Rahal, Scott Roembke, que tomou a decisão de chamar Herta depois de consultar o engenheiro de pista Ray Leto. "Observamos com atenção os dados da telemetria e concluimos que era boa altura para fazermos uma parada."

Mas nenhum dos outros contendores seguira o mesmo caminho: "Não íamos entrar", disse Zanardi, que estava em quarto naquele momento atrás de Franchitti e Pruett, "mas habitualmente naquelas circunstâncias você segue o líder. Por isso, o Chip (Ganassi, o estratega da equipe), ficou baralhado por um segundo quando vimos o Bryan entrar. É lógico que você não tem muito tempo para reagir naquele gênero de situação mas o Chip mudou de idéias muito rápidamente e decidimos ficar em pista. Demonstrou-se ser a decisão correta."

Franchitti assumiu o comando quando Herta entrou na pista de descabelarão. O jovem escocês aumentou a sua vantagem para quase cinco segundos sobre Pruett antes de executar a sua visita aos boxes, a primeira, na volta 36. Com muito pouca sorte Franchitti deitou todas as suas esperanças por terra ao deixar morrer o seu motor quando ia para regressar à corrida.

"Qualquer coisa apanhou-nos desprevenidos", explicou Franchitti. "Não sei bem se dei ou não rotações suficientes ou quê, mas o certo é que

CRANE & SHOVEL SALES
LCI
BOSCH
HONDA
METTLER TOLEDO
DICK LEPPLA
Gatorade
CART

O chefe dos mecânicos da Tasman Steve Ragan coloca a sua pistola pneumática no muro do boxe depois de trocar a roda dianteira esquerda do LCI Reynard-Honda de Tony Kanaan, enquanto Mike Fisher e Scott Nystedt completam o processo de rotina de reabastecimento
Foto: Michael C. Brown

Crime e castigo

O CHEFE dos comissários de corrida do CART, Wally Dallenbach esteve muito ocupado durante o final de semana em Portland. O primeiro a sofrer a sua ira foi, mais uma vez, Paul Tracy que estava suspenso condicionalmente por causa do incidente sem conseqüências com Christian Fittipaldi na corrida anterior em DETROIT. Tracy foi outra vez penalizado em Portland depois de um acidente potencialmente mais perigoso durante a qualificação de sexta-feira o qual resultou que o seu Reynard-Honda voou sobre o Reynard-Ford de Michel Jourdain Jr. na Curva Três. Tracy foi chamado a Dallenbach e foi informado que não poderia tomar parte na sessão final de qualificação no sábado. Foi também multado em 20.000 dólares.

Dan R. Boyd

"O acidente foi culpa minha", admitiu Tracy. "Não vou tentar fugir a essa responsabilidade mas estou triste e frustrado porque acho, antes do mais, que não devia ter recebido a suspensão condicional."

Dallenbach também se atirou a Greg Moore depois do jovem canadense, que se qualificara num péssimo 14º no seu Reynard-Mercedes, ter tentado ganhar todo o terreno do mundo numa manobra optimista de freada de morte na primeira curva. O que deu foi que Moore só conseguiu eliminar três carros da frente.

Moore foi citado por "riscos injustificados" e colocado em suspensão condicional por período indeterminado.

"O maior aborrecimento disto tudo é a gente dedicar uma grande parte da reunião dos pilotos (no sábado) a lembrar que devem manter a disciplina na Curva Um depois da largada", afirmou Dallenbach. "A ficha do Greg estava limpa antes disto e esta situação é a primeira. Tenho esperanças de não ser preciso fazer mais nada mas a gente tem de chamar a atenção dos pilotos. O Campeonato FedEx não foi feito para corridas de acrobacia".

tivemos sempre problemas ao sairmos dos boxes durante todo o fim de semana. Mesmo assim, não há desculpas: deixei o motor ir embora." O escocês perdeu quase uma volta até conseguir dar vida ao motor para, mais tarde, ver-se envolvido num acidente dramático quando PJ Jones, ao recuperar duma rodada, embateu sem querer na roda traseira esquerda do Reynard-Honda à saída da Curva Seis. Franchitti teve sorte em sair ileso depois do seu carro ter batido de frente nas barreiras na zona traseira do circuito.

O ato falhado de Franchitti na sua box elevou Zanardi ao comando. O campeão em título tinha completado uma volta a mais em relação a Pruett antes de executar a sua primeira parada que lhe permitiu emergir à frente do californiano. Zanardi avançou para a frente de Pruett até ir para a sua segunda e última assistência na volta 67. Herta, que, recordemos, corria de acordo com outra estratégia, recuperou a liderança mas... ainda precisava de mais uma visita aos boxes.. O que aconteceu na volta 73, despoletada pelo final da situação de precaução por causa do acidente de Franchitti.

O bom trabalho da equipe de Herta permitiu-lhe regressar em segundo somente com o Swift-Ford de Richie Hearn, com menos uma volta, entre ele e o líder Zanardi no recomeço. A cena estava montada para uma intrigante ponta final. "Eu estava mesmo à espera disso porque o sapato estava um pouco no outro pé", afirmou Herta com um sorriso pensando em batalhas anteriores com Zanardi, "porque hoje acho que tinha o carro mais rápido. Ninguém podia dizer prever nada mas eu tinha a certeza de conseguir."

Infelizmente para os espectadores – e para Herta – o duelo antecipado nunca chegou a materializar-se já que Herta foi prejudicado inadvertidamente por Hearn na última curva antes do recomeço.

"Eu atrapalhei Bryan", admitia Hearn. " Ia para a última curva e estava com um monte de problemas nos pneus e quando eu virei o volante o carro não quis obedecer. Entrou em perda quando apliquei o motor e o Zanardi foi-se embora. Tenho pena do Bryan não fiz nada de propósito."

É lógico que Herta não pode passar Hearn porque a bandeira verde ainda não tinha sido mostrada pelo Starter, colocado uns quatrocentos metros mais à frente na reta principal. Assim, não somente Zanardi obteve um grande salto nas posições como, ainda pior, de Ferran, em terceiro no seu Reynard-Honda podia passar Herta que teve de aliviar o pedal para evitar Hearn. De Ferran acelerando a fundo, atirou-se para o interior ficando na posse da trajetória na zona de freada para a Festival Curves. Herta, por seu turno, ripostou, dando a volta por fora na parte inicial para a direita de forma a assumir o interior – e a vantagem – para a esquerda seguinte Foi uma manobra brilhante, exceto que de Ferran não estava disposto a ceder a curva.

"Ele tapou-me, até que me levou à zebra e eu subi na sua roda da frente", relatou Herta. "Dei-lhe imenso espaço e pensei que ele ia fazer o mesmo comigo. Mas não. Para ser franco tive muita sorte em poder continuar." De Ferran não teve tanta. A sua prova terminava com a suspensão dianteira esquerda quebrada.

Os restos da grande confusão deram azo a que Zanardi viesse a encontrar-se na liderança da corrida que ele manteve até ao final. Pruett também aproveitou a ocasião para se meter à frente de Herta e, por muito que tenha tentado, Pruett não melhorava a sua situação.

"Foi bom ter corrido contra o Scott até ao fim", contava Pruett. "Até porque foi uma corrida limpa", disse Herta no final. "Tentei tudo para o embaraçar, para o levar à falta mas ele não caíu nessa e fez uma excelente prova."

"Julguei que não podia conter o Bryan até ao fim", contrapunha Pruett. "Ele tinha um carro muito bom, ambos estávamos a fazer o nosso melhor." Tony Kanaan também dirigiu muito bem seu Reynard- Honda. O jovem brasileiro foi contemplado com um magnífico quarto lugar, o melhor da sua carreira, o suficiente para o colocar no lugar do melhor estreante do ano. Al Unser Jr. tirou benefícios da estratégia de Roger Penske para terminar em quinto no seu Penske-Mercedes depois de ter saído de um distante 18º lugar enquanto o seu companheiro André Ribeiro parecia destinado ao sétimo até que o câmbio do seu PC 27 quebrou mesmo a poucas voltas do final.

Estratégia mal avaliada acaba com hipóteses de Herta

BRYAN Herta ganhou a pole e fez mais uma excelente corrida para o Team Rahal. Mas, uma vez mais, por circunstancias fora do seu controlo, ele não conseguiu traduzir todas as promessas numa muito merecida vitória em Champ Car.

Herta começou a corrida com um espírito optimista e rapidamente estabeleceu um ritmo que o colocou longe de Dario Franchitti nas primeiras voltas. Mas o seu destino estava traçado na volta 14 quando as bandeiras de precaução foram mostradas pela terceira vez durante o complicado início do evento.

Michael C. Brown

Team Rahal foi para a corrida convencido de poder completar os 310 km de distância na base de duas paradas nos boxes. As três precauções anteriores terão certamente ajudado a aliviar as preocupações de consumo de combustível; mas não o bastante para garantir uma mudança na estratégia. Herta foi devidamente avisado para fazer uma parada na volta seguinte.

"Eu questionei a chamada no rádio", disse Herta, " mas não há muito tempo, você não pode ficar sentado de poltrona no carro. A equipe achou que a gente ia para três paradas o que, a acontecer, seria bom, mas não isso o que sucedeu."

Para seu grande desgosto, nenhum dos outros lideres decidiu fazer uma ida aos boxes. Herta não esteve parado muito tempo. Mesmo assim, caiu para 12º e, como não é fácil ultrapassar nesta pista urbana de Oregon, Herta não pode fazer grandes progressos.

"A posição em pista é muito importante aqui", declarava Herta. "Hoje tive um dos melhores carros de sempre. Se agente tivesse rodado com pista livre estávamos bem mas não foi o que aconteceu."

Mesmo assim, Herta conseguiu chegar à liderança por umas voltas, antes de fazer a sua terceira e última parada na volta 73. Então, veio a imprevista blocagem de Richie Hearn, seguida de um incidente com Gil de Ferran nas Curvas Festival que relegaram Herta para o terceiro lugar atrás de Scott Pruett. Apesar de tudo, Herta estava satisfeito por sacar 14 pontos no Campeonato PPG.

"Você fica sempre frustrado ou desiludido quando não ganha," disse Herta, "mas estou contente porque acho que tirei tudo o que podia do carro. Tenho de estar contente com isso."

BREVES PORTLAND

• Como conseqüência da atitude cínica de Christian Fittipaldi de parquear o carro na beira da pista nos últimos minutos da qualificação, provocando o final prematuro, o Vice-Presidente Kirk Russell e o Chefe dos Comissários Wally Dallenbach instituíram uma nova regra de penalização no box. Assim, qualquer piloto que provoque uma situação de interrupção com bandeira vermelha nos últimos 10 minutos de qualquer sessão de treinos ou de qualificação será obrigado a cumprir uma parada no box durante os oito minutos finais dos treinos seguintes ou da qualificação.

Michael C. Brown

• Scott Pruett estava contente por terminar em segundo após uma série de maus resultados: "Lutamos durante toda a temporada", admitiu, "A nossa qualificação não foi boa. Entre ficar sem combustível, pegar fogo, tudo nos aconteceu este ano. É bom ver as coisas melhorarem."

• Arnd Meier obteve o primeiro ponto no campeonato ao terminar em 12º no Lola T98/00 da David Racing. Meier emergiu em oitavo após a grande confusão inicial e foi mantendo essa posição – à frente de Hélio Castro-Neves e dos dois Penske – até começar a perder tempo devido a um problema eletrônico e do motor a aquecer.

O Team Marlboro Penske mostrou, novamente, o seu bom andamento com Al Unser Jr. e André Ribeiro fazendo uma bela corrida. "Em cada semana, vemos cada vez mais o potencial do carro", disse Ribeiro. "Agora só precisamos que a sorte mude, então, estamos aí".

• Patrick Carpentier que tem vindo a lutar bastante em corridas de pista urbana durante a sua época e meia em Champ Cars, encontrou uma pontinha de velocidade no seu Reynard-Mercedes nº 33 estabelecendo a melhor volta da corrida. Depois, Carpentier homenageou o seu companheiro Greg Moore por ter reencontrado a confiança: "De fato aprendi tanto com ele. Os conselhos do Greg, observar o Zanardi e a experiência do karting me deram idéias novas que me chegaram automaticamente durante a corrida."

• O dono do Team KOOL Green, Barry Green, ficou inconsolável depois das suas esperanças de vitória serem atraiçoadas por uma série de incidentes: "Os resultados deste fim de semana não são assunto para contar em casa; mas o fato é que estávamos muito rápidos. Estamos competitivos; o que nos resta fazer é continuar a acreditar em nós e continuar a trabalhar. Podemos ganhar."

FEDEX CHAMPIONSHIP SERIES • PROVA 9

BUDWEISER/G.I. JOE'S 200 PRESENTED BY TEXACO/HAVOLINE

PORTLAND INTERNATIONAL RACEWAY, OREGON

21 JUNHO, 98 voltas – 310.226 Km

Clf	Piloto (Nac.)	Nº.	Patrocinadores Chassis-Motor	Pneus	Qlf Veloc.	Q Tempo	Pos.	Voltas	Tempo/Causa	Média	Pts.
1	Alex Zanardi (I)	1	Target/Chip Ganassi Racing Reynard 98I-Honda	FS	193.538	58.883s	5	98	1h 54m 06.822s	163.115	21
2	Scott Pruett (USA)	20	Patrick Visteon Reynard 98I-Ford	FS	194.323	58.645s	3	98	1h 54m 13.661s	162.952	16
3	Bryan Herta (USA)	8	Team Rahal Shell Reynard 98I-Ford	FS	195.279	58.358s	1	98	1h 54m 13.931s	162.946	15
4	*Tony Kanaan (BR)	21	Tasman Motorsports LCI Reynard 98I-Honda	FS	192.173	59.301s	12	98	1h 54m 19.730s	162.807	12
5	Al Unser Jr. (USA)	2	Marlboro Team Penske Penske PC27-Mercedes	GY	191.489	59.513s	18	98	1h 54m 20.998s	162.777	10
6	Bobby Rahal (USA)	7	Team Rahal Miller Lite Reynard 97I-Ford	FS	192.768	59.118s	8	98	1h 54m 25.212s	162.677	8
7	Mauricio Gugelmin (BR)	17	PacWest Racing Group Hollywood Reynard 98I-Mercedes	FS	191.849	59.401s	15	98	1h 54m 32.398s	162.508	6
8	Jimmy Vasser (USA)	12	Target/Chip Ganassi Racing Reynard 98I-Honda	FS	194.283	58.657s	4	98	1h 54m 33.848s	162.472	5
9	Patrick Carpentier (CDN)	33	Forsythe Player's Ltd./Indeck Reynard 98I-Mercedes	FS	192.413	59.227s	11	98	1h 54m 34.399s	162.460	4
10	Richie Hearn (USA)	10	Della Penna Budweiser/Ralphs Swift 009.c-Ford	FS	190.081	59.954s	23	97	Em prova		3
11	Max Papis (I)	25	Arciero-Wells Racing MCI Reynard 98I-Toyota	FS	190.312	59.881s	22	97	Em prova		2
12	Arnd Meier (D)	77	Davis Hasseroder Pils/TotalTel Lola T98/00-Ford	GY	188.032	1m 00.607s	25	97	Em prova		1
13	*Helio Castro-Neves (BR)	16	Bettenhausen Alumax Aluminum Reynard 98I-Mercedes	GY	191.215	59.598s	19	97	Em prova		
14	*Alex Barron (USA)	36	All American Racers Castrol/Degree Reynard 98I-Toyota	GY	185.555	1m 01.416s	27	97	Em prova		
15	Andre Ribeiro (BR)	3	Marlboro Team Penske Penske PC27-Mercedes	GY	191.505	59.508s	17	95	Transmissão		
16	PJ Jones (USA)	98	All American Racers Castrol/Degree Reynard 98I-Toyota	GY	186.809	1m 01.004s	26	95	Em prova		
17	Michael Andretti (USA)	6	Newman/Haas Kmart/Texaco Havoline Swift 009.c-Ford	GY	192.556	59.188s	10	95	Em prova		
18	Dennis Vitolo (USA)	34	Payton/Coyne SmithKline Beecham Reynard 97I-Ford	FS	180.962	1m 02.975s	28	94	Em prova		
19	Michel Jourdain Jr. (MEX)	19	Payton/Coyne Herdez/Viva Mexico! Reynard 97I-Ford	FS	192.157	59.306s	13	92	Fuga de óleo		
20	Gil de Ferran (BR)	5	Walker Valvoline/Cummins Reynard 98I-Honda	GY	192.680	59.145s	9	79	Acidente		
21	Dario Franchitti (GB)	27	Team KOOL Green Reynard 98I-Honda	FS	194.981	58.447s	2	71	Acidente		
22	Mark Blundell (GB)	18	PacWest Racing Group Motorola Reynard 98I-Mercedes	FS	191.740	59.435s	16	27	Acidente		
23	Robby Gordon (USA)	24	Arciero-Wells Panasonic/Duskin Reynard 98I-Toyota	FS	190.827	59.719s	21	17	Bomba combustível		
24	Adrian Fernandez (MEX)	40	Patrick Tecate Beer/Quaker State Oil Reynard 97I-Ford	FS	193.478	58.901s	6	10	Acidente		
25	*JJ Lehto (SF)	9	Hogan Motor Leasing Reynard 98I-Mercedes	FS	189.093	1m 00.267s	24	6	Escapamento		
26	Christian Fittipaldi (BR)	11	Newman/Haas Kmart Swift 009.c-Ford	GY	193.354	58.939s	7	0	Acidente		
27	Greg Moore (CDN)	99	Forsythe Player's Ltd./Indeck Reynard 98I-Mercedes	FS	192.028	59.346s	14	0	Acidente		
28	Paul Tracy (CDN)	26	Team KOOL Green Reynard 98I-Honda	FS	191.112	59.630s	20	0	Acidente		

* Piloto Rookie

Bandeira amarela: Voltas 1–3, acidente/Moore, Andretti, Fittipaldi e Tracy; voltas 10–12, acidente/Vasser e Fernandez; lap 14, rebocado/Gordon; voltas 73–78, acidente/Franchitti e Jones. **Total:** Quatro durante 13 voltas.

Líderes: Bryan Herta, 1–13 (13 voltas); Dario Franchitti, 14–35 (22 voltas); Andre Ribeiro, 36 (1 lap); Al Unser Jr., 37–44 (8 voltas); Herta, 45–46 (2 voltas); Alex Zanardi, 47–67 (21 voltas); Herta, 68–72 (5 voltas); Zanardi, 73–98 (26 voltas). **Totais:** Zanardi, 47 voltas; Franchitti, 22 voltas; Herta, 20 voltas; Unser, 8 voltas; Ribeiro, 1 volta.

Volta mais rápida: Patrick Carpentier, 1m 00.880s, 187.189 Km/h na volta 89 (recorde).

Classificação no campeonato: **1** Zanardi, 134; **2** Moore, 96; **3** Vasser, 85; **4** Fernandez, 75; **5** de Ferran, 55; **6** Herta, 54; **7** Andretti, 52; **8** Franchitti, 50; **9** Pruett, 44; **10** Unser, 40; **11** Kanaan, 39; **12** Rahal, 38; **13** Tracy, 32; **14** Castro-Neves, 29; **15** Hearn, 20; **16** Fittipaldi, Gugelmin e Blundell, 16; **19** Carpentier, 8; **20** Lehto, 7; **21** Gordon, 6; **22** Ribeiro, 4; **23** Jones, 3; **24** Papis, 2; **25** Salles, Jourdain, Barron e Meier, 1.

FEDEX CHAMPIONSHIP SERIES • 10ª PROVA

CLEVELAND

1 - ZANARDI

2 - ANDRETTI

3 - FRANCHITTI

Foto principal: Michael C. Brown   Foto da direita: Jamie Squire/Allsport

QUALIFICAÇÃO

Existem dois segredos para uma volta super-rápida à saltitante pista de Burke Lakefront Airport: regulações especiais dos amortecedores para vencer as duras transições entre as pistas de vôo e as pistas de parqueamento, e condução exata. A pista, de 3.390 metros de comprimento é bem larga sem pontos de referencia fáceis, mas onde só tem uma única linha de trajetória ótima. Na sexta-feira à tarde, Jimmy Vasser achou essa linha e deixou todo o mundo para trás do novo record da volta em 56.417 seg., à velocidade média de 216.2 km/h. Ninguém mais chegou perto do meio segundo de diferença do Reynard-Honda nº 12.

"Tivemos problemas no treinamento da manhã", relatou Vasser. "Fomos para a pista com uma regulação que não era correta para este circuito. Desfizemos os pneus em seis voltas apenas, foi ridículo. A culpa não foi dos pneus, foi da afinação.

O Zanardi estava um pouco melhor que nós mas também estava preocupado, então a gente aplicou a regulação dele no nosso carro e tudo ficou fantástico. Um dos problemas desta pista são os cones a definir as curvas," continuava Vasser, "e na minha melhor volta faltava um dos cones no ponto mesmo bom para agarrar mais velocidade."

Geralmente nos sábados os tempos tendem a cair na medida em que vai havendo mais borracha no chão, particularmente nos circuitos temporários. Mas, neste caso, muitos dos pilotos foram incapazes de marcar melhorias. E, até mesmo entre os que conseguiram, nenhum chegou a dois décimos do tempo-canhão de Vasser na sexta-feira. Assim, ele assegurava a sua sexta pole e segunda da época.

Os minutos finais deram para algumas escaramuças entre os perseguidores de Vasser. Dario Franchitti apareceu como o homem do lado da pole, Zanardi fez o terceiro à frente de Herta e seu Reynard-Honda. Por perto ficavam Paul Tracy no segundo Reynard-Honda da Kool Green e Mark Blundell, que assinava a sua melhor qualificação da época no seu Reynard-Mercedes.

Seu companheiro Maurício Gugelmin confirmou o regresso à forma posicionando-se oitavo atrás de Michael Andretti, o melhor do contingente Goodyear, no seu Swift-Ford.

Alex Zanardi comemora a sua quinta vitória da temporada efetuando os seus "donuts"que se tornaram um ritual habitual nas últimas duas temporadas.

Abaixo à esquerda: Ainda com espírito de festa, o vitorioso italiano mantém uma antiga tradição do desporto automóvel: o banho de champanhe. Michael Andretti (à esquerda) e Dario Franchitti foram as grandes "vítimas".

ALEX Zanardi continuou sua aparente inexorabilidade em direção ao título completando uma repetição sucessiva de vitórias com seu Reynard-Honda. Esse italiano de 31 anos arrancou somente em terceiro no grid de largada do Grande Prêmio de Cleveland, apresentado pelo Star Bank, atrás de seu companheiro Jimmy Vasser e de Dario Franchitti tendo este mostrado mais uma vez a sua excelente forma no interior do Team Kool Green. Mas Zanardi não perdeu tempo em ir para a frente. Colocou-se na frente de Franchitti na Curva Um e perseguiu Vasser até à primeira precaução da corrida, a qual aconteceu apenas quatro voltas depois da largada quando o campeão titular do FedEx, Greg Moore, se viu envolvido numa molhada de vários carros na Curva Oito. Logo a seguir ao recomeço, Zanardi tirou partido do fato de Vasser estar lutando com um problema eletrônico que o impedia de usar o sistema de passagem de câmbio sem embreagem. Zanardi passou para a ponta à freada para a Curva Um e não olhou mais para trás.

"Com este carro era como se fosse um domingo à tarde para mim", proclamava Zanardi que celebrou a vitória com um bom par de rodadas levantando fumo dos pneus. "Hoje tivemos um grande carro, boa potência do motor Honda e bons pneus da Firestone. E eu hoje acredito que a minha equipe está no top de todas."

Tempo perfeito e mais um conjunto excelente de 28 carros atraíram uma multidão recorde de 70.000 espectadores ao espaçoso circuito no aeroporto de Burke Lakefront. De qualquer assento da arquibancada principal ao longo de uma das retas do circuito dá uma visão inteira de toda a pista. Estava garantida a emoção.

O outro particular definidor de Cleveland é a primeira curva, um gancho de 150 graus que aparece depois de uma imensamente larga reta e que é um imã para o desastre. Dessa vez, indo contra as previsões, as únicas vítimas foram Tony Kanaan e Robby Gordon, ambos tendo feito uma rodada mas podendo prosseguir. Vasser apurou a largada para conservar sua vantagem. Franchitti adotou uma tática mais cautelosa preferindo frear mais cedo no que foi passado por Zanardi pelo interior e por Herta que seguiu pelo exterior na zona alta da curva perdendo aí várias posições tentando recuperar a aderência perdida na poeira da curva.

No final da primeira volta Vasser ainda estava na ponta seguido de Zanardi e dos dois Reynard-Honda de Tracy, que vinha de quinto no grid, e de Franchitti. Al Unser Jr e seu Penske-Mercedes vinha a seguir rebocando Michael Andretti (Swift-Ford), Mark Blundell (Reynard-Mercedes) e os dois Reynard-Ford da Rahal dirigidos por Herta e pelo próprio Rahal. Christian Fittipaldi completava o top 10 com o seu Swift-Ford.

Mais para trás Moore manteve uma atitude de precaução para escapar à provação das complicações na primeira curva. Optando pela discrição nessa Curva Um rapidamente cairia de 12° para 18° mas, pior que isso, o jovem estava sentindo-se muito em baixo como resultado de um vírus no estômago que o atacara na sexta-feira à noite. Incapaz de tomar qualquer refeição sólida o enfraquecido Moore conseguia, mesmo assim, ganhar uma posição às custas de Max Papis antes de colocar uma roda no gramado na aproximação à Curva Oito pelas quarta volta, com conseqüências desastrosas. O carro foi diretamente na direção dos restantes perseguidores. Michel Jourdain Jr., Hélio Castro-Neves

Veredito da maioria

PAUL Tracy mergulhou num problema depois de ter entrado em colisão com Al Unser na faixa dos boxes mandando este numa rodada espetacular. Os dois tinham entrado nos boxes ao mesmo tempo disputando a segunda posição quando as bandeiras de precaução foram mostradas na volta 26. O local de parada da Penske estava localizado mais perto da entrada da faixa do que o de Tracy, portanto, com o seu trabalho terminado um pouco mais cedo, Unser acelerou até à velocidade máxima legal de 90 km/h ganhando aparentemente vantagem no exato momento em que Tracy tentou largar na sua frente.

O canadense saiu como um foguete patinando as rodas, dizendo que não tinha visto o seu antigo companheiro de equipe, fazendo uma rodada quando a roda dianteira direita de Tracy fez contato com a roda traseira esquerda de Unser.

"Foi uma daquelas coisas que acontecem", declarou Unser com toda a calma. "A gente fez uma demorada operação e ao sair acho que o Tracy não me viu. Ele saiu mesmo junto de mim e as nossas rodas se tocaram. Não sei como explicar isto. Eu estava bem puxado para a direita e não podia fazer mais nada."

É claro que Tracy viu o incidente de um ângulo totalmente diferente: "Do jeito que eu vi a coisa, o Al veio em cima do gramado e cortou justo na minha frente na faixa dos boxes", reclamou Tracy. "Eu estava em linha reta, penso que não foi culpa minha."

Mas ele ficava em minoria. Os comissários do CART reviram o incidente na fita e concluíram que houve "um risco injustificado", mostrando a bandeira preta para Tracy que teve de obedecer a uma penalização de 10 segundos.

O patrão Barry Green estava em princípio inclinado a dar razão a Tracy mas, depois de rever a fita conteve suas palavras: " Revi a fita esta manhã e agora estou entendendo porque é que o Tracy recebeu a penalização. Ao mesmo tempo, parece que sim, que o Unser estava ao lado da gente e nos viu chegar, de certeza, devia receber parte da censura porque podia ter evitado o incidente se tivesse aliviado o acelerador."

Tracy já estava em suspensão na seqüência de uns dois incidentes anteriores. Para surpresa de muitos observadores, escapou a uma sanção adicional: "A parada de Tracy já foi castigo suficiente e não será tomada mais nenhuma atitude contra ele," disse o chefe dos comissários Wally Dallenbach.

Fotos: Michael C. Brown

Scott Pruett (acima) deu seguimento ao segundo lugar em Portland com um suado quarto lugar para a Patrick Racing.

À esquerda: Não tendo seguido a instrução do seu engenheiro para entrar nos boxes para reabastecer, Christian Fittipaldi liderou 21 voltas na segunda metade da corrida, mas depois desceu porque cumpriu o último reabastecimento sob bandeiras verdes.

À direita: Dario Franchitti recuperou após uma largada super-cautelosa, terminando em terceiro para o Team KOOL Green.

Abaixo: Perto da ampla escapatória que serve a reta principal da pista, o pelotão prepara-se para afunilar para o apertado gancho da Curva Um na volta inaugural, com Jimmy Vasser ligeiramente na frente.

KOOL

e JJ Lehto foram eliminados na molhada que deu origem à primeira situação de bandeiras amarelas.

Logo após o recomeço na volta 12 Zanardi aproveitou bem a oportunidade duma ligeira rodada de Vasser para passar para a ponta na Curva Um. Vasser ainda tentou resistir mas tudo o que ganhou foi ser passado pelos pilotos da Kool, Tracy e Franchitti. Andretti também ganhou uma posição nessa altura, às custas de Unser mas por pouco tempo pois seria novamente reposto no seu lugar na volta 16.

Quanto a Zanardi, ele tirava o melhor partido de tudo escapando-se cada vez mais na frente ao ponto de, pela volta 20, contabilizar mais de cinco segundos. Sete voltas mais adiante estava já com 9.1 segundos. Tão depressa veio como se foi essa vantagem quando Maurício Gugelmin e Patrick Carpentier desempenharam um número sincronizado, rodando à saída da Curva 10, mesmo em frente aos boxes.

Todos os da ponta optaram por fazer a primeira visita aos boxes aproveitando a conseqüente situação de precaução. Zanardi repartia com um novo jogo de pneus Firestone e o máximo de combustível muito antes de todos os outros chegarem aos seus mecânicos. Mais para trás, o público assentava sua atenção para o duelo no segundo posto, entre Unser colado na traseira de Franchitti e Tracy. O trio entrou na pista de assistência ao mesmo tempo. O excelente trabalho da equipe de Rick Rinaman permitiu a Unser de sair um pouquinho antes dos dois outros não evitando que Tracy lhe tivesse tocado na traseira quando acelerava forte para a largada das boxes.

Tracy entrava em terceiro lugar da corrida mas era logo depois castigado com uma penalização de 10 segundos no box por "riscos injustificados" o que acabaria por retirar o piloto da luta pelos primeiros. Entretanto Unser perdia imenso tempo depois de fazer uma rodada e deixar morrer o motor. Seria empurrado pelos bandeirinhas para o motor pegar colocando o piloto na 20ª posição. Subiria até à quinta até que o tirante do câmbio quebrava quando só faltavam cinco voltas.

André Ribeiro, companheiro de equipe de Tracy surgiu na cena principal saltando de 19° para segundo em virtude de não ter feito uma parada no box em sincronia com o resto do pessoal. O brasileiro, que tinha parado na precaução anterior estava revigorado pela mudança da sorte e continuou rolando na cola de Zanardi até fazer a sua segunda parada na volta 43. Para azar seu o dia terminava bem depressa graças a mais problemas com o seu câmbio.

Com ambos os Penske fora do retrato, Andretti se elevou à segunda posição depois de passar Tracy imediatamente após o recomeço na volta 31. Mesmo assim Zanardi estava fora do alcance do campeão da PPG de 1991.

"A gente tentou fazer nosso caminho para a frente" disse Andretti, que se classificou em 7°, o mais rápido dos clientes Goodyear. "Acho que a nossa posição na pista nos prejudicou um pouco porque tivemos que largar de muito de trás. Até chegar na ponta, o Alex já tinha arrumado aquela boa vantagem."

Andretti conseguiu manter o ritmo até meio da distância, embora com três a cinco segundos de diferença, parecendo ter recebido novo impulso durante uma breve situação de precaução na volta 68 por causa de restos de carro na pista. Todos os da frente fizeram um encosto nos boxes para as suas últimas paradas para receberem combustível. Todos, nem tanto, com excepção do seu companheiro Christian Fittipaldi que não ouviu o seu engenheiro de corrida Brian Lisles a chamá-lo pelo rádio. Em vez de entrar logo na volta seguinte Fittipaldi permaneceu em pista e assim chegou à liderança. Tirou partido de alguns retardatários para se distanciar de Zanardi fazendo o ponto da situação quando teve de parar sob bandeiras verdes faltando então 11 voltas.

Pouca sorte para Fittipaldi que ficou de tanque vazio quando entrou na pista dos boxes. Os poucos segundos perdidos para acender de novo o motor fizeram cair a posição para o 11° lugar no final.

Aquela precaução final também chegou umas voltas cedo demais para Andretti que teve de rodar em poupança de combustível na parte final da corrida.

"Foi tão frustrante, sabiamos que tinhamos carro para mais, especialmente na ponta final, " disse ele. "Os pneus estavam bem comigo, eu teria gostado de poder me bater direto com o Alex, teria sido muito mais interessante, mas fomos prejudicados pelo consumo. Não foi nada gozado no final."

Andretti viu o seu trabalho complicado para manter-se à frente de Franchitti que recuperou da sua tardia largada para vir a segurar o seu segundo pódio do ano no final. Scott Pruett também realizou uma excelente corrida no seu Reynard-Ford trepando de 14° no grid de largada para o quarto lugar. O seu companheiro Adrian Fernandez recebeu a quinta posição depois de levar Herta a fazer uma rodada na volta final quando tentava bater Pruett na Curva Um.

Gil de Ferran chegou a ocupar a quarta posição a meio da corrida mas baixou para a sexta quando o seu Reynard-Honda parou nos boxes, sem combustível, na volta 55. Vinha depois Vasser a quem um problema no reabastecimento custou mais de 10 seg. na sua última parada, aumentando ainda mais as misérias do seu dia. De fato, o homem da pole ficou impotente para defender a vitória. Por outro lado Zanardi, o seu companheiro de equipe subia para o topo do pódio depois de uma corrida livre de erros.

Uma vez mais os chips eletrônicos fizeram o seu trabalho dando a Zanardi toda a vantagem do seu motor Honda ser capaz de produzir muito mais milhas por galão do que o Ford-Cosworth de Andretti. A margem entre os dois na linha final era de 8.422 seg.

"A corrida acabou por ser uma prova de economia", notou Zanardi após garantir a sua 13ª vitória em Champ Car e a quinta da temporada, "mas a corrida entre mim e Andretti podia ter sido muito diferente se as últimas amarelas tivessem surgido, digamos, umas cinco voltas mais tarde."

Progresso para a Penske

Michael C. Brown

OS RESULTADO final do Grand Prix de Cleveland, apresentado pelo Star Bank, não deixou boas recordações para ninguém ligado ao Marlboro Team Penske. Nem Al Unser Jr. nem André Ribeiro estiveram presentes na linha da bandeira quadriculada. Mas as aparências iludem. Na realidade, ambos os pilotos dirigiram como leões no dia da corrida. Unser chegou a ocupar o quarto lugar antes do seu incidente com Paul Tracy na zona dos boxes. Deu um salto do 20° lugar para o quinto até que o seu PC27 ficou imobilizado a umas meras cinco voltas do final por causa de um tirante do câmbio.

"Gente, conseguimos chegar neles", falou Unser para a sua equipe, entusiasmado saltando para fora do seu carro. "Nosso belo carrinho está crescendo, o carro estava muito bom, mesmo muito bom. Curvava bem, colocava bem a potência no chão, o motor estava puxando maravilha, fiquei bem impressionado. Quando a gente precisava de fazer economia de combustível o Mercedes-Benz estava ótimo, acho que estávamos ao nível de todo o mundo."

Seu companheiro, André Ribeiro também esteve competitivo apesar de ter ficado retido nas primeiras voltas pelo resto do pelotão. O brasileiro largou dum mísero 24° lugar devido a uma falha no motor na última qualificação e não pode fazer quaisquer progressos. Depois da sua equipe ter chamado para atestar o tanque durante uma parada de precaução total, Ribeiro ficou ensanduichado entre Patrick Carpentier e Robby Gordon. Mas não precisava de mais nenhum reabastecimento total quando todo o mundo foi aos boxes na volta 26. Ficando na pista, Ribeiro saltou de 19° para segundo. E, tal como em Detroit, onde se viu, a uma volta e teve de executar uma longa perseguição ao líder Alex Zanardi na ponta final, Ribeiro foi capaz de manter o ritmo no seu Reynard-Honda.

"O carro estava muito rápido e os pneus Goodyear eram bons, " declarava Ribeiro, que estabelecera o sétimo melhor tempo da corrida a somente dois décimos de segundo do melhor de Bryan Herta, apesar de ser posto fora por uma quebra na caixa de câmbios com 66 voltas percorridas. "Apesar de a gente não ter alcançado os resultados esperados a gente mostrou que o nosso carro está melhorando todo o final de semana. Só estamos precisando de qualificar melhor e resolver os problemas de câmbio."

BREVES CLEVELAND

• As equipes Tasman e Bettenhausen trabalharam juntas antes do começo dos treinamentos de sexta-feira promovendo uma luta de brincadeira (com luvas de boxe e macacões de corrida) entre amigos próximos e rivais para o Prêmio do estreante do Ano, Tony "Garoto" Kanaan e o "Bonitão" Hélio Castro-Neves.

• O chefe da equipe de Mark Blundell, Butch Winkle rapou a cabeça numa aposta para mudar a sorte da equipe PacWest que tem vindo a sofrer uma miserável meia época neste ano de 98. Talvez que até tenha resultado. Blundell se qualificou sexto no seu Reynard-Mercedes, a melhor posição da equipe para a largada, com o colega Maurício Gugelmin em carro idêntico a ficar somente dois lugares atrás.

• A conhecida Yahoo da Internet assinou contrato como patrocinador da Patrick Racing.

• O tema de conversa em Cleveland, pelo menos antes da corrida, estava centrado no rumor de que Alex Zanardi tinha assinado com a equipe Williams de Fórmula 1, para o ano de 1999. Contudo, Zanardi desfez a sugestão falando que: "Ainda não tenho nada para o próximo ano. É verdade que tenho estado falando com gente mas ainda não tenho nada de concreto."

Fotos: Michael C. Brown

• Robby Gordon estreou o novo motor Toyota Fase V (RV8D), um pouco para desgosto do colega Max Papis alegando que está com a equipe californiana há dois anos mais que Gordon e que, por direito próprio, devia receber as últimas evoluções técnicas. O zangado italiano respondeu durante todo o final de semana superando Gordon. Papis registrou o 16º tempo mais rápido, melhor em 0.6 segundos que o melhor de Herta, caminhando para um 12º lugar final.

• Zanardi foi o primeiro vencedor repetente em 17 anos de história do Grand Prix de Cleveland. Liderando durante 68 voltas, Zanardi subiu para o 10º lugar na tabela dos lideres do CART com 1.332 voltas, superando os totais dos irmãos Al Unser (1.282) e Bobby Unser (1.298) voltas.

FEDEX CHAMPIONSHIP SERIES • PROVA 10

MEDIC DRUG GRAND PRIX OF CLEVELAND PRESENTED BY STAR BANK

BURKE LAKEFRONT AIRPORT, CLEVELAND, OHIO

12 JULHO, 100 voltas – 338.927 Km

Clf	Piloto (Nac.)	Nº.	Patrocinadores Chassis-Motor	Pneus	Qlf Veloc.	Q Tempo	Pos.	Voltas	Tempo/Causa	Média	Pts.
1	**Alex Zanardi (I)**	**1**	**Target/Chip Ganassi Racing Reynard 98I-Honda**	**FS**	**215.101**	**56.724s**	**3**	**100**	**1h 52m 22.282s**	**180.969**	**21**
2	**Michael Andretti (USA)**	**6**	**Newman/Haas Kmart/Texaco Havoline Swift 009.c-Ford**	**GY**	**213.894**	**57.044s**	**7**	**100**	**1h 52m 30.704s**	**180.742**	**16**
3	**Dario Franchitti (GB)**	**27**	**Team KOOL Green Reynard 98I-Honda**	**FS**	**215.439**	**56.635s**	**2**	**100**	**1h 52m 31.183s**	**180.729**	**14**
4	**Scott Pruett (USA)**	**20**	**Patrick Visteon Reynard 97I-Ford**	**FS**	**212.090**	**57.529s**	**14**	**100**	**1h 52m 40.666s**	**180.476**	**12**
5	**Adrian Fernandez (MEX)**	**40**	**Patrick Tecate Beer/Quaker State Oil Reynard 98I-Ford**	**FS**	**211.063**	**57.809s**	**17**	**100**	**1h 52m 50.351s**	**180.217**	**10**
6	**Gil de Ferran (BR)**	**5**	**Walker Valvoline/Cummins Reynard 98I-Honda**	**GY**	**212.734**	**57.355s**	**11**	**100**	**1h 52m 50.890s**	**180.203**	**8**
7	**Jimmy Vasser (USA)**	**12**	**Target/Chip Ganassi Racing Reynard 98I-Honda**	**FS**	**216.271**	**56.417s**	**1**	**100**	**1h 52m 51.402s**	**180.190**	**7**
8	**Bobby Rahal (USA)**	**7**	**Team Rahal Miller Lite Reynard 98I-Ford**	**FS**	**212.958**	**57.295s**	**10**	**100**	**1h 52m 53.547s**	**180.133**	**5**
9	**Patrick Carpentier (CDN)**	**33**	**Forsythe Player's Ltd./Indeck Reynard 98I-Mercedes**	**FS**	**211.322**	**57.738s**	**15**	**100**	**1h 52m 58.516s**	**180.000**	**4**
10	**Mark Blundell (GB)**	**18**	**PacWest Racing Group Motorola Reynard 98I-Mercedes**	**FS**	**213.914**	**57.039s**	**6**	**100**	**1h 53m 00.616s**	**179.945**	**3**
11	**Christian Fittipaldi (BR)**	**11**	**Newman/Haas Kmart Swift 009.c-Ford**	**GY**	**212.505**	**57.417s**	**13**	**100**	**1h 53m 05.872s**	**179.805**	**2**
12	**Max Papis (I)**	**25**	**Arciero-Wells Racing MCI Reynard 98I-Toyota**	**FS**	**210.703**	**57.908s**	**18**	**100**	**1h 53m 07.882s**	**179.752**	**1**
13	Bryan Herta (USA)	8	Team Rahal Shell Reynard 98I-Ford	FS	214.937	56.767s	4	99	Rodada		
14	*Tony Kanaan (BR)	21	Tasman Motorsports LCI Reynard 98I-Honda	FS	210.426	57.984s	19	99	Em prova		
15	*Alex Barron (USA)	36	All American Racers Castrol/Degree Reynard 97I-Toyota	GY	204.657	59.619s	27	97	Em prova		
16	Arnd Meier (D)	77	Davis Hasseroder Pils/TotalTel Lola T98/00-Ford	GY	207.676	58.752s	25	97	Em prova		
17	Al Unser Jr. (USA)	2	Marlboro Team Penske Penske PC27-Mercedes	GY	213.083	57.261s	9	96	Tirante câmbio		
18	Richie Hearn (USA)	10	Della Penna Budweiser/Ralphs Swift 009.c-Ford	FS	211.155	57.784s	16	96	Em prova		
19	Paul Tracy (CDN)	26	Team KOOL Green Reynard 98I-Honda	FS	214.612	56.853s	5	94	Acidente		
20	Mauricio Gugelmin (BR)	17	PacWest Racing Group Hollywood Reynard 98I-Mercedes	FS	213.886	57.046s	8	85	Sist. arrefecimento		
21	PJ Jones (USA)	98	All American Racers Castrol/Degree Reynard 97I-Toyota	GY	207.196	58.888s	26	74	Motor		
22	Andre Ribeiro (BR)	3	Marlboro Team Penske Penske PC27-Mercedes	GY	209.082	58.357s	24	66	Transmissão		
23	Robby Gordon (USA)	24	Arciero-Wells Panasonic/Duskin Reynard 98I-Toyota	FS	210.342	58.007s	20	49	Prob. elétricos		
24	Dennis Vitolo (USA)	34	Payton/Coyne SmithKline Beecham Reynard 97I-Ford	FS	198.787	1m 01.379s	28	34	Transmissão		
25	Greg Moore (CDN)	99	Forsythe Player's Ltd./Indeck Reynard 98I-Mercedes	FS	212.505	57.417s	12	3	Acidente		
26	Michel Jourdain Jr. (MEX)	19	Payton/Coyne Herdez/Viva Mexico! Reynard 97I-Ford	FS	209.837	58.147s	22	3	Acidente		
27	*Helio Castro-Neves (BR)	16	Bettenhausen Alumax Aluminum Reynard 98I-Mercedes	GY	209.139	58.341s	23	3	Acidente		
28	*JJ Lehto (SF)	9	Hogan Motor Leasing Reynard 98I-Mercedes	FS	210.289	58.013s	21	3	Acidente		

* Piloto Rookie

Bandeira amarela: Voltas 4–10, acidente/Moore, Jourdain, Castro-Neves e Lehto; voltas 26–29, rebocado/Gugelmin; voltas 67–71, destroços. **Total:** Três durante 16 voltas.

Líderes: Jimmy Vasser, 1–11 (11 voltas); Alex Zanardi, 12–67 (56 voltas); Christian Fittipaldi, 68–88 (21 voltas); Zanardi, 89–100 (12 voltas). **Totais:** Zanardi, 68 voltas; Fittipaldi, 21 voltas; Vasser, 11 voltas.

Volta mais rápida: Bryan Herta, 58.817s, 207.447 Km/h na volta 97.

Classificação no campeonato: **1** Zanardi, 155; **2** Moore, 96; **3** Vasser, 92; **4** Fernandez, 85; **5** Andretti, 68; **6** Franchitti, 64; **7** de Ferran, 63; **8** Pruett, 56; **9** Herta, 54; **10** Rahal, 43; **11** Unser, 40; **12** Kanaan, 39; **13** Tracy, 32; **14** Castro-Neves, 29; **15** Hearn, 20; **16** Blundell, 19; **17** Fittipaldi, 18; **18** Gugelmin, 16; **19** Carpentier, 12; **20** Lehto, 7; **21** Gordon, 6; **22** Ribeiro, 4; **23** Jones e Papis, 3; **25** Salles, Jourdain, Barron e Meier, 1.

TORONTO

1 - ZANARDI

2 - ANDRETTI

3 - VASSER

Michael C. Brown

QUALIFICAÇÃO

Alex Zanardi era o homem a bater nos treinos que começaram na manhã de sexta-feira. O líder do campeonato com seu Reynard-Honda nº 1 fez os melhores tempos na qualificação provisória, aliás realizada sob pequenos aguaceiros, parecendo estar bem colocado para o seu primeiro Troféu da Pole Marlboro do ano. No entanto, no sábado, Dario Franchitti deu a volta aos prognósticos no seu Reynard-Honda. Franchitti manteve a pole durante os trabalhos de sábado de manhã, ligeiramente mais rápido do que Christian Fittipaldi em Swift-Ford. Na sessão da tarde repetia o feito roubando a Zanardi a melhor marca justo por 0.043 segundos.

Zanardi tudo fez mas, conforme explicou, encontrou tráfico no caminho nas suas duas melhores voltas para, depois, ficar de tanque seco mesmo antes da sua última volta.

"É algo frustrante", disse ele, "mas a sela é a mesma para todo o mundo. Hoje não tive sorte mas amanhã é um novo dia. Todo o mundo está muito competitivo e a coisa está ficando cada vez mais difícil para qualificar na pole."

Atrás dos dois carros da Firestone, os protagonistas da Goodyear Michael Andretti e Gil de Ferran partilhavam a fila dois do grid. Andretti reconhecia contudo que a pole estava ao seu alcance. "Falhei tudo, cometi uma grande falta na minha melhor volta, nem posso acreditar no que eu fiz. Matei essa volta. É tão duro aqui, porque você tem só uma volta quando os pneus estão no seu melhor. Verificamos os dados e eu perdi dois décimos (de um segundo) mas só falhei a pole por um décimo."

De Ferran, por seu turno, assegurou a sua melhor posição de largada desde a corrida cinco no Rio: "Recebemos recentemente bons pneus de corrida da Goodyear mas tivemos alguns problemas durante a qualificação mas agora estamos optimistas, acho que estamos quites."

Fittipaldi manteve a sua boa forma e iria arrancar de quinto à frente do seu companheiro Jimmy Vasser e do estreante Tony Kanaan que, uma vez mais, mostrou a sua qualidade no Reynard-Honda da Tasman.

O mais rápido em qualificação em Toronto pelo segundo ano consecutivo, Dario Franchitti lidera o pelotão em direção à bandeira verde da largada. O escocês dominou a corrida até problemas de freios o fazerem perder posições nas últimas voltas.

NÃO existem prêmios para adivinhar quem ganhou o Molson Indy Toronto, a 11ª corrida Campeonato FedEx de 1998. Sim, na verdade, Alex Zanardi - o mesmo que ganhou as três mais recentes provas e duas outras antes da temporada com o Reynard-Honda nº 1 de Chip Ganassi. O campeão de '97 igualou o recorde do Champ Car com quatro vitórias seguidas estabelecido por Al Unser Jr. em 1990. Mas que não se incorra em erro pensando que Zanardi foi uma força irresistível ou que a corrida foi monótona. Foi espetacular.

Uma vez mais, Zanardi teve de apoiar-se num belo pedaço de sorte que ele transformou em vitória graças a outra das suas sensacionais ultrapassagens, com patente registrada, sobre um adversário que não era outro senão Michael Andretti, quando só faltavam três voltas. Mais uma multidão recorde foi deixada em êxtase...principalmente quando Zanardi fez a saudação com o polegar levantado ao mesmo tempo que fazia uma série de rodadas em frente à grande arquibancada cheia de público.

Mas, deixemos lugar para um pensamento em relação a Dario Franchitti que esteve em forma neste circuito provisório e tortuoso de Exhibition Place. Após obter sua segunda pole na cidade cosmopolita à beira do lago Ontário, o escocês de 25 anos, assumiu de imediato, o controlo dos acontecimentos.

Obedientemente, Zanardi seguiu o Reynard-Honda n.º 27 até à primeira curva, enquanto Gil de Ferran, também noutro Reynard-Honda, embora com pneus Goodyear da equipe de Walker Racing, saltava para a frente do Swift-Ford Cosworth de Michael Andretti. De Ferran nem chegou a ganhar o gosto pelo terceiro lugar já que Andretti rompeu pelo exterior no apertado gancho da Curva Três conseguindo assumir a linha preferencial à freada para a Curva Cinco. Foi uma manobra bonita.

De pronto ficava estabelecida a ordem com Franchitti esticando distância e fazendo uma almofada de três segundos para o resto do pessoal. Zanardi não podia acompanhar o ritmo do escocês. Mesmo assim encontrava maneira de ganhar uns dois segundos sobre Andretti que, por seu lado, começava a afastar-se de uma animada batalha entre De Ferran e o segundo Reynard-Honda de Jimmy Vasser.

Perto, mas atrás estava o colega de Franchitti, Paul Tracy, que subira de 10º para sexto na primeira volta mas ficava sob pressão do segundo Swift-Ford de Christian Fittipaldi, e do líder dos estreantes Tony Kanaan (Reynard-Honda) que conseguira passar o Reynard-Ford de Scott Pruett na volta 10. A primeira alteração significativa ocorreu na volta 26 quando alguns carros mais lentos se enrolaram uns nos outros na Curva Quatro. A pista ficou bloqueada por momentos e, quando os líderes chegaram no local, Zanardi, que Gualter Salles não viu, escolheu o pior caminho na tentativa de passar. Teria que parar, engrenar a marcha à ré perdendo aí três posições.

A inevitável situação de precaução total acontecia logo de imediato, disparando a primeira ronda de idas aos boxes, altura em que de Ferran e Fittipaldi se chocaram querendo ocupar ambos o mesmo espaço da faixa dos boxes. De Ferran ficou de fora com uma suspensão quebrada. Fittipaldi recuperou a partir dum longínquo 18º lugar. Entretanto, Zanardi era batido à saída dos boxes por Tracy, graças ao excelente trabalho da equipe Kool Green, embora o italiano tenha conseguido recuperar o ritmo logo após o recomeço.

Michael C. Brown

Problemas de freios impedem primeira vitória de Franchitti

À direita: Bobby Rahal lidera Adrian Fernandez, Tony Kanaan e Al Unser Jr. através dos tortuosos muros de cimento.

Abaixo: A miserável temporada de Paul Tracy prosseguiu quando ele se envolveu num acidente com Adrian Fernandez enquanto procurava recuperar terreno após a colisão com o companheiro de equipe Dario Franchitti no idêntico KOOL Reynard-Honda.

DARIO Franchitti esteve dramaticamente perto da sua primeira vitória em Champ Car, após uma boa exibição ao volante para a equipe Kool Green. O jovem escocês está para ser batido na pole há duas provas no circuito urbano de Exhibition Place.

"Qualificar na pole dá uma boa sensação", disse ele no sábado à tarde, "até porque a pista pareceu um tanto estranha durante todo o final de semana. As zebras de cimento no interior de algumas curvas estavam mais aderentes na sexta-feira quando choveu. Hoje, com seco, a pista parecia mais escorregadia e você até podia ver a pista mais brilhante como um espelho. Então, eu até estou um tanto surpreendido de ter andado depressa hoje. No ano passado também estive na pole mas a minha corrida não durou muito tempo", disse Franchitti, referindo-se a um incidente com Bobby Rahal.

Franchitti executou uma largada soberba desde a pole marcando com a sua chancela toda a operação. Alargou a sua vantagem para três segundos sobre Michael Andretti antes da primeira visita aos boxes e parecia andar em velocidade de cruzeiro nas primeiras voltas. Não tinha oposição e já tinha estado acima de todos os seus rivais. Mas as aparências podem levar a erro.

Na volta 80, freios saturados levaram-no a uma rodada na Curva Um.

"Tivemos problemas de freios todo o final de semana", declarou Franchitti desalentado por ter perdido não só o bônus do Troféu Marlboro da Pole que vale 270.000 dólares - somados ao cheque de 100.000 dólares para o vencedor. "O pedal do freio estava indo ao fundo e, desta vez, ele foi mesmo até à tábua. Ainda bombeei para recuperar alguma coisa mas toquei no pedal do acelerador e fui apanhado com o carro rodando. O que mais posso eu dizer? Nem quero acreditar."

Até mesmo os seus rivais expressaram suas penas. "Pobre do Dario, tenho pena dele, ele estava hoje com muita classe", disse Andretti. Jimmy Vasser acrescentou: "Hoje o Dario estava intocável."

Fotos: Michael C. Brown

Duas outras situações de precaução serviram para quebrar a prova por volta da 95ª passagem. A primeira aconteceu quando o Reynard-Mercedes de Mark Blundell ficou parado com um problema elétrico (precisamente o mesmo que o incomodou durante o treinamento de aquecimento). Pouco depois, JJ Lehto, que lutava com uma péssima estabilidade do seu Reynard-Mercedes ao longo de todo o final de semana, sofria uma quebra da suspensão, batendo na Curva Seis.

A corrida recomeçava de novo na volta 45 com Franchitti ainda na ponta com Andretti, Vasser e Zanardi por perto. Em sexto vinha Kanaan que tinha passado Tracy numa freada soberba à entrada da Curva Um depois de um dos recomeços. Infelizmente, a excelente prova do estreante brasileiro terminava prematuramente na sua segunda parada no box por causa do engenho de reabastecimento ter ficado preso do que resultou um pequeno incêndio. Felizmente ninguém saiu magoado.

A segunda ronda de paradas no box ocorreu sob bandeira verde entre as voltas 61 e 69, sem problemas de maior. Excetuando Andretti, que foi lá duas voltas antes de Zanardi e três voltas antes de Vasser, ter sido forçado a passar os dois carros de Ganassi, exatamente da mesma maneira e muito oportunamente à freada para a Curva Um, por forma a reclamar o segundo lugar. "Resultou com o Alex", contava Andretti, "então eu pensei, vamos a ver se funciona com o Jimmy também, e não é que funcionou mesmo?"

Contudo a manobra prejudicou em tempo, tanto assim que Franchitti estava a mais de 12 segundos na frente após a sua parada final na volta 66. Bobby Rahal, Bryan Herta e Fittipaldi lideraram durante uma volta antes de irem ao box, mas o status quo se manteve. De fato, Franchitti estava só há muito tempo. Andretti estava relativamente contente com o seu segundo lugar enquanto Zanardi, apesar de todos os esforços, simplesmente não conseguira passar seu companheiro Vasser.

"Ele (Vasser) estava por todo o lado", reclamou Zanardi, "o seu carro era enorme, eu até ria. Chip disse-me que podia usar a mistura rica mas eu respondi que não dava, precisava era antes de um martelo para o tirar do caminho."

Zanardi estava com outras preocupações: "Estava sempre blocando as rodas da frente e não tinha freios nas de trás, pensei que estava tudo acabado."

Como exemplo de como ele estava dando no duro, Zanardi realizou uma rodada na freada para a Curva Três na volta 63. Por sorte ele pode continuar perdendo somente cinco segundos. Naquelas circunstâncias ele podia dar-se

Michael C. Brown

Para além da chamada do dever

A MAIOR parte das vezes são os pilotos que recolhem sempre os louros mas, muitas vezes, são os mecânicos que são os verdadeiros heróis. Consideremos o desempenho da organização do Team Alumax de Tony Bettenhausen neste cinzento final de semana em Cleveland.

A carnificina começou uns dias antes em Mid-Ohio onde o principiante Hélio Castro-Neves concluiu uma sessão de testes antes de bater com o carro numa barreira. Na sexta de manhã o brasileiro completou somente nove voltas no chassi de reserva até encontrar um problema catastrófico no câmbio. Normalmente ele teria trocado para o Reynard-Mercedes de reserva mas os retoques finais ainda estavam sendo feitos. A equipe de Vince Kramer acabou as reparações faltavam uns 30 minutos para o início da primeira sessão de treinamento onde, após uma meia-dúzia de voltas, Castro-Neves voltava a perder o controlo nos ressaltos à entrada para a última chicane e batia de novo.

"Se calhar já tive finais de semana piores", reconhecia, estoicamente, o diretor da equipe, Tom Brown, "mas já não me lembro quando."

O catálogo dos desastres ficava completo na volta cinco da corrida quando Greg Moore deu uma rodada na frente de Castro-Neves que foi bater no muro com violência, para evitar o outro carro. Desta vez o chassi ficava muito danificado.

No final da corrida já a equipe de Bettenhausen tinha regressado a casa. Chegaram a Indianápolis para um breve descanso antes de voltarem à oficina em Gasoline Alley pelas onze da manhã.

Passadas umas sete horas já um novo chassi - que tinha sido reparado mas não usado depois de uma batida em Homestead - estava pintado e pronto para o resto do processo de montagem. Pelas 3.30 da madrugada de quarta-feira, praticamente dois novos Reynard-Mercedes 981 estavam prontos para viajarem para Toronto. Impressionante.

Castro-Neves bateu-se para encontrar um bom equilíbrio no carro durante o treino e qualificação mas, depois de largar de 21°, fazendo uma boa corrida, contemplou a sua equipe com um 10° lugar na chegada e três excelentes pontos no campeonato.

"Nem sei dizer como estou orgulhoso dos meus homens", disse Castro-Neves. "A gente quer sempre terminar melhor do que 10° mas, nestas circunstâncias, estou muito feliz."

por satisfeito por terminar em quarto.

Mas, as coisas podem mudar muito rapidamente. Na verdade, Franchitti tinha tido problemas durante todo o final de semana com uns freios meio esponjosos. Abrandou o seu ritmo à medida que a corrida tocava o seu fim. Mesmo assim, na volta 80, o problema provocou ele perder o controlo na Curva Um. O carro de Franchitti deslizou até parar atravessado na beira da pista à saída da curva. Andretti só teve tempo de esgueirar-se pelo buraco para assumir o comando.

"Quando cheguei na curva a pista estava virtualmente bloqueada", exclamou Andretti. "Não faço a menor idéia de como passei ali. Foi uma sorte muito grande."

Vasser, que estava juntinho nele, tentou seguir Andretti pelo exterior mas quase não tinha lugar. Quase ficou parado junto do nariz do Reynard de Franchitti. Por outro lado, Zanardi seguiu o conselho do seu patrão Chip Ganassi que implorava no rádio!" Fica por aí, fica por aí!". Foi o que Zanardi fez passando entre Franchitti e o muro interior e, mais importante, ficando na frente de Vasser.

Como a rodada não deu muito prejuízo, a agonia do Team Green foi redobrada quando Tracy, que rodava sozinho em sexto, chegou na zona da curva e disparou direto para o lado do carro do seu companheiro, furando o radiador. Tracy retomou em 13°, depois subiu para 10° antes de dar uma rodada quando tentava passar Adrian Fernandez. Entretanto, a imprevista desventura de Franchitti ocasionou a última situação de precaução total, montando o cenário final para as últimas dez voltas. Andretti parecia poder mandar no destino especialmente quando Zanardi e o pacote de perseguidores foram "freados" momentaneamente pelo Reynard-Toyota atrasado de Robby Gordon na altura em que saiu a bandeira verde. Andretti tinha uns dois segundos de abertura no momento de passar pela linha de chegada mas não podia manter o seu ritmo anterior.

"Estava com problemas perto do final de cada abrandamento", revelou Andretti. "Os meus pneus começaram a se irem embora num instante. O meu carro ficou tão solto que eu mal podia manter ele em linha reta, particularmente nas freadas. Era como um pasto à espera do tiro.".

É evidente que a distância reduziu-se inexoravelmente. Pela volta 91, com quatro para acabar, os dois líderes estavam nariz com cauda. Duas voltas depois, na bruta freada para a Curva Três, Zanardi mergulhou no interior.

"Não sei como agüentei ele sem bater, coisa que eu não queria", disse Andretti. "Foi mesmo muito justo, havia aí uns trinta centímetros de carro a carro e eu estava apanhando com muita poeira. Se eu tivesse insistido provavelmente que a gente tinha batido e eu não queria isso."

"A última amarela devolveu o carro para mim porque os freios arrefeceram, " disse Zanardi. "Eu vi o espaço e disse para mim, vou entrar, então levantei o pé do pedal do freio e a coisa resultou."

Andretti ficou impossibilitado de montar um contra-ataque. Ele tinha de se contentar com um segundo posto pela segunda semana consecutiva. Vasser reclamava para si o último degrau do pódio apesar de ter de lutar na parte final com uma incrível vibração, resultante do seu contato com Franchitti.

Max Papis (abaixo) levou o MCI Reinard da Arciero-Wells ao oitavo lugar, igualando o melhor resultado da sua curta carreira na Champ Car e demonstrou o potencial do mais recente motor Toyota Phase V.

Fotos: Michael C. Brown

BREVES TORONTO

• Roger Clemens, o lançador do Toronto Blue Jays visitou a equipe Forsythe na sexta-feira, trocando camisetas autografadas com Greg Moore e Patrick Carpentier. Depois de ter dado uma volta à pista ao lado do chefe dos comissários Wally Dallenbach, Clemens comentou: "Bem que podia usar os serviços do Wally quando estou chegando atrasado ao campo."

Fotos: Michael C. Brown

• Frank Dernie, diretor técnico da Lola Cars International, o chefe da aerodinâmica e Chris Saunders integraram a Davis Racing para darem assistência aos progressos de Arnd Meier no único Lola T98/00. Meier realizou alguns bons tempos na corrida mas perdeu uma volta ao se ver envolvido na grande confusão na Curva Quatro.

• Indy Molson atraiu um recorde de presenças no conjunto dos três dias. Um total de 168.206 espectadores entraram nas portas dos quais 71.456 no dia da corrida, totalizando mais de dois milhões nos 13 anos de provas.

• Bobby Rahal, juntamente com Al Unser Jr., é o piloto que participou em todas as 13 corridas em Toronto. Largou em nono no seu Reynard-Ford, marcando assim uma notável coleção de classificações nos dez primeiros nesta prova. Rahal terminou bem em quarto, a décima vez nos cinco primeiros.

• Robby Gordon fez uma largada interessante subindo de 22º para 14º no seu Reynard-Toyota. Cairia após um toque com Patrick Carpentier terminando, fora dos pontos em 13º.

• A ausência de Denis Vitolo, que nunca planejou correr em Toronto, no seguimento do seu acordo de 15 provas com a Payton/Coyne Racing, permitiu um magnífico regresso de Gualter Salles. O brasileiro já não se sentava num carro havia três meses, mas conseguiu alguns progressos na manhã de sábado. Infelizmente, o pedal do acelerador preso provocava uma saída e uma batida forte no final da qualificação que o impediu de mostrar o seu verdadeiro valor.

FEDEX CHAMPIONSHIP SERIES • PROVA 11

MOLSON INDY TORONTO

EXHIBITION PLACE, TORONTO, ONTARIO, CANADA

19 JULHO, 95 voltas – 263.119 Km

Clf	Piloto (Nac.)	Nº.	Patrocinadores Chassis-Motor	Pneus	Qlf Veloc.	Q Tempo	Pos.	Voltas	Tempo/Causa	Média	Pts.
1	**Alex Zanardi (I)**	**1**	**Target/Chip Ganassi Racing Reynard 98I-Honda**	**FS**	**169.753**	**58.737s**	**2**	**95**	**1h 52m 24.080s**	**140.453**	**20**
2	**Michael Andretti (USA)**	**6**	**Newman/Haas Kmart/Texaco Havoline Swift 009.c-Ford**	**GY**	**169.723**	**58.748s**	**3**	**95**	**1h 52m 26.001s**	**140.413**	**16**
3	**Jimmy Vasser (USA)**	**12**	**Target/Chip Ganassi Racing Reynard 98I-Honda**	**FS**	**168.506**	**59.172s**	**6**	**95**	**1h 52m 30.782s**	**140.313**	**14**
4	**Bobby Rahal (USA)**	**7**	**Team Rahal Miller Lite Reynard 98I-Ford**	**FS**	**168.005**	**59.348s**	**9**	**95**	**1h 52m 32.158s**	**140.284**	**12**
5	**Bryan Herta (USA)**	**8**	**Team Rahal Shell Reynard 98I-Ford**	**FS**	**166.822**	**59.769s**	**17**	**95**	**1h 52m 37.064s**	**140.183**	**10**
6	**Scott Pruett (USA)**	**20**	**Patrick Visteon Reynard 97I-Ford**	**FS**	**168.105**	**59.313s**	**8**	**95**	**1h 52m 38.687s**	**140.149**	**8**
7	**Richie Hearn (USA)**	**10**	**Della Penna Budweiser/Ralphs Swift 009.c-Ford**	**FS**	**167.537**	**59.313s**	**13**	**95**	**1h 52m 39.395s**	**140.135**	**6**
8	**Max Papis (I)**	**25**	**Arciero-Wells Racing MCI Reynard 98I-Toyota**	**FS**	**165.667**	**1m 00.186s**	**20**	**95**	**1h 52m 48.756s**	**139.942**	**5**
9	**Adrian Fernandez (MEX)**	**40**	**Patrick Tecate Beer/Quaker State Oil Reynard 98I-Ford**	**FS**	**167.244**	**59.676s**	**16**	**95**	**1h 52m 56.003s**	**139.792**	**4**
10	***Helio Castro-Neves (BR)**	**16**	**Bettenhausen Alumax Aluminum Reynard 98I-Mercedes**	**GY**	**165.641**	**1m 00.195s**	**21**	**95**	**1h 52m 56.773s**	**139.776**	**3**
11	**Greg Moore (CDN)**	**99**	**Forsythe Player's Ltd./Indeck Reynard 98I-Mercedes**	**FS**	**167.634**	**59.480s**	**12**	**95**	**1h 52m 59.006s**	**139.729**	**2**
12	**Mauricio Gugelmin (BR)**	**17**	**PacWest Racing Group Hollywood Reynard 98I-Mercedes**	**FS**	**166.045**	**1m 00.049s**	**19**	**95**	**1h 53m 01.720s**	**139.673**	**1**
13	Robby Gordon (USA)	24	Arciero-Wells Panasonic/Duskin Reynard 98I-Toyota	FS	164.714	1m 00.534s	22	94	Em prova		
14	Paul Tracy (CDN)	26	Team KOOL Green Reynard 98I-Honda	FS	167.970	59.361s	10	94	Em prova		
15	Arnd Meier (D)	77	Davis Hasseroder Pils/TotalTel Lola T98/00-Ford	GY	163.972	1m 00.808s	25	94	Em prova		
16	Christian Fittipaldi (BR)	11	Newman/Haas Kmart Swift 009.c-Ford	GY	169.000	58.999s	5	93	Em prova		
17	Al Unser Jr. (USA)	2	Marlboro Team Penske Penske PC27-Mercedes	GY	167.481	59.534s	14	93	Em prova		
18	Michel Jourdain Jr. (MEX)	19	Payton/Coyne Herdez/Viva Mexico! Reynard 97I-Ford	FS	164.000	1m 00.798s	24	92	Em prova		
19	PJ Jones (USA)	98	All American Racers Castrol/Degree Reynard 97I-Toyota	GY	164.000	1m 00.798s	23	84	Suspensão		
20	Dario Franchitti (GB)	27	Team KOOL Green Reynard 98I-Honda	FS	169.879	58.694s	1	79	Freios/rodada		2
21	Gualter Salles (BR)	34	Payton/Coyne SmithKline Beecham Reynard 97I-Ford	FS	163.023	1m 01.162s	28	65	Acidente		
22	*Tony Kanaan (BR)	21	Tasman Motorsports LCI Reynard 98I-Honda	FS	168.469	59.185s	7	61	Incêndio		
23	Andre Ribeiro (BR)	3	Marlboro Team Penske Penske PC27-Mercedes	GY	167.814	59.416s	11	54	Transmissão		
24	*JJ Lehto (SF)	9	Hogan Motor Leasing Reynard 98I-Mercedes	FS	163.572	1m 00.957s	26	37	Acidente		
25	Patrick Carpentier (CDN)	33	Forsythe Player's Ltd./Indeck Reynard 98I-Mercedes	FS	166.641	59.834s	18	33	Suspensão		
26	Mark Blundell (GB)	18	PacWest Racing Group Motorola Reynard 98I-Mercedes	FS	167.106	59.668s	15	30	Prob. elétricos		
27	Gil de Ferran (BR)	5	Walker Valvoline/Cummins Reynard 98I-Honda	GY	169.393	58.862s	4	26	Suspensão		
28	*Alex Barron (USA)	36	All American Racers Castrol/Degree Reynard 97I-Toyota	GY	163.362	1m 01.035s	27	25	Suspensão		

* Piloto Rookie

Bandeira amarela: Voltas 25–29, acidente/vários carros; voltas 33–34, rebocado/Jones; voltas 40–43, acidente/Lehto; voltas 79–83, rodada/Franchitti. **Total:** Quatro durante 16 voltas.

Líderes: Dario Franchitti, 1–65 (65 voltas); Bobby Rahal, 66 (1 volta); Bryan Herta, 67 (1 volta); Christian Fittipaldi, 68 (1 volta); Franchitti, 69–79 (11 voltas); Michael Andretti, 80–92 (13 voltas); Zanardi, 93–95 (3 voltas). **Totais:** Franchitti, 76 voltas; Andretti, 13 voltas; Zanardi, 3 voltas; Rahal, 1 volta; Herta, 1 volta; Fittipaldi, 1 volta.

Volta mais rápida: Christian Fittipaldi, 59.824s, 166.670 Km/h na volta 75.

Classificação no campeonato: **1** Zanardi, 175; **2** Vasser, 106; **3** Moore, 98; **4** Fernandez, 89; **5** Andretti, 84; **6** Franchitti, 66; **7** Pruett e Herta, 64; **9** de Ferran, 63; **10** Rahal, 55; **11** Unser, 40; **12** Kanaan, 39; **13** Castro-Neves e Tracy, 32; **15** Hearn, 26; **16** Blundell, 19; **17** Fittipaldi, 18; **18** Gugelmin, 17; **19** Carpentier, 12; **20** Papis, 8; **21** Lehto, 7; **22** Gordon, 6; **23** Ribeiro, 4; **24** Jones, 3; **25** Salles, Jourdain, Barron e Meier, 1.

FEDEX CHAMPIONSHIP SERIES • 12ª PROVA

U.S. 500

1 - MOORE

2 - VASSER

3 - ZANARDI

Fotos: Michael C. Brown

Foto principal: Greg Moore recebe a bandeira de xadrez ligeiramente na frente dos Target Reynard de Jimmy Vasser e Alex Zanardi, conquistando uma emocionante vitória na última volta após três horas de corrida espetacular.

À esquerda: Desconhecedores da tragédia que ensombrou a corrida, os três primeiros classificados exibem um imenso sorriso enquanto recordam a sua animada briga roda a roda durante os últimos 16 km de um prova épica.

QUALIFICAÇÃO

Os testes realizados antes da corrida com o novo aparato Handford viram as velocidades reduzidas de forma significativa em comparação com 1997 quando Scott Pruett assegurou a pole a uma velocidade média de 376,2 km/h. Jimmy Vasser era creditado com o tempo oficioso de 363 km/h. A maior parte dos observadores ficaram, mesmo assim, surpreendidos ao verem Vasser ultrapassar a barreira dos 370 km/h nos primeiros 20 minutos da primeira sessão oficial de treinos na sexta-feira. Uma hora mais tarde, Adrian Fernandez subiu a parada para 373 km/h.

"Segurar uma carona é a chave", explicava o mexicano. "Dá para garantir uma enorme velocidade quando se está na traseira de outros carros. Quando se está sozinho não dá para rodar aquelas velocidades."

Não obstante Vasser ter ocupado o topo das tabelas com 375,978 km/h no sábado de manhã, os 369,375 km/h de Fernandez na sessão de qualificação de um carro de cada vez foram o bastante para segurar a pole.

"Estou muito contente, muito entusiasmado," disse Fernandez depois de ter garantido a sua primeira pole na 82ª participação em Champ Car. "Ando à procura desta pole há muito tempo. A corrida será outra coisa mas penso que temos uma palavra a dizer. O meu carro estava absolutamente perfeito."

Vasser, cujo recorde da pista em 1996 com 377,656 km/h permanecia intacto, teve de contentar-se com a segunda posição no grid de partida, com o seu Reynard-Honda, a 368,306 km/h, seguido de Richie Hearn, que tirou partido de muitas sessões de testes para assinar a sua melhor qualificação de sempre ao volante do Swift-Ford do Team Della Penna. Todos os três são clientes da Firestone. Do grupo Goodyear, Al Unser Jr. foi aquele que produziu melhor resultado, a quarta posição com o Penske-Mercedes.

O grande equilíbrio entre os carros do Champ Car ficou demonstrado mais uma vez com três marcas de chassis diferentes e de motores, mais ambos os fornecedores de pneus estarem representados entre os quatro melhor qualificados. Mais: os primeiros 22 estavam separados...por menos de um segundo.

FOI UM espectacular roda a roda do princípio ao fim, esta U.S. 500 apresentada pela Toyota. As velocidades foram ligeiramente reduzidas em relação ao ano anterior graças ao dispositivo Handford, um novo aerofólio traseiro obrigatório destinado a restringir a carga vertical para baixo e aumentar a esteira aerodinâmica, mas a ação foi intensificada pelas qualidades inerentes a esse novo apêndice. Nove pilotos diferentes tomaram a ponta da corrida durante as 250 voltas de aventura. O comando oficial foi ocupado num total de 62 vezes de ponta a ponta, um número impressionante mas, ao longo dos 3.200 metros da pista oval de Michigan, foram incontáveis as trocas de posições na frente.

Uma quebra de motor nas voltas iniciais roubou a Gil de Ferran uma hipótese de vitória montando o cenário para as últimas cinco voltas. Jimmy Vasser liderou no recomeço perdendo somente vantagem para o Reynard-Honda do seu companheiro Alex Zanardi. Vasser recuperou a ponta na volta 247 depois voltou a perder para o Reynard-Mercedes de Greg Moore. As posições estavam mudando constantemente. O entusiasmo subiu de tom quando Vasser recuperou a liderança de novo imediatamente antes de ser apresentada a bandeira branca significando que só faltava uma volta. Contudo, Moore apresentou-se rapidamente na Curva Um, Vasser e Zanardi tentaram ambos um ataque a Moore pelo interior mas o jovem canadense estava pronto para a resposta. No final recebia a bandeira quadriculada com uns meros 259 milésimos de segundo à frente do par da Target que cortou a meta lado a lado.

Mas a fantástica acção desenvolvida durante as três horas de prova seria tragicamente ensombrada por um acidente na volta 175 quando o homem da pole, Adrian Fernandez bateu na Curva Quatro e uma das rodas do seu Reynard-Ford voou para a arquibancada central. Dois espectadores morreram imediatamente, um outro sucumbiu pouco depois e mais seis ficaram feridos.

"É terrível que isto possa acontecer a quem nos vem ver correr", disse Moore. "Penso que assistiram a uma grande corrida mas o acidente colocou uma sombra na prova. A gente corre riscos de acidente só por se levantar da cama ou por atravessar a rua mas isto foi um acidente trágico."

A grande resistência provocada pelo novo aerofólio fez com que esta prova não encontrasse nenhuma semelhança com qualquer outra realizada anteriormente na pista de Michigan. Mas ninguém sabia muito bem o que seria com 28 carros competindo juntos em versão de corrida. Mas não demorou muito a entender. Fernandez liderou até à bandeira verde e foi passado de pronto por Vasser que arrancou do lado de fora. Al Unser Jr., que saiu de quarto lugar no

Michael C. Brown

seu Penske-Mercedes segurou a segunda posição na recta oposta antes de usurpar a posição de Vasser quando os líderes saíam da Curva Quatro. No final da primeira volta era seguido de Vasser, Fernandez, Michael Andretti (Swift-Ford) e por De Ferran, cujo Reynard-Honda largara da 10ª posição do grid.

Foi curioso notar que só estes três pilotos completaram a volta inicial na mesma posição em que largaram: Vasser em segundo, Christian Fittipaldi (Swift-Ford) em 11º e Dennis Vitolo (Reynard-Ford) na 25ª marca. A maior queda era protagonizada por Mark Blundell, cujo Reynard-Mercedes baixava de 19º para 28º e último. Ao inverso a maior subida pertencia a P J Jones que passara de 27º para 17º no seu Reynard-Toyota. Outros que fizeram progressos incluíam Arnd Meier, de 18º para 13º em Lola-Ford e o estreante Tony Kanaan (Reynard-Honda) que se colocou atrás do alemão e subiu de 20º para 14º.

A corrida ia rápida e arrebatada na sua primeira fase com trocas de lugares tão numerosas que nem caberiam num catálogo. Unser contentava-se em andar no grupo da frente depois de ter estado na liderança durante as primeiras passagens. Por outro lado, Vasser chegou a estar no comando antes de Andretti surgir na ponta pela volta seis. Fernandez, De Ferran, Richie Hearn (Swift-Ford) e Zanardi, todos se mantinham na esteira. Era um número bonito de ver. Mais para trás havia também muita ação, mas não iria durar muito mais. Os protagonistas tinham feito duas rondas de visitas aos boxes pelas 80 voltas até aparecer a primeira situação de precaução total quando Robby Gordon derrapou na Curva Quatro e bateu no muro exterior com o seu Reynard-Toyota. Gordon saiu ileso do acidente e deixou um período de descanso para todos os outros.

Andretti estava nitidamente à frente de Fernandez, de Ferran e de Moore que tinha recuperado muito bem da 14ª posição. Alguns pilotos aproveitaram para visitar os boxes durante as bandeiras amarelas, entre os quais os três líderes. No recomeço, Moore foi para a frente, perseguido por Hearn, Vasser, Zanardi, Fernandez e Andretti. Havia onze carros na mesma volta do líder.

Andretti conseguia, entretanto, garantir uma liderança de mais de nove segundos imediatamente antes de ser assistido mas a sua progressão para a frente, depois do recomeço das operações foi freado, primeiro quando Vitolo deu uma rodada na Curva Um e, depois, quando Jones sofreu uma quebra irreparável no motor do seu carro. Paul Tracy juntava-se ao animado grupo constituído por de Ferran, Unser, Andretti, Hearn, Fernandez e Moore. Hearn perdia algum tempo quando tentou esgueirar-se pelo lado de Andretti, falhando a entrada no seu ponto de parqueamento no box, pelo que tinha de cumprir nova tentativa causando a sua descida para a cauda do pelotão.

Andretti também teve a sua parte de problemas quando, sem querer, tocou num dos pneus de Hearn quando foi ao box para uma visita de rotina na volta 178. Essa distração foi paga com uma penalização, tendo sido forçado a regressar ao box, coisa que fez na volta 189, logo depois do recomeço. O piloto descia então para o prejuízo de quase uma volta de atraso mas conseguiu recuperar graças ao aparecimento de novas bandeiras amarelas na volta 216 em consequência do motor de Dario Franchitti ter dado o último suspiro.

A sexta situação de precaução despoletou a última ronda de visitas aos boxes após o que os carros de Zanardi e de Vasser emergiram na liderança. A seguir apresentava-se Moore que teve de bater-se com um problema eléctrico no motor durante duas paradas nos boxes. Teve sorte em os engenheiros da Mercedes terem descoberto o que estava errado e terem permitido que ele regressasse à pista. Já o seu compatriota canadense Tracy viu a vida andando para trás por causa de uma roda mal apertada que o obrigou a regressar aos mecânicos, perdendo muito tempo.

Também azarento foi JJ Lehto que bateu forte na Curva Quatro (só sofreu ligeiros ferimentos nos joelhos) e Unser que sucumbiu com uma quebra no motor poucos momentos depois de retomar a liderança na volta 194.

Richie Hearn regressa à corrida no Budweiser/Ralphs Swift de John Della Penna após um pit-stop de rotina. O promissor californiano foi competitivo durante todo o fim de semana, fazendo o terceiro melhor tempo na qualificação e terminando em quinto na corrida.

Abaixo: Houve ação arrebatadora em todo o pelotão. Mark Blundell defende a trajetória interior enquanto briga com os Castrol/Degree Reynard-Toyotas de Alex Barron e PJ Jones.

"É realmente muito chato porque rolamos na frente durante todo o dia", sumariou Unser.

De Ferran sofreu azar semelhante quando faltavam menos de 32 quilómetros: "Não sei como dizer o desgosto que tenho", disse o brasileiro. "Tinha um grande carro hoje e estava poupando para a parte final. Foi uma corrida fantástica mas o que é que você pode fazer? O motor morreu e foi o fim para todos nós."

Com 245 voltas cumpridas ainda haviam 10 carros na mesma volta do líder. Na realidade, todos podia ambicionar a vitória. Vasser assumiu o comando depois do recomeço com prejuízo para Zanardi. Scott Pruett (Reynard-Ford) e Bobby Rahal (Reynard-Ford) estavam em terceiro e quarto, respectivamente. Ambos tinham perdido uma volta na fase inicial da prova mas recuperaram graças a uma judiciosa táctica durante as suas paradas nos boxes durante as respectivas bandeiras amarelas. Hearn, Andretti, Patrick Carpentier (no segundo Reynard-Mercedes), Tracy e Herta completavam a lista de potenciais vencedores.

O grupo trocava de posições sem cessar elevando o ambiente a um clímax incrível. Faltava uma volta e Vasser estava à frente de Moore, Zanardi e Pruett.

Vasser relatou mais tarde: "Nós estávamos brincando uns com os outros sobre o fato de ninguém querer ficar na ponta na última volta mas, quando você está no carro é muito duro não ir para a frente quando você pode. Pensei que nós tinhamos uma reserva suficiente à entrada da última volta mas, afinal não tínhamos."

E não tinha mesmo. Moore segurou uma boa carona no caminho para a Curva Um, mergulhou no interior e manteve a posição durante toda a trajectória. Vasser tentou tudo o que sabia para manter o lugar na recta interior mas Moore segurou bem a sua pequena vantagem.

"As últimas cinco voltas foram muito intensas", disse Moore. "Eu estava mesmo muito bem em relação a Jimmy, costurei um pouco na recta interior para quebrar a carona, olhei nos espelhos e fiquei com a ideia de que tinha uma boa vantagem e pronto, consegui."

Vasser cruzou a linha de chegada uns centímetros à frente de Zanardi, cujo carro estava com uma fuga de óleo num tubo. Na realidade, o carro pegou fogo quando o italiano entrou nos boxes: "Estou mesmo muito feliz por chegar em terceiro", disse o líder do Campeonato.

Pruett, mais o impressionante Hearn e Andretti também cortaram a meta com 1.308 segundos de Moore. Depois vinha Rahal, Carpentier, Tracy e Herta que chegou com sérios problemas no seu motor. Os estreantes Tony Kanaan e Hélio Castro-Neves completavam o grupo dos pontuados com uma volta a menos.

Michael C. Brown

Dispositivo Handford ajuda a proporcionar corridas espectaculares

A U. S. 500, apresentada pela Toyota forneceu uma das mais espectaculares corridas que se possa recordar.

Ao saltar do seu Reynard-Mercedes vencedor, Greg Moore afirmou: "Uau, foi de pé no fundo do princípio ao fim."

A prova marcou o início da aplicação do sistema Handford um aerofólio traseiro de baixa pressão e grande esteira especificamente desenvolvido pelo Director Técnico da Swift, Dr. Mark Handford – em colaboração com o Comité Técnico do CART – como meio de conter a escalada das velocidades nas pistas ovais. A asa pode ter tido um sucesso moderado já que Adrian Fernandez fez a pole a 369.375 Km/h, enquanto Patrick Carpentier e Scott Pruett realizaram o mesmo tempo a 367.756 Km/h (ambos a cerca de 5 milhas mais lentos do que no ano passado), mas deu para fazer subir a incógnita fornecendo um grande concurso de caronas.

"A esteira teve uma enorme influência na corrida", disse Michael Andretti. "Eu estava um pouco preocupado porque a gente rodava roda com roda durante mais de 600 km mas todo o mundo dava lugar aos outros. Foi uma das melhores corridas que já vi, era como uma prova do NASCAR sem os pára-choques. No final foi um pouco mais difícil mas tudo isso é competição".

Al Unser Jr. acrescentou: "Foi uma das melhores corridas que fiz em Michigan, a competição foi muito cerrada e deu para uma grande duelo roda com roda."

O líder da Copa, Alex Zanardi era um tanto menos entusiasta: " Não acho que o que você viu hoje seja competição," proclamou o italiano que já manifestara anteriormente o seu desacordo em provas em super-pistas. "Foi excitante e divertido até um certo ponto mas isso não é a verdadeira forma de correr. Acho que eu não estava fazendo nada, era tudo dependente do carro. Eu não podia fazer nada. Fui a fundo nas últimas 70 voltas, pessoalmente penso que não se pode chamar a isso correr. Pode chamar isso de show, tenha certeza que os nossos torcedores sabem a diferença entre as verdadeiras manobras de ultrapassagem e pegar uma carona do carro da frente e isso aqui foi mesmo de carona."

Tragédia na Curva Quatro

Fotos: Michael C. Brown

O EXCELENTE espectáculo da corrida foi tragicamente desfigurado pela morte de três espectadores – Michael Terra Tautkus, 49, e Sheryl Ann Laster, 40, ambos de Milan, Michigan e Kenneth Dale Fox, 38, de Lansig, Michigan – atingidos por uma roda perdida do carro do pole Adrian Fernandez na Curva Quatro, decorridas 175 voltas.

Fernandez estava em quarto, num grupo de carros lutando forte pela liderança, justo atrás de Alex Zanardi, Michael Andretti e Paul Tracy, e ligeiramente à frente de Gil de Ferran, quando o seu carro deslizou para fora da trajectória e foi bater violentamente na barreira exterior entre as Curvas Três e Quatro a mais 370 km/h.

"Paul Tracy estava chegando em cima de mim pelo interior e tirou o meu ar", disse Fernandez, que deixou o seu carro ligeiramente ferido nos joelhos. "Ele não tocou em mim. Ele entrou pelo interior e em vez de manter a sua trajectória ele foi para a parte superior e eu já não podia fazer nada."

Adicionado às mortes, outros seis torcedores foram tratados no hospital do circuito e depois transportados para o hospital perto de Jakson. Graças a Deus, nenhum deles ficara muito ferido. David Silva, de Dearborn, os irmãos Gerald e Richard Bramer, de Livonia, Joyce Thompson, de Spring Arbor, e Steve Dawson, de Lansig tiveram alta pela noite. Doris Shuman, de West Blomfield regressou a sua casa na segunda-feira.

A corrida continuou depois dos médicos e da polícia terem tomado conta da ocorrência. A maior parte dos 60.000 espectadores e o pessoal das equipes não se deu conta da catástrofe senão no final da corrida. Foi a primeira vez que foram registradas mortes na pista de Michigan desde 1969, ano em que um carro da categoria Trans-Am bateu na antiga pista de estrada e atingiu um carro dum espectador. Em 1987, um torcedor foi morto em Indianápolis quando uma roda voou para a arquibancada.

"Só posso exprimir meu profundo sentimento em nome de todos da comunidade do CART", disse o Presidente Andrew Craig. "É evidente que não há nada que se possa dizer ou fazer que possa minimizar a profunda dor dos familiares e amigos das vítimas mas, em nome de todos nós no CART, manifesto as nossas condolências."

BREVES MICHIGAN

• Para o Grupo PacWest Racing de Bruce McCaw soprou uma brisa de ar fresco no meio de uma campanha desastrosa com a chegada da notícia segundo a qual a Motorola tinha concordado em expandir o seu apoio para o ano 1999.

• Jim Aust foi nomeado vice-presidente para o esporte automóvel da Toyota Motor Sales USA e presidente executivo da Toyota Racing Development, sucedendo a John Koening que foi nomeado para vice-presidente da Toyota Industrial Equipment.

• Poucos dias antes do arranque da época, o grupo das equipes do Championship Auto Racing Teams Inc., que começou a funcionar como uma empresa pública na Bolsa de Nova Iorque mudou as suas inicias de OPW para MPH.

• Michael Andretti, referindo-se ao efeito de redução de velocidade provocado pelo novo aerofólio traseiro comentou: "Desde que eu estou nesse campeonato nos defrontamos com a questão: regulamentos contra tecnologia. Estou-me ralando se somos rápidos...desde que sejamos mais rápidos do que todo o mundo!."

• Richie Hearn chamou a atenção quando obteve a sua melhor qualificação de sempre, terceiro, ao volante do Swift-Ford de John Della Penna. Mas o californiano residente no Nevada manteve as luzes da ribalta viradas para ele na corrida. Falou ele: "Acho que temos um bom carro, o Rick Mears falou para mim faz muito tempo que é preciso dar tudo na primeira metade da corrida para chegar bem na segunda metade e é o que tenciono fazer amanhã."

• Kevin Chambers, chefe-mecânico de Christian Fittipaldi ficou de cama com um misterioso vírus. Foi substituído por Pedro Campuzano que teve azar com problemas mecânicos na sexta-feira e no sábado.

FEDEX CHAMPIONSHIP SERIES • PROVA 12

U.S. 500 PRESENTED BY TOYOTA

MICHIGAN SPEEDWAY, BROOKLYN, MICHIGAN

26 JULHO, 250 voltas – 804.672 Km

Clf	Piloto (Nac.)	Nº.	Patrocinadores Chassis-Motor	Pneus	Qlf Veloc.	Q Tempo	Pos.	Voltas	Tempo/Causa	Média	Pts.
1	**Greg Moore (CDN)**	**99**	**Forsythe Player's Ltd./Indeck Reynard 98I-Mercedes**	**FS**	**362.805**	**31.938s**	**14**	**250**	**3h 00m 48.785s**	**267.011**	**20**
2	**Jimmy Vasser (USA)**	**12**	**Target/Chip Ganassi Racing Reynard 98I-Honda**	**FS**	**368.306**	**31.461s**	**2**	**250**	**3h 00m 49.044s**	**267.001**	**16**
3	**Alex Zanardi (I)**	**1**	**Target/Chip Ganassi Racing Reynard 98I-Honda**	**FS**	**365.702**	**31.685s**	**7**	**250**	**3h 00m 49.052s**	**267.001**	**15**
4	**Scott Pruett (USA)**	**20**	**Patrick Visteon Reynard 98I-Ford**	**FS**	**365.829**	**31.674s**	**6**	**250**	**3h 00m 49.303s**	**267.004**	**12**
5	**Richie Hearn (USA)**	**10**	**Della Penna Budweiser/Ralphs Swift 009.c-Ford**	**FS**	**367.313**	**31.546s**	**3**	**250**	**3h 00m 50.141s**	**266.983**	**10**
6	**Michael Andretti (USA)**	**6**	**Newman/Haas Kmart/Texaco Havoline Swift 009.c-Ford**	**GY**	**365.528**	**31.700s**	**8**	**250**	**3h 00m 50.352s**	**266.978**	**8**
7	**Bobby Rahal (USA)**	**7**	**Team Rahal Miller Lite Reynard 97I-Ford**	**FS**	**363.521**	**31.875s**	**12**	**250**	**3h 00m 51.434s**	**266.953**	**6**
8	**Patrick Carpentier (CDN)**	**33**	**Forsythe Player's Ltd./Indeck Reynard 98I-Mercedes**	**FS**	**360.098**	**32.178s**	**21**	**250**	**3h 00m 52.213s**	**266.933**	**5**
9	**Paul Tracy (CDN)**	**26**	**Team KOOL Green Reynard 98I-Honda**	**FS**	**362.284**	**31.984s**	**15**	**250**	**3h 00m 53.103s**	**266.911**	**4**
10	**Bryan Herta (USA)**	**8**	**Team Rahal Shell Reynard 98I-Ford**	**FS**	**365.956**	**31.663s**	**5**	**250**	**3h 01m 15.055s**	**266.732**	**3**
11	***Tony Kanaan (BR)**	**21**	**Tasman Motorsports LCI Reynard 98I-Honda**	**FS**	**360.570**	**32.136s**	**20**	**249**	**Em prova**		**2**
12	***Helio Castro-Neves (BR)**	**16**	**Bettenhausen Alumax Aluminum Reynard 98I-Mercedes**	**GY**	**354.297**	**32.705s**	**24**	**248**	**Em prova**		**1**
13	Mauricio Gugelmin (BR)	17	PacWest Racing Group Hollywood Reynard 98I-Mercedes	FS	361.492	32.054s	17	248	Em prova		
14	Arnd Meier (D)	77	Davis Hasseroder Pils/TotalTel Lola T98/00-Ford	GY	361.120	32.087s	18	247	Em prova		
15	*Alex Barron (USA)	36	All American Racers Castrol/Degree Reynard 98I-Toyota	GY	351.545	32.961s	28	242	Em prova		
16	Gil de Ferran (BR)	5	Walker Valvoline/Cummins Reynard 98I-Honda	GY	364.012	31.832s	10	240	Motor		
17	Mark Blundell (GB)	18	PacWest Racing Group Motorola Reynard 98I-Mercedes	FS	360.748	32.120s	19	240	Em prova		
18	Michel Jourdain Jr. (MEX)	19	Payton/Coyne Herdez/Viva Mexico! Reynard 98I-Ford	FS	352.797	32.844s	26	238	Em prova		
19	Max Papis (I)	25	Arciero-Wells Racing MCI Reynard 98I-Toyota	FS	359,361	32.244s	22	237	Prob. elétricos		
20	*JJ Lehto (SF)	9	Hogan Motor Leasing Reynard 98I-Mercedes	FS	363.454	31.881s	13	223	Acidente		
21	Dario Franchitti (GB)	27	Team KOOL Green Reynard 98I-Honda	FS	362.248	31.987s	16	213	Motor		
22	Al Unser Jr. (USA)	2	Marlboro Team Penske Penske PC27-Mercedes	GY	366.779	31.592s	4	194	Motor		
23	Adrian Fernandez (MEX)	40	Patrick Tecate Beer/Quaker State Oil Reynard 97I-Ford	FS	369.375	31.370s	1	174	Acidente		1
24	PJ Jones (USA)	98	All American Racers Castrol/Degree Reynard 97I-Toyota	GY	352.592	32.863s	27	111	Motor		
25	Christian Fittipaldi (BR)	11	Newman/Haas Kmart Swift 009.c-Ford	GY	365.253	31.724s	9	87	Sobreaquecimento		
26	Dennis Vitolo (USA)	34	Payton/Coyne SmithKline Beecham Reynard 97I-Ford	FS	354.004	32.732s	25	85	Acidente		
27	Robby Gordon (USA)	24	Arciero-Wells Panasonic/Duskin Reynard 98I-Toyota	FS	356.926	32.464s	23	76	Acidente		
28	Andre Ribeiro (BR)	3	Marlboro Team Penske Penske PC27-Mercedes	GY	363.772	31.853s	11	75	Fuga de óleo		

* Piloto Rookie

Bandeira amarela: Voltas 80–86, acidente/Gordon; voltas 91–99, acidente/Vitolo; voltas 116–122, motor/Jones; voltas 175–183, acidente/Fernandez; voltas 184–187, rodada/Gugelmin; voltas 215–221, motor/Franchitti; voltas 226–233, acidente/Lehto; voltas 241–244, motor/de Ferran. **Total:** Oito durante 55 voltas.

Líderes: Al Unser Jr., 1–2 (2 voltas); Jimmy Vasser, 3–5 (3 voltas); Michael Andretti, 6–11 (6 voltas); Vasser, 12–13 (2 voltas); Andretti, 14 (1 volta); Vasser, 15–17 (3 voltas); Andretti, 18–30 (13 voltas); Gil de Ferran, 31–34 (4 voltas); Richie Hearn, 35–37 (3 voltas); Andretti, 38–65 (28 voltas); de Ferran, 66–68 (3 voltas); Adrian Fernandez, 69 (1 volta); de Ferran, 70 (1 volta); Greg Moore, 71 (1 volta); Hearn, 72–75 (4 voltas); Andretti, 76–83 (8 voltas); Moore, 84–89 (6 voltas); Hearn, 90–91 (2 voltas); Moore, 92–101 (10 voltas); Hearn, 102 (1 volta); Moore, 103 (1 volta); Hearn, 104 (1 volta); Moore, 105–118 (14 voltas); Paul Tracy, 119–125 (7 voltas); de Ferran, 126–128 (3 voltas); Tracy, 129 (1 volta); de Ferran, 130–132 (3 voltas); Tracy, 133 (1 volta); Andretti, 134 (1 volta); Tracy, 135–136 (2 voltas); Andretti, 137–138 (2 voltas); de Ferran, 139–140 (2 voltas); Andretti, 141 (1 volta); de Ferran, 142–145 (4 voltas); Fernandez, 146 (1 volta); de Ferran, 147–150 (4 voltas); Fernandez, 151–157 (7 voltas); Moore, 158–159 (2 voltas); Tracy, 160–165 (6 voltas); Alex Zanardi, 166–168 (3 voltas); Tracy, 169–170 (2 voltas); Zanardi, 171–176 (6 voltas); Andretti, 177–178 (2 voltas); Zanardi, 179–190 (12 voltas); Tracy, 191 (1 volta); Zanardi, 192–193 (2 voltas); Unser, 194 (1 volta); Zanardi, 195–196 (2 voltas); Tracy, 197 (1 volta); Zanardi, 198–199 (2 voltas); Tracy, 200 (1 volta); de Ferran, 201–202 (2 voltas); Zanardi, 203–224 (22 voltas); Vasser, 225 (1 volta); Zanardi, 226–237 (12 voltas); Vasser, 238 (1 volta); Zanardi, 239 (1 volta); Vasser, 240–245 (6 voltas); Zanardi, 246 (1 volta); Vasser, 247 (1 volta); Moore, 248 (1 volta); Vasser, 249 (1 volta); Moore, 250 (1 volta). **Totais:** Zanardi, 63 voltas; Andretti, 62 voltas; Moore, 36 voltas; de Ferran, 26 voltas; Tracy, 22 voltas; Vasser, 18 voltas; Hearn, 11 voltas; Fernandez, 9 voltas; Unser, 3 voltas.

Volta mais rápida: Patrick Carpentier, 31.508s, 367.756 Km/h na volta 131/Scott Pruett, 31.508s, 367.756 Km/h na volta 213.

Classificação no campeonato: **1** Zanardi, 190; **2** Vasser, 122; **3** Moore, 118; **4** Andretti, 92; **5** Fernandez, 90; **6** Pruett, 76; **7** Herta, 67; **8** Franchitti, 66; **9** de Ferran, 63; **10** Rahal, 61; **11** Kanaan, 41; **12** Unser, 40; **13** Tracy e Hearn, 36; **15** Castro-Neves, 33; **16** Blundell, 19; **17** Fittipaldi, 18; **18** Gugelmin e Carpentier, 17; **20** Papis, 8; **21** Lehto, 7; **22** Gordon, 6; **23** Ribeiro, 4; **24** Jones, 3; **25** Salles, Jourdain, Barron e Meier, 1.

FEDEX CHAMPIONSHIP SERIES • 13ª PROVA

MID-OHIO

1 - FERNANDEZ
2 - PRUETT
3 - RAHAL

Fotos: Michael C. Brown

Acima: Os pilotos da primeira fila Dario Franchitti e Jimmy Vasser ficaram de fora numa controversa colisão na primeira volta com Bryan Herta.

Vasser e Franchitti voltam aos boxes depois do acidente juntamente com Michel Jourdain Jr. (ao centro), outra vítima da hecatombe da primeira volta.

QUALIFICAÇÃO

Bryan Herta foi o homem a bater na pista de 3.633 metros de Mid-Ohio. O detentor do recorde da pista em 28 anos de existência, o Reynard-Ford do Team Rahal foi o mais rápido tanto na sessão de sexta-feira como na de sábado na parte da manhã.

Dario Franchitti, no entanto, levou seu Reynard-Honda até ao cimo das listas de tempos pouco depois do início da última meia-hora de qualificação para Herta acertar tudo alguns minutos mais tarde. A sua pole parecia assegurada mas Franchitti ainda não tinha dado tudo. Retirou 0,4 segundos da sua melhor marca para ficar com o melhor tempo de todos, faltavam quatro minutos. Franchitti ainda conseguiu nova melhoria quando faltava um minuto. Poderia Herta responder? Teve de abortar a sua primeira tentativa por ter perdido umas frações de segundo nas traseiras do ondulado circuito, mas recompôs-se para um último esforço. Os tempos parciais eram bons, Herta estava com andamento para garantir a sua segunda pole consecutiva em Mid-Ohio. Sucede então que o carro sai da linha escolhida quando Herta apontou para a saída da Curva Seis. Virou para um lado, depois para o outro, e finalmente escapou todo ao controlo.

"Ainda tinha uma volta a meu crédito, o suficiente para bater o Franchitti, mas acontece que você tem de a completar, é o que tem de ser", falou Herta com um sorriso lacônico. "O carro está trabalhando bem e já estou olhando para a corrida de amanhã."

Franchitti estava naturalmente satisfeito com a sua terceira pole do ano.

"Senti que o momento estava certo mas é difícil colocar tudo junto ao mesmo tempo," exclamou o escocês. O carro está bom em alguns pontos e menos bom noutros, então é preciso juntar tudo numa só vez."

Como exemplo da intensidade competitiva do Campeonato FedEx, os respectivos companheiros de equipe Paul Tracy e Bobby Rahal alinharam só no 16º e no 21º lugares. Maurício Gugelmin marcou também e de longe a sua melhor qualificação no ano, quarto ao volante do Reynard-Mercedes, seguido de Adrian Fernandez e de Greg Moore. Pela segunda vez consecutiva Al Unser Jr. foi o mais rápido dos Goodyear, sétimo no seu Penske-Mercedes.

PAT Patrick, o patrão da equipe, teve um dia em cheio na pista de Mid-Ohio com a vitória bem merecida de Adrian Fernandez ao volante do Reynard-Ford/Cosworth na Miller Lite 200. Para completar a alegria de Patrick, Scott Pruett terminou num excelente segundo lugar em carro idêntico. Foi a primeira dobradinha da equipe Patrick Racing desde que Gordon Johncock e Mário Andretti realizaram igual façanha em 1982 na Michigan 500.

Foi a terceira vitória da carreira de Fernandez e a sua segunda da temporada. É certo que foi ajudado quando os três primeiros qualificados foram eliminados num incidente na primeira curva e quando Greg Moore cometeu uma falta de julgamento nos boxes. Daí para a frente o mexicano dirigiu de forma soberba em condições espantosas na defesa do enorme desafio lançado por Pruett.

"Foi uma corrida muito dura, uma das mais duras", relatou Fernandez. "É uma pista muito exigente, muito física e o Scott estava me dificultando a vida. Quanto mais ele me desafiava mais eu puxava, no final foi um grande dia para a organização do Patrick, para a Ford e para a Firestone."

Até mesmo Pruett estava de acordo: "Penso honestamente que foi uma das melhores corridas que já fiz", confessou o californiano. "Não nos qualificamos muito bem (12º) e perdi uns dois lugares na grande confusão à largada, então eu pensei, rapaz, vai ser um dia longo nesta pista tão difícil de fazer ultrapassagens. Comecei então a dar para a frente e o carro estava ótimo. Dei sempre tudo o que tinha, o meu carro até era um pouco mais rápido do que o do Adrian mas eu não podia fazer mais. Quando é o seu companheiro de equipe que está na frente você sempre deixa uma margem maior para o erro."

Apesar da intensidade da prova na sua parte final, a grande e sempre entusiástica multidão reservou a maior ovação para o herói local Bobby Rahal que pontuou a sua presença na pista da família Trueman com uma exibição que o levou do 16º lugar ao terceiro a bordo do seu Reynard-Ford.

"Tal como já falei várias vezes, vou ter saudades deste circuito", afirmou o tricampeão da Copa PPG no final de ter assegurado o seu melhor resultado do ano. "Quando você faz as coisas direito aqui você sabe que cumpriu qualquer coisa importante. Depois do último recomeço toda a volta foi como se fosse de qualificação. Tínhamos 20 voltas para a chegada e eu falei para mim, "vamos dar-lhes as melhores 20 voltas da vida deles aqui", e eu acho que foi isso que a gente fez. Realizei a minha volta mais rápida quando faltavam três voltas para o final e estou muito feliz com a nossa corrida de hoje."

O dia foi bom para a equipe Rahal já que Bryan Herta se qualificou num magnífico terceiro lugar no seu Reynard-Ford e fez uma excelente arrancada para mergulhar no interior de Dario Franchitti na freada para a primeira curva à direita no final da reta principal. Contudo, Franchitti não estava disposto a ceder e foi direto para a parte exterior esperando reganhar vantagem na esquerda seguinte. Ambos os contendores estavam procurando a primeira vitória em Champ Car e, numa pista onde é muito difícil ultrapassar e nenhum queria deixar o outro ir embora. O resultado estava previsto. Com os dois acelerando na curta zona entre curvas o contato foi inevitável com a roda dianteira da direita de Franchitti tocando na traseira esquerda de Herta. O carro de Herta derrapou à frente do nariz de Franchitti e Jimmy Vasser, que assistia a tudo de muito perto, foi também envolvido na confusão.

"É muito azar porque não é culpa nossa", falou Vasser cuja série de 11 classificações consecutivas nos oito primeiros lugares ficava interrompida brutalmente contra a barreira. "A nossa equipe trabalhou bem durante todo o final de semana, o meu carro estava bom. Tendo em conta os pontos para a segunda posição serem tão difíceis de segurar estou precisando de todos os pontos que eu possa encontrar."

Michel Jourdain Jr. também esteve com pouca sorte quando o seu carro, Reynard-Ford, se viu envolvido no efeito de acordeão no meio do pelotão. Os restantes carros circularam depois durante cinco voltas atrás do Pace Car enquanto os restos dos acidentados eram retirados, momento que foi aproveitado por Maurício Gugelmin para tomar a dianteira. Fernandez seguiu em segundo à frente de Greg Moore (Reynard-Mercedes) e de Al Unser Jr. que, uma vez mais, demonstrou as capacidades do Penske PC27 desenhado por John Travis.

Os quatro carros da ponta andaram em formação cerrada nas vinte voltas seguintes até que os pneus do Penske-Mercedes de Unser começaram a perder aderência. Nessa altura, os Goodyear Eagle estavam menos bons que os

O pesadelo de Herta

BRYAN Herta, que vive a menos de uma hora de Mid-Ohio, no subúrbio Columbus de New Albany, sempre olhou para esta pista como uma das suas favoritas. Foi ali que ganhou a coroa de campeão Indy Lights em 1993 e estabeleceu um novo recorde da pista quando garantiu a pole na Miller Lite 200 em 97. Uma falta na qualificação nesta vez deixou-o em terceiro no grid de largada que compensou com um bom arranque posicionando seu Reynard-Ford antes da primeira curva de tal maneira que estava pronto a tirar partido de qualquer erro do homem da pole, Dario Franchitti.

"Ele tem sempre tendência para ser cauteloso à largada", afirmou Herta, "assim, eu pensei então que se ele aplicasse os freios cedo eu tentaria entrar pelo interior e foi exatamente assim que aconteceu."

Herta colocou o carro ao lado na zona de freada para a primeira curva à direita nos Esses e ficou um pouco mais na frente à saída que leva para a subida antes da curva à esquerda. Franchitti não estava disposto a ceder sem luta. Poucos momentos depois os dois carros colidiram e foram direitos ao muro. Um Jimmy Vasser inocente no processo foi também implicado no acidente.

É claro que as versões dos protagonistas não coincidia: "Nem posso acreditar que o Bryan Herta tenha feito tão estúpida manobra", proclamou Franchitti. "Ele carregou em mim, a gente se tocou e ele me colocou no gramado. Não entendo a que é que ele estava jogando ou o que é que ele estava pensando."

"O Dario deixou a porta aberta no interior na Curva Um", contava Herta. "Passei por ele no interior e coloquei-me na frente. Pensei que estava livre dele mas quando virei para a curva seguinte o Dario pensou que podia manter a sua posição. Então, "bumm" e eu já estava de lado".

Na realidade, tratou-se de um clássico incidente de corrida. As apostas eram altas. Ambos os jovens pilotos perseguiam as suas primeiras vitórias em CART. Desta vez as coisas correram mal mas o seu tempo chegará...

DURACELL

À esquerda: Michael Andretti acena a um público aliviado enquanto se afasta dos restos do seu Kmart/Texaco Havoline Swift juntamente com PJ Jones. O carro de Andretti foi lançado contra uma terrível barreira de pneus (página ao lado) depois de ter colidido com o Castrol/Degree Reynard-Toyota de Jones, e teve sorte em sair ileso.

No outro lado da página: Adrian Fernandez tirou total partido dos abandonos na primeira volta e do lapso de Greg Moore no pit-lane para conquistar a sua segunda vitória da temporada com o Tecate/Quaker State Reynard-Ford de Pat Patrick.

Firestone Firehawks. Gil de Ferran e Michael Andretti, em quinto e sexto, respectivamente, eles também com Goodyear, sofreram a mesma situação. Na volta 27, de Ferran perdeu o controlo e deu uma rodada na Curva Sete. Regressou num distante 23º lugar. Momentos depois, Unser desistia da luta e seguia para os boxes para receber pneus novos e combustível.

Gugelmin continuava rolando na ponta – pela primeira vez nesta temporada – até realizar a sua primeira parada no box na volta 30. Fernandez imitou ganhando vantagem graças ao excelente trabalho da equipe de Mike Sales que permitiu que o mexicano regressasse na frente do brasileiro. Moore, entretanto, ainda ficou mais uma volta antes de parar. Essa volta suplementar permitiu que o piloto ocupasse por instantes a primeira posição.

Seguiu-se então uma breve interrupção na volta 37 quando Gualter Salles precisou de ser retirado da caixa de terra na seqüência duma rodada. Logo depois, Moore dava um extra de esforço e afastava-se inexoravelmente de Fernandez.

Na volta 52, depois de Moore ter aumentado a sua vantagem para mais de seis segundos, as bandeiras amarelas saíram uma vez mais por causa de Alex Barron ter dado uma rodada no seu Eagle-Toyota na Curva 14. Todo o mundo exceto de Ferran aproveitou a oportunidade para dar uma parada nos boxes. O pessoal de Moore completou o serviço de forma exemplar, dando a sensação de que ele ia poder recomeçar na liderança mas, na pressa de arrancar, Moore calculou mal a patinagem das suas rodas e bateu na traseira do Penske de André Ribeiro a qual estava parada diretamente na sua frente.

"Estava tentando sair do box mas a minha traseira rodou de mais", falou Moore. "Acho que André estava mal estacionado e não havia espaço e, quando saí, a minha roda traseira esquerda tocou na traseira direita de André e parti a minha suspensão esquerda."

Moore ficava de fora da prova. Ribeiro, que tinha estado num sexto lugar seguro, ainda conseguiu continuar embora em 17º lugar. Conseguia terminar em 10º.

O Reynard-Honda de Ferran assumiu a liderança quando a bandeira verde voltou a ser mostrada de novo na volta 55. Mas o brasileiro ainda necessitava de mais uma parada no box. A oportunidade chegou umas duas voltas depois quando Andretti sofreu uma tremenda batida na parte mais rápida do circuito. O acidente ocorreu no seguimento de uma bizarra seqüência de acontecimentos. Primeiro, na curva anterior, o líder do Campeonato, que tinha dado uma rodada na parte final da qualificação que deu para um distante 13º posto no grid, passara o Reynard-Toyota atrasado de PJ Jones na zona de freada. JJ Lehto, fazendo uma boa corrida a bordo do Reynard-Mercedes de Carl Hogan, seguiu na cola de Zanardi depois de Jones e tentou passar o italiano na reta grande.

Zanardi, contudo, balanceou primeiro para um lado, depois para o outro levando o aerofólio dianteiro de Lehto no processo. A asa voou bem alto no ar até cair alojada na suspensão dianteira de Jones. Com as capacidades direcionais seriamente abaladas, Jones levantou o pé precisamente na altura em que Andretti tentava passar Patrick Carpentier. Como Andretti seguiu para o interior, Jones não pôde evitar de entrar na trajetória de Andretti, cujo Swift foi levantado numa série de cambalhotas a mais de 289 km/h. Os restos do carro ficaram semeados na caixa de retenção fora da pista deixando o seu ocupante um tanto abalado mas ileso.

"Fui apanhado de surpresa", afirmou Andretti, aliviado. "Quando acontece uma coisa dessas só há que fechar os olhos e rezar para que não bata em coisa nenhuma."

A precaução total resultante aprontava a cena para as restantes 20 voltas. Fernandez, que tomara a liderança depois da falta de sorte de Moore, era perseguido pelo seu companheiro Pruett que tinha passado Ribeiro, Carpentier e Andretti, procurando segurar a sua primeira vitória do ano.

"Estava contando poder forçar Zanardi a uma distração mas ele não cometeu nenhum erro", declarou Pruett. "Ele fez uma grande corrida."

Fernandez admitiu ter sentido os efeitos do calor e da pressão durante as últimas voltas, mesmo assim ele controlou o ritmo sem mácula manifestando uma grande forma ao terminar com 0.247 segundos à frente de Pruett. Rahal lutou muito, tal como Gugelmin que o seguia e que ficou relativamente contente com a quarta posição no final da sua mais competitiva prova na temporada. Paul Tracy também andou bem com o mérito suplementar de ter largado de um descolorido 21º lugar do grid devido a problemas de estabilidade durante os treinamentos e a qualificação.

Zanardi teve de pagar

PELA terceira vez em seis corridas o chefe de comissários do CART, Wally Dallenbach foi compelido a atuar em conseqüência de uma série de incidentes durante a intensa ação na Miller Lite 200.

A sua mais severa punição foi reservada ao campeão reinante, Alex Zanardi que passou um final de semana para esquecer. Se qualificou pobremente na sexta-feira devido a um problema no motor, depois foi obrigado a largar de 13º no grid por ter dado uma rodada na sessão final de sábado. O dia da corrida ainda foi pior. Zanardi teve sorte em sobreviver a uma dramática saída de pista na volta 25 quando o seu Reynard-Honda se colocou de lado, sem aviso, na Curva Um. Depois viu-se envolvido em toques com PJ Jones e, mais a sério, com JJ Lehto que perdeu o seu aerofólio dianteiro quando Zanardi se atravessou na frente na reta principal. A última gota saltou quando, tentou, por fora e em desespero, passar o estreante Hélio Castro-Neves na 12ªposição, faltando três voltas. O jovem brasileiro ficou plantado contra a barreira nos Esses.

"Depois de rever as fitas e entrevistar os pilotos envolvidos nos casos, entendo que ambos os acidentes podiam ter sido evitados. Em ambos os casos Zanardi era o homem que estava a ultrapassar", declarou Dallenbach, que impôs uma pesada multa de 50.000 dólares, a mais alta permitida pelos regulamentos, levando Zanardi a permanecer com pena suspensa por tempo indeterminado e retirando o ponto devido pelo 12º lugar.

Dallenbach também multou Greg Moore em 5.000 dólares pelo incidente na zona dos boxes em que o então líder da corrida bateu com o seu Reynard-Mercedes na traseira do Penske-Mercedes, evitando por pouco atingir o chefe dos mecânicos do brasileiro (e também o montador da roda traseira direita, Jon Bouslog) durante uma outra parada no box.

A outra penalização, uma pena de suspensão, foi dada a Bryan Herta que foi julgado culpado por "risco injustificado" no choque na primeira curva que eliminou tanto ele como os dois homens da primeira fila do grid, Dario Franchitti e Jimmy Vasser.

"Herta reclamou inocência: "Não faz sentido", falou. "Eu já tinha feito a passagem na curva, foi o Dario que provocou riscos porque ele é que tentava executar uma manobra de ultrapassagem pelo fato de ele ter aplicado o freio muito cedo na primeira curva." Mas a sua reclamação caiu em orelhas surdas. Dallenbach explicou a sua decisão mais tarde baseado no fato de ter insistido fortemente durante a reunião de pilotos no sábado à tarde, "para resistirem a ganharem a corrida na primeira corrida."

Fotos: Bryn Williams

BOSCH
LCI
VANIX
TECATE
QUAKER STATE
stone
VANIX
QUAKER STATE
TECATE

BREVES MID-OHIO

• Dan Gurney apresentou o novo Eagle 987 da All American Racers, na sexta-feira de manhã. O carro foi confiado a Alex Barron que teve um desempenho razoável apesar das limitações da versão antiga do motor Toyota RV8C e dos pneus Goodyear. Barron qualificou-se em 26° mas foi mais rápido que seu companheiro de equipe PJ Jones e ficou ligeiramente mais atrás do Reynard-Toyota de Max Papis com pneus Firestone. Barron sobreviveu a uma rodada que lhe custou duas voltas e acabou num respeitável 19°.

• A vitória de Adrian Fernandez representou o 300° sucesso da combinação entre a Ford e a Cosworth nas corridas de Champ Car.

• Al Unser Jr. passou um dos mais gratificantes finais de semana do ano – a sua 250ª largada no CART. Unser qualificou-se em sétimo no Penske-Mercedes e andou com os lideres até à segunda sessão de reabastecimentos quando se queixou de ter sido blocado na zona pela assistência técnica de Scott Pruett. Unser perdeu várias posições mas recuperou para terminar em sexto.

• Pela inversa, a Newman/Haas não teve muito para festejar nessa 250ª largada de Champ Car. Os Swift-Ford de Michael Andretti e de Christian Fittipaldi nunca estiveram bem. Andretti desistiu após o terrível acidente na reta principal e Fittipaldi sobreviveu mas chegou em 13°.

• Um novo mecanismo de selecção de câmbio foi estreado no Penske PC27 de André Robeiro para aliviar as dificuldades que encontrou com a nova transmissão. Foi a primeira corrida completa desde Detroit com um 10° lugar apesar do assalto que sofreu de Greg Moore no box.

• Daryl Fox substituiu Butch Winkle como chefe-mecânico de Mark Blundell. Entretanto, Casper van der Schoot ocupou o lugar de Alan Langridge como engenheiro de pista na Hogan Racing.

• A avó de Bobby Rahal, Esther "Mimi" Woodward, de 93 anos, viu pela primeira vez na sua vida, uma corrida do CART, como parte da comemoração da Última Corrida de Rahal. Normalmente ela vê o neto na TV na companhia de amigos do lar na Florida. Rahal afirma que eles são 88 a quererem visitar as corridas.

FEDEX CHAMPIONSHIP SERIES • PROVA 13

MILLER LITE 200

MID-OHIO SPORTS CAR COURSE, LEXINGTON, OHIO

9 AGOSTO, 83 voltas – 300.055 Km

Clf	Piloto (Nac.)	N°.	Patrocinadores Chassis-Motor	Pneus	Qlf Veloc.	Q Tempo	Pos.	Voltas	Tempo/Causa	Média	Pts.
1	**Adrian Ferneez (MEX)**	**40**	**Patrick Tecate Beer/Quaker State Oil Reynard 98I-Ford**	**FS**	**197.999**	**1m 06.071s**	**5**	**83**	**1h 53m 39.270s**	**159.226**	**20**
2	**Scott Pruett (USA)**	**20**	**Patrick Visteon Reynard 98I-Ford**	**FS**	**196.928**	**1m 06.430s**	**11**	**83**	**1h 53m 39.517s**	**159.226**	**16**
3	**Bobby Rahal (USA)**	**7**	**Team Rahal Miller Lite Reynard 97I-Ford**	**FS**	**195.940**	**1m 06.765s**	**16**	**83**	**1h 53m 41.687s**	**159.170**	**14**
4	**Mauricio Gugelmin (BR)**	**17**	**PacWest Racing Group Hollywood Reynard 98I-Mercedes**	**FS**	**198.203**	**1m 06.003s**	**4**	**83**	**1h 53m 48.076s**	**159.020**	**13**
5	**Paul Tracy (CDN)**	**26**	**Team KOOL Green Reynard 98I-Honda**	**FS**	**194.061**	**1m 07.412s**	**21**	**83**	**1h 53m 49.253s**	**158.993**	**10**
6	**Al Unser Jr. (USA)**	**2**	**Marlboro Team Penske Penske PC27-Mercedes**	**GY**	**197.513**	**1m 06.234s**	**7**	**83**	**1h 53m 52.561s**	**158.916**	**8**
7	**Patrick Carpentier (CDN)**	**33**	**Forsythe Player's Ltd./Indeck Reynard 98I-Mercedes**	**FS**	**196.945**	**1m 06.425s**	**9**	**83**	**1h 53m 53.060s**	**158.905**	**6**
8	***Tony Kanaan (BR)**	**21**	**Tasman Motorsports LCI Reynard 98I-Honda**	**FS**	**191.507**	**1m 06.913s**	**18**	**83**	**1h 53m 53.924s**	**158.885**	**5**
9	**Gil de Ferran (BR)**	**5**	**Walker Valvoline/Cummins Reynard 98I-Honda**	**GY**	**196.890**	**1m 06.443s**	**12**	**83**	**1h 53m 58.478s**	**141.076**	**4**
10	**Ere Ribeiro (BR)**	**3**	**Marlboro Team Penske Penske PC27-Mercedes**	**GY**	**196.719**	**1m 06.501s**	**14**	**83**	**1h 54m 00.055s**	**141.039**	**3**
11	**Robby Gordon (USA)**	**24**	**Arciero-Wells Panasonic/Duskin Reynard 98I-Toyota**	**FS**	**191.835**	**1m 08.194s**	**25**	**83**	**1h 54m 00.539s**	**141.028**	**2**
12	**Alex Zanardi (I)**	**1**	**Target/Chip Ganassi Racing Reynard 98I-Honda**	**FS**	**196.780**	**1m 06.480s**	**13**	**83**	**1h 54m 07.264s**	**140.872**	**–**
13	Christian Fittipaldi (BR)	11	Newman/Haas Kmart Swift 009.c-Ford	GY	195.173	1m 07.028s	19	83	1h 54m 09.724s	140.815	
14	Max Papis (I)	25	Arciero-Wells Racing MCI Reynard 98I-Toyota	FS	193.039	1m 07.769s	24	83	1h 54m 10.270s	140.803	
15	*JJ Lehto (SF)	9	Hogan Motor Leasing Reynard 98I-Mercedes	FS	195.683	1m 06.853s	17	82	Em prova		
16	*Alex Barron (USA)	36	All American Racers Castrol/Degree Eagle 987-Toyota	GY	190.797	1m 08.565s	26	81	Em prova		
17	*Helio Castro-Neves (BR)	16	Bettenhausen Alumax Aluminum Reynard 98I-Mercedes	GY	194.453	1m 07.276s	20	80	Acidente		
18	Arnd Meier (D)	77	Davis Hasseroder Pils/TotalTel Lola T97/00-Ford	GY	189.358	1m 09.086s	27	75	Em prova		
19	Mark Blundell (GB)	18	PacWest Racing Group Motorola Reynard 98I-Mercedes	FS	197.101	1m 06.372s	8	70	Acidente		
20	PJ Jones (USA)	98	All American Racers Castrol/Degree Reynard 98I-Toyota	GY	189.311	1m 09.103s	28	55	Acidente		
21	Michael Eretti (USA)	6	Newman/Haas Kmart/Texaco Havoline Swift 009.c-Ford	GY	196.941	1m 06.426s	10	55	Acidente		
22	Greg Moore (CDN)	99	Forsythe Player's Ltd./Indeck Reynard 98I-Mercedes	FS	197.918	1m 06.098s	6	52	Acidente		
23	Gualter Salles (BR)	34	Payton/Coyne SmithKline Beecham Reynard 97I-Ford	FS	193.106	1m 07.745s	23	35	Rodada		
24	Richie Hearn (USA)	10	Della Penna Budweiser/Ralphs Swift 009.c-Ford	FS	196.465	1m 06.587s	15	30	Transmissão		
25	Bryan Herta (USA)	8	Team Rahal Shell Reynard 98I-Ford	FS	198.625	1m 05.863s	3	2	Fuga radiador		
26	Dario Franchitti (GB)	27	Team KOOL Green Reynard 98I-Honda	FS	199.182	1m 05.679s	1	0	Acidente		1
27	Jimmy Vasser (USA)	12	Target/Chip Ganassi Racing Reynard 98I-Honda	FS	198.712	1m 05.834s	2	0	Acidente		
28	Michel Jourdain Jr. (MEX)	19	Payton/Coyne Herdez/Viva Mexico! Reynard 98I-Ford	FS	193.464	1m 07.620s	22	0	Acidente		

* Piloto Rookie

Beeira amarela: Voltas 1–4, acidente/Herta, Franchitti, Vasser e Jourdain; volta 14, rodada/Meier; voltas 36–39, rodada/Salles; voltas 52–53, rodada/Barron; voltas 57–62, acidente/Eretti, Jones e Blundell. **Total:** Cinco durante 17 voltas.

Líderes: Mauricio Gugelmin, 1–29 (29 voltas); Greg Moore, 30–52 (23 voltas); Gil de Ferran, 53–57 (5 voltas); Adrian Ferneez, 58–83 (26 voltas). **Totais:** Gugelmin, 29 voltas; Ferneez, 26 voltas; Moore, 23 voltas; de Ferran, 5 voltas.

Volta mais rápida: Greg Moore, 1m 08.287s, 191.574 Km/h na volta 47.

Classificação no campeonato: **1** Zanardi, 190; **2** Vasser, 122; **3** Moore, 118; **4** Ferneez, 110; **5** Eretti e Pruett, 92; **7** Rahal, 75; **8** Franchitti, Herta e de Ferran, 67; **11** Unser, 48; **12** Kanaan e Tracy, 46; **14** Hearn, 36; **15** Castro-Neves, 33; **16** Gugelmin, 30; **17** Carpentier, 23; **18** Blundell, 19; **19** Fittipaldi, 18; **20** Gordon e Papis, 8; **22** Lehto e Ribeiro, 7; **24** Jones, 3; **25** Salles, Jourdain, Barron e Meier, 1.

Nota: O comissário chefe da Cart não atribuiu o ponto a Zanardi referente ao 12° lugar.

AMERICA

FEDEX CHAMPIONSHIP SERIES • 14ª PROVA

Team Green regressa às vitórias

A VITORIA de Dario Franchitti, bem merecida e confirmada no final, representou o triunfo da persistência, tanto dele como da sua equipe Kool Green. O patrão Barry Green trabalhou sem descanso no sentido de recriar o sucesso que teve com Jacques Villeneuve e que culminou com o título da Copa PPG em 1995. Menos boa foi a sua campanha com Raul Boesel e, depois, com Parker Johnstone. No entanto, Green esforçou-se por esclarecer que a falta de resultados não era devida aos pilotos. Mais importante que tudo era a "química" que não surgiu.

"Sempre falei que você pode ter o melhor piloto do mundo e os melhores mecânicos mas, se todos eles não puxarem na mesma direção, se eles não trabalharem juntos, você não pode ganhar corridas," exclamou Green.

A partir da altura em que contratou Franchitti e Paul Tracy em 1997, Green acreditou que tinha todos os ingredientes para o sucesso."

"Tendo sido possível juntar Dario à nossa equipe em finais do ano passado foi uma grande coisa", declarou Green. "Ele trouxe um monte de coisas para a equipe e, o fato de ele se dar tão bem com o Paul Tracy ainda torna tudo melhor. Eles trabalham muito bem juntos. Só em algumas pistas é que não fomos competitivos com o Dario, então, tendo em conta que é o seu segundo ano no CART acho que isso é formidável. Por alturas do meio da temporada fomos realmente rápidos mas ficamos frustrados porque sabíamos que éramos bastante rápidos e bastante bons para ganharmos corridas mas não conseguíamos concretizar no dia da corrida. Os pilotos fizeram uns quantos erros, tivemos alguns problemas com o carro, o pessoal do box também cometeu algumas faltas, bem pequenas mas, nesse campeonato tão competitivo não existe lugar para quaisquer problemas.

"A vitória produz maravilhas para o piloto e maravilhas para a equipe porque a gente tem o nosso plano e o risco antes de ganhar era sair fora da pista, começar a mudar coisas com vista a resultados. Temos que nos manter iguais a nós próprios não importa como. A vitória na corrida só veio confirmar tudo - que estamos fazendo tudo certo, que realizamos a abordagem de forma correta e que somos bons que baste para ganharmos corridas. Apesar do Team Green e a maior parte do pessoal do team ter ganho imensas corridas com a gente no passado, já lá vai um tempo, para eles foi uma chamada de atenção de que todos fizemos o que tínhamos que fazer. Foi um grande alívio."

Fotos: Michael C. Brown

Tendo ameaçado irromper em várias ocasiões anteriores, Dario Franchitti alcançou finalmente a sua primeira vitória na Champ Car, terminando o longo jejum de triunfos de Barry Green.

É TRADICIONAL a estratégia desempenhar um papel importante na definição dos resultados da Texaco/Havoline 200 em Road America. Nesta ocasião o Team Kool Green tomou todas as melhores decisões permitindo a Dario Franchitti no Reynard-Honda nº 27 emergir na frente do resto do grupo com todo o à vontade – liderado pelo homem da pole e primeiro líder Michael Andretti no Swift-Ford/Cosworth – após a última visita aos boxes.

"No arranque da corrida o Michael foi embora," admitiu Franchitti que tinha qualificado o seu carro em sexto lugar. "Foi como se tivesse desaparecido" mas eu estava a agüentar. Depois, na última parada no box quando eu tinha já aquela grande vantagem pensei então que podíamos mesmo ganhar a corrida."

Mas no pensamento de Franchitti morava cenário idêntico passado um mês antes em Toronto onde ele tinha liderado para Andretti e foi impedido de marcar a sua primeira vitória em Champ Car... só por causa de um problema de freios que esteve na origem duma rodada quando faltavam doze voltas. Desta vez não devia haver tal desgosto.

"Era só uma questão de ser cauteloso para o final," falou ele. "Mas podia ter cuidado e andar no mesmo ritmo do cara que perseguia que, aliás, me surpreendeu bastante. Aí então eu pensei, bom já que estou aqui não posso deitar fora o trabalho feito, então levantei o pé e tratei muito bem a minha máquina."

A vitória de Franchitti foi bem merecida. Andretti sofreu outro desapontamento quando o seu pneu Goodyear traseiro se desintegrou a meio da volta final. Na segunda posição chegou Alex Zanardi que marcou mais uma vez a sua patente de vir de trás para afrente depois de ter-se visto envolvido num incidente com Al Unser Jr. na volta de abertura.

Perfeitas condições de tempo e um compacto grupo de 28 carros atraíram uma multidão recorde de mais de 75.000 espectadores ao belo cenário de Kettle Moraine a pouco mais de uma hora de Milwaukee, Wisconsin. Eles estavam convocados para um concurso excepcional. Andretti fez as honras de obter a pole – curiosamente a sua primeira desde Long Beach em 1995. O campeão do ano anterior teve o cuidado de liderar até à Curva Um. Os dois carros da equipe Rahal, Reynard-Ford, de Bryan Herta e de Bobby Rahal ficaram empatados atrás quando o pelotão descia a encosta sob a ponte Briggs & Stratton em direção à Curva Três onde Scott Pruett, na quarta posição, era desalojado sem hipóteses pela firme intenção de Gil de Ferran, vindo de trás. O contato foi acidental e de Ferran teve oportunidade de pedir desculpas mais tarde, mas o Reynard-Ford de Pruett foi mandado de lado para a zebra justo no meio da curva. O californiano conseguiu manter o controlo possível permitindo-lhe recomeçar em 11º. Para trás, gerou-se uma pequena confusão com vários carros abrandando no sentido de evitarem uma catástrofe potencial. Zanardi não estava entre esses que levantaram o pé. Ao contrário, aparentemente distraído com o trabalhos dos que estavam na sua frente, Zanardi trepou na traseira do Penske-Mercedes de Unser, levantando vôo para aterrar na terra.

"Fui mesmo abalroado pela traseira com muita, muita força. Quem quer que tenha sido usou-me como freio," falou Unser muito zangado, já que se tinha qualificado num respeitável 10º lugar e esperava a sua vez de poder fazer uma boa corrida.

"Não sei bem o que aconteceu," respondeu Zanardi. "Vi uma pequena nuvem de fumo e a única coisa que eu pude fazer foi apertar os freios a fundo. Não podia para onde estava indo e, logo a seguir entrava na traseira do Al Unser Jr. Tenho muita pena de ter arruinado a corrida dele e, uma vez mais, tive muita sorte porque saí daquela situação."

Zanardi aparecia em sétimo, depois de ter recomeçado em 11º mas cedo o seu Reynard-Honda começava a deslizar para baixo da tabela devido aos pneus muito danificados que originavam grande vibração. Finalmente, na volta sete, ele entrava nos boxes para um novo jogo de pneus Firestone. O italiano regressava muito atrasado, em último, mas voltou a receber a sua parte de sorte duas voltas depois quando foi dada a primeira situação de precaução total, necessária por causa do seu companheiro de equipe, André Ribeiro, ter estacionado o carro na borda da pista num local considerado muito perigoso, com o motor quebrado.

A maior parte dos líderes aproveitaram a ocasião para executarem as suas primeiras visitas aos boxes, incluindo Andretti que tinha um avanço maciço de oito segundos na primeira meia-dúzia de voltas.

Todos os que foram aos boxes ficavam agora obrigados a uma estratégia de três paradas. Herta e Rahal, entretanto, preferiram uma tática diferente. Deixaram-se ficar na pista, assumiram as duas melhores posições na frente tencionando executar somente duas paradas. O mesmo para Greg Moore que rodava em sétimo mas agora se encontrava em terceiro ao volante do seu Reynard-Mercedes.

Poucas voltas mais tarde tudo recomeçava de novo com Rahal fazendo uma bela arrancada passando Herta graças à carona do carro da frente, em direção à Curva Um. Pouco mais à frente, Herta era pressionado por Moore na descida para a Curva Cinco. Herta

QUALIFICAÇÃO

Uma muito prometedora sessão de testes na competitiva pista de 6,4 km de Road America duas semanas antes da corrida tinha deixado as equipes da Goodyear confiantes no sucesso. Assim foi, a melhor qualificação provisória na sexta de manhã viu Gil de Ferran no topo da tabela com o seu Reynard-Honda de Derrick Walker. Também Michael Andretti estava na luta em nome da Newman/Haas racing, terceiro mais rápido apesar de ter sido atrasado na última volta. Al Unser Jr., 5º com o Penske-Mercedes em vias de progresso e Christian Fittipaldi, 7º no segunda Swift-Ford da Newman/Haas também parecia em boa forma.

De Ferran continuou mostrando serviço na manhã de sábado para deitar fora as esperanças de ganhar a pole quando derrapou para a caixa de brita, faltavam minutos para o final da sessão.

"A gente podia ter o carro na pole mas, infelizmente eu tive uma saída com o meu último jogo de pneus", relatou o brasileiro, muito aborrecido. "Você tem de dirigir aqui com tão pouca aderência que torna a traseira do carro muito nervosa."

O azar de de Ferran foi a sorte de Andretti que estabeleceu o recorde da volta em 234,553 km/h. "Foi uma qualificação perfeita", falou Andretti no final de assegurar a sua 31ª pole em Champ Car mas, curiosamente, a sua primeira em 60 corridas. "Isto até parece uma vitória para mim, só espero que parte do nosso sucesso seja transferido para amanhã."

Bryan Herta produziu mais uma das suas performances canhão no Reynard-Ford de Bobby Rahal lançando o carro na última curva cortando a linha de cronometragem de lado...que ele não controlaria totalmente dando uma rodada à saída. Mesmo assim completava o seu objetivo garantindo a outra posição na primeira linha da frente do grid de largada. Seu companheiro Bobby Rahal, que também protagonizou o papel de vedeta teve de contentar-se com a terceira marca na linha de largada na frente de Scott Pruett, de Ferran e Dario Franchitti, que também derrapou na Curva 14. O líder do campeonato, Alex Zanardi, que batera na sexta-feira não conseguia melhor que um 11º lugar.

BRIGGS & STRATTON
PLAYER'S
TARGET
Marlboro

PLAYER'S
TARGET
Marlboro
Mobil 1
GE Capital

Página ao lado: Enquanto o pelotão efetua a Curva Três na primeira volta, Alex Zanardi, no Target Reynard-Honda, empurra Al Unser Jr., em Penske, atirando o carro propulsionado pela Mercedes, para fora de pista e para a caixa de brita, onde é abalroado por Patrick Carpentier (à esquerda). Embora Unser tenha saído ileso (abaixo à esquerda) estava decididamente pouco satisfeito.

bem tentou proteger a sua segunda posição mas esperou demais para fazer a freada, tudo parecendo que ia dar um toque na traseira do seu companheiro e patrão – o que não seria nada bom para a sua carreira. Herta colocou então o carro de lado, perdeu o controlo e despistou-se. Alguns segundos depois, Alex Barron rodou o seu Eagle-Toyota quando tentava bater na freada o seu companheiro PJ Jones em Reynard-Toyota, exatamente no mesmo local. O Eagle terminava a sua carambola em cima do Reynard-Ford de Herta e, nova situação de precaução. Inexplicavelmente a equipe Rahal decidiu mudar de tática chamando o patrão ao box. Regressava no final de todo o pelotão agora obrigado a fazer três paradas. Mas Rahal nunca mais voltaria a dar nas vistas embora a sua vontade não estivesse recebendo ajuda pelo fato de Herta ter empenado o aerofólio traseiro, quebrando parte do lado esquerdo o que provocava uma excessiva tendência para o carro fugir de traseira.

A equipe de Moore, pelo contrário, manteve o seu programa. O canadense recomeçou liderando e manteve a posição até à volta 17 quando então foi passado por Andretti na reta principal. Logo a seguir Moore foi ao box para a sua primeira assistência prevista. O serviço foi cumprido com a habitual rapidez da sua equipe. Quando Moore tentava regressar à pista, seu câmbio quebrou de repente.

"Tudo estava correndo conforme planejado", relatou Moore. "Entrei, fizemos um bom serviço no box, engrenei a primeira e qualquer coisa se quebrou na hora. É muito triste."

Andretti recuperou a vantagem mas agora Franchitti tinha-se deslocado para a sua traseira tirando partido de vários reabastecimentos. Andretti liderou até voltar ao box na volta 26. Foi um momento crucial, pois Franchitti, usando uma mistura de combustível muito pobre podia ainda fazer mais uma volta antes de recorrer à sua assistência. Esse fato, aliado ao excelente trabalho realizado pela equipe de Kyle Moyer permitiu que Franchitti regressasse à pista no comando no final da segunda ronda de paradas nos boxes.

De Ferran herdava a segunda posição de Andretti em virtude de um serviço rápido mas voltou a perder bastante quando foi para seu último abastecimento na volta 37, umas três voltas mais cedo que Andretti. O brasileiro perdia ali a quarta posição por causa de uma quebra irreparável do motor, faltavam sete voltas para o final.

Entretanto Zanardi ia subindo na tabela depois da sua anterior desventura. Encontrou boa companhia em Adrian Fernandez que vinha mantendo na quarta posição o Reynard-Ford até sair ligeiramente na volta 35. Mais tarde o mexicano reforçava a falta anterior esquecendo cativar o limitador de velocidade na sua última passagem pela zona

Abaixo: Christian Fittipaldi teve alguma boa sorte para variar, alcançando um terceiro lugar na última volta depois do seu companheiro de equipe na Newman/Haas Michael Andretti ter furado e saído de pista.

dos boxes. Apesar de ter sido obrigado a uma parada suplementar regulamentar ele ainda conseguiu salvaguardar uma quinta posição final. O companheiro na Patrick Racing, Pruett não foi tão sortudo. Com quebra no motor foi obrigado a desistir do sétimo lugar na 24ª volta.

Zanardi subiu para terceiro, bem perto na traseira de Andretti depois da sua última parada no box. O par continuou correndo junto e ambos marcaram alguns excelentes tempos por volta antes de Andretti terminar prematuramente na última volta. Zanardi herdou a segunda posição seguido do companheiro de Andretti Christian Fittipaldi cuja boa corrida foi interrompida pela menos boa parada na box no início, devido a um problema no sistema de reabastecimento. A sua última assistência foi, por outro lado, perfeita dando possibilidades de colocar-se na frente do estreante Tony Kanaan. O jovem brasileiro não tivera muita oportunidade de conhecer bem o circuito antes da corrida. Contudo, tirando uma ligeira saída da pista a quatro voltas do final ele averbou um excelente quarto lugar no Reynard-Honda de Steve Horne.

"Cometi um erro de principiante. Entrei na parte suja da pista e saí," admitia Kanaan. "Digamos que estou 50 por cento feliz porque a equipe fez um trabalho magnífico e eu deixei-os para trás por causa de um pequeno erro. Mas eu ainda estou aprendendo."

Mas o dia pertencia a Franchitti: "É bom o que sentimos, eu estava simplesmente dirigindo e gozando tudo na maior. É interessante quando a gente tem uma almofada boa para não termos que nos preocupar se temos alguém mesmo atrás da gente."

A hora de triunfo dos seus 25 anos de idade foi completa quando Franchitti soube que se tornara o primeiro escocês a vencer uma prova de Champ Car desde que Jim Clark venceu de largo a Indianapolis 500 em 1965.

"O que é que eu falo sobre Jim Clark? Ele é o meu herói," falou Franchitti. "É maravilhoso, estou tão orgulhoso com a equipe, todo o mundo fez um grande trabalho, agora preciso de ir festejar."

Os infortúnios de Andretti

DAMA da Sorte não esteve ao lado de Michael Andretti em meados de agosto. E daí até talvez estivesse por motivos diferentes quando enviou o Swift-Ford nº 6 fora de controlo a alta velocidade em duas corridas consecutivas do Campeonato FedEx, com Andretti saindo ileso em ambas as ocasiões.

A primeira desventura do Campeão PPG de 1991, com potencialidade de calamidade aconteceu em Mid-Ohio quando ele foi enviado espetacularmente para fora da pista a mais de 290 km/h, depois de receber um chega para lá de PJ Jones. Regressou bem a Road America uma semana mais tarde, qualificando-se na pole e liderando o processo nas primeiras voltas. Parecia destinado a um excelente segundo lugar, quando o seu Goodyear traseiro esquerdo rebentou a 320 km/h, exatamente na última volta, mesmo antes da freada para a Curva Cinco. Uma vez mais Andretti foi passageiro da situação blocando as restantes três rodas para bater na barreira de pneus.

"O pneu rebentou e eu bati", falou sucintamente Andretti. "Não sabemos se foram pedaços de outros carros que causaram o furo. Não é nada bom terminar as duas últimas corridas com acidentes. Tínhamos um bom segundo lugar, o carro estava bom para a distância, só perdemos a liderança porque tínhamos que entrar cedo no box devido ao desgaste dos pneus. Dario andou bem com pouco peso de combustível enquanto estava parado no box. É um grande aborrecimento porque esperávamos muito desta corrida e porque tínhamos carro para ganhar."

O diretor de operações da Goodyear, Steve Orlando afirmou que o acidente foi uma infelicidade pois ensombrou um magnífico desempenho de toda a equipe Newman/Haas, incluindo o terceiro lugar na chegada para Christian Fittipaldi. Houve imensos pneus cortados durante o final de semana e nós estamos pensando que foi essa a causa dos problemas."

Fotos: Michael C. Brown

BREVES ROAD AMERICA

• Um programa de melhoramentos do circuito no valor de 1.7 milhões de dólares, que inclui aumento das áreas de escapatória nas Curvas Um e 14, extensa provisão de redes contra projeções e a nova ponte de acesso à espetacular Curva do Carrossel mereceram aprovação unânime de todo o mundo na comunidade CART.

• Scott Pruett foi o primeiro piloto de Champ Car a comprometer-se com uma nova equipe para 1999 anunciando o fim da sua associação de cinco anos com a Patrick Racing para ingressar na Arciero Wells Racing.

• André Ribeiro do Team Penske correu sofrendo de um osso quebrado na perna esquerda quando bateu forte na qualificação de sexta-feira. O ferimento aconteceu devido a um componente da suspensão ter furado o chassi. O pessoal da assistência providenciou um suporte especial para a perna para além de adicionar proteção no interior.

• O quarto melhor tempo na qualificação de sexta-feira de Greg Moore foi anulado por o Reynard-Mercedes ter menos de duas polegadas de altura na zona dos flancos. Moore saiu da oitava posição.

• J. Andreas Grajewski, nascido na Polônia, proprietário da J.A.G. Sports Management (assim como também dono da equipe profissional de futebol Widzew Lodz e da pista de motociclismo J.A.G.) foi oficialmente confirmado como sócio da Davis Racing com o texano Gerald Davis. Arnd Meier celebrou o ato com um 10º lugar, o melhor da sua carreira ao volante do Lola T98/00.

• O Team Rahal fez a dobradinha depois da primeira situação de precaução até Bryan Herta ter saído da pista na aproximação à Curva Cinco, danificando a asa traseira do patrão Bobby Rahal. Rahal foi prejudicado com muita falta de aderência do trem traseiro, chegando em oitavo.

• Os homens da Patrick Racing, Scott Pruett e Adrian Fernandez foram ambos vítimas de saídas de pista na Curva Oito durante a qualificação de sábado, levando Fernandez a afirmar: " O Scott já estava na caixa de brita e só quis ver se ele estava bem".

FEDEX CHAMPIONSHIP SERIES • PROVA 14

TEXACO/HAVOLINE 200

ROAD AMERICA, ELKHART LAKE, WISCONSIN

16 AGOSTO, 50 voltas – 325.731 Km

Clf	Piloto (Nac.)	Nº.	Patrocinadores Chassis-Motor	Pneus	Qlf Veloc.	Q Tempo	Pos.	Voltas	Tempo/Causa	Média	Pts.
1	**Dario Franchitti (GB)**	27	**Team KOOL Green Reynard 98I-Honda**	FS	233.034	1m 40.640s	6	50	1h 35m 30.767s	204.620	21
2	**Alex Zanardi (I)**	1	**Target/Chip Ganassi Racing Reynard 98I-Honda**	FS	232.030	1m 41.076s	11	50	1h 35m 37.869s	204.367	16
3	**Christian Fittipaldi (BR)**	11	**Newman/Haas Kmart Swift 009.c-Ford**	GY	232.945	1m 40.675s	7	50	1h 36m 14.689s	203.063	14
4	***Tony Kanaan (BR)**	21	**Tasman Motorsports LCI Reynard 98I-Honda**	FS	231.795	1m 41.178s	12	50	1h 36m 16.901s	202.986	12
5	**Adrian Fernandez (MEX)**	40	**Patrick Tecate Beer/Quaker State Oil Reynard 98I-Ford**	FS	232.609	1m 40.824s	9	50	1h 36m 17.864s	202.952	10
6	**Paul Tracy (CDN)**	26	**Team KOOL Green Reynard 98I-Honda**	FS	230.327	1m 41.823s	17	50	1h 36m 22.770s	202.780	8
7	**Mark Blundell (GB)**	18	**PacWest Racing Group Motorola Reynard 98I-Mercedes**	FS	231.069	1m 41.496s	15	50	1h 36m 22.934s	202.774	6
8	**Bobby Rahal (USA)**	7	**Team Rahal Miller Lite Reynard 98I-Ford**	FS	233.721	1m 40.344s	3	50	1h 36m 37.139s	202.278	5
9	**Jimmy Vasser (USA)**	12	**Target/Chip Ganassi Racing Reynard 98I-Honda**	FS	231.103	1m 41.481s	14	50	1h 36m 37.851s	202.252	4
10	**Arnd Meier (D)**	77	**Davis Hasseroder Pils/TotalTel Lola T98/00-Ford**	GY	227.986	1m 42.869s	27	50	1h 36m 38.365s	202.234	3
11	**Max Papis (I)**	25	**Arciero-Wells Racing MCI Reynard 98I-Toyota**	FS	230.009	1m 41.964s	19	50	1h 36m 45.096s	202.000	2
12	**Robby Gordon (USA)**	24	**Arciero-Wells Panasonic/Duskin Reynard 98I-Toyota**	FS	229.431	1m 42.221s	23	50	1h 36m 46.464s	201.953	1
13	Richie Hearn (USA)	10	Della Penna Budweiser/Ralphs Swift 009.c-Ford	FS	229.276	1m 42.290s	25	50	1h 36m 50.105s	201.826	
14	Michel Jourdain Jr. (MEX)	19	Payton/Coyne Herdez/Viva Mexico! Reynard 97I-Ford	FS	229.358	1m 42.253s	24	50	1h 37m 08.791s	201.179	
15	Michael Andretti (USA)	6	Newman/Haas Kmart/Texaco Havoline Swift 009.c-Ford	GY	234.553	1m 39.988s	1	49	Acidente/pneu		1
16	Gil de Ferran (BR)	5	Walker Valvoline/Cummins Reynard 98I-Honda	GY	233.443	1m 40.464s	5	43	Motor		
17	Gualter Salles (BR)	34	Payton/Coyne SmithKline Beecham Reynard 97I-Ford	FS	229.988	1m 41.973s	20	41	Motor		
18	*JJ Lehto (SF)	9	Hogan Motor Leasing Reynard 98I-Mercedes	FS	230.277	1m 41.845s	18	32	Escapamento		
19	Mauricio Gugelmin (BR)	17	PacWest Racing Group Hollywood Reynard 98I-Mercedes	FS	229.951	1m 41.990s	21	29	Freios		
20	Scott Pruett (USA)	20	Patrick Visteon Reynard 97I-Ford	FS	223.580	1m 40.405s	4	24	Motor		
21	Greg Moore (CDN)	99	Forsythe Player's Ltd./Indeck Reynard 98I-Mercedes	FS	232.764	1m 40.757s	8	18	Transmissão		
22	PJ Jones (USA)	98	All American Racers Castrol/Degree Reynard 98I-Toyota	GY	225.366	1m 44.065s	28	14	Rodada		
23	Bryan Herta (USA)	8	Team Rahal Shell Reynard 98I-Ford	FS	234.365	1m 40.069s	2	10	Acidente		
24	*Alex Barron (USA)	36	All American Racers Castrol/Degree Eagle 987-Toyota	GY	229.157	1m 42.343s	26	10	Acidente		
25	Andre Ribeiro (BR)	3	Marlboro Team Penske Penske PC27-Mercedes	GY	231.164	1m 41.454s	13	7	Motor		
26	*Helio Castro-Neves (BR)	16	Bettenhausen Alumax Aluminum Reynard 98I-Mercedes	GY	229.920	1m 42.003s	22	2	Motor		
27	Al Unser Jr. (USA)	2	Marlboro Team Penske Penske PC27-Mercedes	GY	232.242	1m 40.983s	10	0	Acidente		
28	Patrick Carpentier (CDN)	33	Forsythe Player's Ltd./Indeck Reynard 98I-Mercedes	FS	230.412	1m 41.785s	16	0	Acidente		

* Piloto Rookie

Bandeira amarela: Volta 9, rebocado/Ribeiro; voltas 11–13, acidente/Herta e Barron. **Total:** Duas durante 4 voltas.

Líderes: Michael Andretti, 1–9 (9 voltas); Bryan Herta, 10 (1 volta); Greg Moore, 11–16 (6 voltas); Andretti, 17–25 (9 voltas); Dario Franchitti, 26–27 (2 voltas); JJ Lehto, 28 (1 volta); Bobby Rahal, 29 (1 volta); Franchitti, 30–50 (21 voltas). **Totais:** Franchitti, 23 voltas; Andretti, 18 voltas; Moore, 6 voltas; Herta, 1 volta; Lehto, 1 volta; Rahal, 1 volta.

Volta mais rápida: Alex Zanardi, 1m 41.874s, 230.211 Km/h na volta 49 (recorde).

Classificação no campeonato: 1 Zanardi, 206; 2 Vasser, 126; 3 Fernandez, 120; 4 Moore, 118; 5 Andretti, 93; 6 Pruett, 92; 7 Franchitti, 88; 8 Rahal, 80; 9 Herta e de Ferran, 67; 11 Kanaan, 58; 12 Tracy, 54; 13 Unser, 48; 14 Hearn, 36; 15 Castro-Neves, 33; 16 Fittipaldi, 32; 17 Gugelmin, 30; 18 Blundell, 25; 19 Carpentier, 23; 20 Papis, 10; 21 Gordon, 9; 22 Lehto e Ribeiro, 7; 24 Meier, 4; 25 Jones, 3; 26 Salles, Jourdain e Barron, 1.

1 - FRANCHITTI

2 - ANDRETTI

3 - PRUETT

FEDEX CHAMPIONSHIP SERIES • 15ª PROVA

VANCOUVER

Fotos: Michael C. Brown

Foto principal: A zona ribeirinha de Vancouver proporciona um fundo espetacular enquanto Michael Andretti e Dario Franchitti lideram o pelotão. Uma ultrapassagem decisiva a seis voltas do fim deu ao escocês sua segunda vitória consecutiva.

À esquerda: O terceiro classificado Scott Pruett, Franchitti, o dono de equipe Barry Green e Andretti exibem seus troféus após uma corrida repleta de incidentes.

QUALIFICAÇÃO

Christian Fittipaldi foi a vedeta dos treinos, mais rápido em ambos no seu Swift-Ford/Cosworth. Depois de figurar em quarto no grid provisório de sexta-feira, o piloto brasileiro foi infeliz, descendo para 12º na listagem final, prejudicado por trânsito lento nas voltas mais rápidas.

"O carro estava bom", falou, "só não me foi possível encontrar uma volta limpa quando os pneus estavam no seu melhor. Não estava um carro capaz da pole mas podia ter sido terceiro ou quarto."

O líder do Campeonato, Alex Zanardi foi o mais rápido na qualificação de sexta mas também ele se queixou de ter sido atrasado, no caso por Mark Blundell, num momento crucial da qualificação.

"Estava bastante confiante em obter a pole porque melhoramos bastante o carro esta manhã", declarou depois de ser baixado para terceiro no grid por Dario Franchitti e por Bryan Herta. "Podia ter sido bastante mais rápido, é uma pena, mas, mesmo assim, ainda tenho uma boa posição de largada e tenho um grande carro para amanhã."

Franchitti saltou para a ponta da tabela nos cinco minutos iniciais da sessão final, depois marcou novo tempo quando faltavam cinco minutos para o encerramento. Herta (Reynard-Ford) ficou a um décimo de segundo.

"Tenho de prestar minha homenagem ao engenheiro de pista Ray Leto e à minha equipe," falou Herta, que não tinha gostado do comportamento do seu carro na sexta-feira. "Eles transformaram completamente o meu carro e eu sentia-me bem confortável."

Mas Franchitti manteve-se fora de alcance, não obstante os seus pneus ficarem com bolhas nos últimos minutos amputando qualquer hipótese de melhorar os tempos.

Com a pole no bolso, o escocês exclamava: "Está tudo dando certo na equipe. Eu estava um pouco preocupado se alguém me tirasse o melhor tempo quando comecei a ver bolhas no segundo jogo de pneus, especialmente na aproximação à Curva Um. A culpa foi minha, eu estava esforçando muito. Mas o tempo ficou e assim tenho mais uma hipótese para o dinheiro da Pole Marlboro que eu não podia deixar de ganhar, a pedido da minha equipe. Vamos ter cuidado amanhã."

DARIO Franchitti foi a força dominante na Molson Indy de Vancouver. Mas ele teve de dar no duro para segurar a vitória, a sua segunda consecutiva para a Kool Green.

Franchitti qualificou-se na pole pela quarta vez em 98 estabelecendo um ritmo endiabrado. Seu carro, o Reynard-Honda da Kool esteve entre os mais rápidos naquele circuito urbano de Concord Pacific Place. Mas a grande variedade de estratégias montadas para as paradas nos boxes levou Franchitti a recomeçar atrás de Andretti depois da segunda assistência na volta 51. Franchitti aceitou o desafio, forçou Andretti a um erro raro na volta 80, completou uma passagem oportuna e foi a caminho da bandeira axadrezada.

"Foi muito especial", falou Franchitti, "o fato de termos trabalhado no duro. Uma coisa é fazer uma corrida e ganhar à base da estratégia ou ser o carro mais rápido, outra é correr diretamente contra alguém e ultrapassar, é uma coisa agradável."

Andretti terminou segundo pela quarta vez em 1998 com Scott Pruett (Reynard-Ford) em terceiro à frente de Alex Zanardi para quem, aliás, a quarta posição era suficiente para lhe dar o segundo título consecutivo na Copa PPG.

Perfeitas condições de tempo e arquibancadas cheias de público asseguravam o espetáculo no momento da largada. Foi também perfeito para Franchitti que tomou a liderança em direção à viciosa curva à frente dos boxes, a Curva 14, levando com ele Bryan Herta e Zanardi. Mais para trás crescia o rumor da multidão ovacionando o herói local Greg Moore (Reynard-Mercedes) impedindo Tony-Kanaan (Reynard-Honda) de roubar a quarta posição, mas tudo o que aconteceu foi perder duas outras posições para Andretti e Paul Tracy, este no segundo Reynard-Honda da Kool Green.

Franchitti completou a primeira volta, das 90 previstas, já com 2,3 segundos limpos à frente de Herta (Reynard-Ford) para alargar a margem para os 3,2; 3,8; 4,6 e 4,8 segundos no decurso das quatro voltas seguintes. Tudo iria por água abaixo na primeira precaução na volta 11 quando tudo correu mal numa tentativa do companheiro de Moore, Patrick Carpentier de passar Jimmy Vasser para a 14ª posição. Ambos ficaram firmemente parqueados contra a barreira de pneus na Curva Um.

No recomeço, Franchitti rapidamente restabeleceu a sua superioridade afastando-se cinco segundos de Herta em apenas 3 voltas. Mais uma vez não houve tempo para respirar pois depressa surgiram de novo as bandeiras de precaução na volta 21 quando PJ Jones derrapou (Reynard-Toyota) na Curva Nove. Desta vez, porém, a maior parte dos lideres aproveitaram para executar as suas primeiras paradas nos boxes. Hélio Castro-Neves (Reynard-Mercedes) não se encontrava entre eles. O jovem brasileiro e caloiro nestas andanças tinha obtido a nona posição na qualificação para a equipe de Bettenhausen, mas fora obrigado a sair da última posição do grid devido ao módulo de controlo do motor ter enguiçado durante as voltas de apresentação. Bettenhausen achou valer a pena fazer a jogada para ganhar um pouco de espaço na pista dispensando a oportunidade de executar uma parada no box.

Castro-Neves comandou naturalmente no recomeço, seguido de Al Unser Jr., que se tinha qualificado num desmaiado 22 lugar (embora a somente 1,3 segundos da pole) no Penske-Mercedes. Graças à perspicácia de Roger Penske ele tinha sido abastecido numa situação de precaução anterior. Pelo seu lado Unser não necessitava de receber combustível. Mark Blundell (Reynard-Mercedes) e Alex Barron (Eagle-Toyota) estavam em terceiro e quarto beneficiando da mesma estratégia. Seguiam-se Franchitti, Kanaan, Tracy e Zanardi que, um tanto curiosamente, dera uma rodada na Curva Quatro repartindo da última posição mas com tanta sorte que a interrupção seguinte permitiu chegar mais perto do pelotão.

A troca de posições admitiu que outros menos famosos tivessem oportunidade de revelar os seus talentos. Castro-Neves, aceitando bem o desafio, estabelecia a volta mais rápida da corrida na 30ª passagem manifestando uma liderança de quase 17 segundos sobre Unser e Franchitti na volta 41. Ele tinha que dar uma parada nos boxes na volta seguinte mas, um tanto cruelmente, não chegou lá. Seu carro ficou parado antes da curva 11, com o tanque vazio.

"Bom, foi uma infelicidade ver a corrida acabar dessa maneira", comentava calmamente o jovem brasileiro. "A gente teve um problema antes da largada e tivemos de trocar o ECM. Pelos vistos, porque se tratava de um aparelho diferente ele deu leituras diferentes do consumo de combustível e ficamos secos a meia volta dos boxes."

Os da frente agora seguiam diversas estratégias de visitas aos boxes. A pouca sorte de Castro-Neves provocou a terceira precaução do dia, durante a qual Zanardi, Barron (que rodava e sexto), Andretti (que caíra para 11º devido a perda de tempo no box) e Pruett estavam entre os que optaram pela segunda parada. Unser, contudo, tomou as operações em mão ainda perseguido por Franchitti que estava cheio de trabalho a evitar Kanaan. Blundell manteve a

Shell
Kmart
Havoline

À esquerda: No seu regresso ao palco da sua primeira vitória na Champ Car em 1997, Mauricio Gugelmin teve de se contentar com o sexto lugar no Hollywood Reynard-Mercedes.

Uma audaz estratégia de box ajudou Al Unser Jr. (abaixo) a manter o seu impressionante palmarés em Vancouver com o quinto lugar para a Penske.

À esquerda: Atividade frenética nos boxes enquanto Michael Andretti (ao fundo), Bryan Herta, Bobby Rahal, Christian Fittipaldi e Gil de Ferran reabastecem. Porém, Tony Kanaan já está de volta à pista após o trabalho rápido da Tasman.

À direita: Alex Barron andou na frente no novo Eagle e surpreendentemente, manteve-se nessa posição até rodar contra a barreira de pneus.

Fotos: Michael C. Brown

Zanardi encaixa o segundo título

Fotos: Michael C. Brown

UMA quarta posição fortuita no final da corrida era suficiente para Alex Zanardi assegurar o seu segundo título consecutivo na Copa PPG e o terceiro consecutivo para a Chip Ganassi Racing. O italiano tornou-se o terceiro piloto a ganhar Campeonatos consecutivos na história do CART. Os outros foram Rick Mears, em 1981/82 e Bobby Rahal em 86/87.

"Não estou muito orgulhoso da minha corrida de hoje," admitiu Zanardi, depois de rodar em terceiro nas voltas iniciais mas depois de executar uma rodada por ocasião duma situação de precaução total que o fez descer para o fundo da tabela.

"Enfraquecimento do cérebro", explicou. "Não sei outro modo de explicar isso. Para ser franco, sinto-me um tanto deprimido, venci o Campeonato e não estou feliz. Vancouver é como um lugar amargo para mim. Sou sempre rápido (duas poles em 96 e 97) mas não consigo ganhar."

O patrão Chip Ganassi não se queixava: "É isso que faz dele um grande campeão. Ele foi capaz de recuperar daquele erro. O Zanardi fez hoje uma corrida dos diabos. Acho que tive grande sorte de ter bons parceiros e bons empregados e gente boa para completar esta terceira coroa," continuava Ganassi. "Podem acreditar, é preciso mais do que uma pessoa para fazer ganhar um campeonato. Acontece que eu sou o cara que põe todos os ingredientes no bolo e que se senta olhando o bolo crescer. A qualidade da equipe que eu pretendo é aquela para quem eu gostaria de dirigir e foi o que tive a sorte de reunir graças ao pessoal que tenho à minha volta."

Zanardi chegou a Vancouver com 80 pontos de vantagem sobre o seu companheiro de equipe Jimmy Vasser, que esteve envolvido num acidente com Patrick Carpentier. Adrian Fernandez e Greg Moore, os dois únicos pilotos com chances matemáticas de bater Zanardi também acabaram envolvidos em incidentes.

"Falei para o Alex, quando faltavam cinco voltas, "você está em quarto lugar, pode ficar por aí e ganhar o campeonato ou então, dar gás," relatou ainda Ganassi. "Sabe o que é que ele falou? – "Vamos dar gás." Não deu para passar o Scott Pruett mas isso e tudo o mais é o que faz com que ele esteja aqui hoje."

Os dólares de Dario

A CORRIDA de Molson Indy Vancouver trouxe uma doce vingança a Dario Franchitti que em solo canadense liderou em três ocasiões anteriores mas nunca tinha terminado.

O seu mais recente desgosto aconteceu em Toronto, em Julho quando deu uma rodada que o afastou duma vitória certa, faltavam 15 voltas para o final. O prejuízo foi mais que doloroso pelo fato de custar a Franchitti e à equipe Kool Green o bônus do troféu da pole instituído pela Marlboro para todo o piloto que ganhe a corrida largando da pole.

De cada vez que o prêmio não é entregue, os 15.000 dólares são transportados para o evento seguinte. Em Vancouver estava em 330.000 dólares.

No decorrer da temporada tornou-se quase uma tradição para o homem da pole descurar a coleta do prêmio em benefício da importância de adicionar os 20 pontos acordados para a tabela da Copa PPG destinados à vitória. Ninguém esteve tão perto de receber o prêmio acumulado como Franchitti enquanto se estava aproximando sorrateiramente de Andretti. O escocês admitiu que a idéia lhe ocorreu nas últimas voltas.

"Bem, é tempo de falar a verdade," afirmou Franchitti. "No momento da largada da corrida não pensei nisso mas antes de passar eu pensei: "vamos lá, há aqui muita coisa em jogo, tenho que passar este cara." E foi então que comecei realmente a exercer pressão. Ainda assim, a vitória é muito mais importante que o dinheiro."

Talvez o seja para Dario. Mas o que dirá a equipe do Team Kool que recebeu uma parte do bônus?

"O pessoal foi batendo no meu carro quando estava me dirigindo para o Círculo da Vitória," confessou Franchitti. "Eles são grandes e estavam me batendo com força, estavam muito felizes. Um dos meus mecânicos tinha acabado de comprar uma casa e falou para mim há dias: "se você não começa a ganhar corridas eu vou ter de morar no camião." É muito importante para eles todos porque eles trabalham no duro. A quantidade de horas que eles trabalham é algo de incrível e isto é só uma pequena coisa para eles, uma pequena mas bonita coisa para eles. São muito competitivos e queriam mesmo ganhar."

quarta posição à frente de Tracy e Moore que tinha passado Herta na volta 47. Quatro voltas depois, Richie Hearn tentava desalojar Herta mas, tudo o que conseguiu foi depositar o infeliz Herta na barreira de pneus da Curva Um. Nova precaução.

Desta vez todo o mundo, incluindo Unser, foi aos boxes para a última assistência técnica. De novo a equipe de Franchitti trabalhou muito bem mas não o suficiente para regressar em melhor posição que a quarta atrás de Barron, Andretti e Pruett, todos tendo já recebido combustível oito voltas antes.

Barron assumiu o comando pela primeira vez na sua jovem carreira em Champ Car nesta sua 13ª participação. Era bom ver dois carros inteiramente americanos, com a Swift de Andretti na segunda posição na frente do pelotão.

Muita gente pensava que Andretti tentaria passar Barron logo que as bandeiras verdes fossem mostradas, mas não aconteceu. O californiano, de 28 anos de idade, que há apenas três anos corria em karts, realizou um excelente recomeço. Era claro que ele não ia ceder sem luta. Houve outra interrupção duas voltas depois por causa de um acidente multi-carros na Curva Oito que originou prejuízos para Moore então em nono; mas Barron voltou a executar um fantástico recomeço de prova exagerando um pouco no momento da freada para a curva 8, na volta 62. Barron tentou recompor-se emendando o erro, decidindo executar a curva em vez de escolher a escapatória. Logo a seguir perdia a aderência, derrapava, dava uma rodada e batia nos pneus ficando fora de prova.

A pouca sorte de Barron levou Andretti a tornar-se o quinto líder do dia.

Em situação normal tudo parecia favorável a Andretti mas não, aquele não seria um dia normal. O Campeão PPG de 1991 tinha sido informado pela sua equipe sobre a possibilidade de precisar de uma rápida operação de reabastecimento. Exceto que, devido às sucessivas situações de precaução total formava-se a hipótese de a corrida não chegar ao final previsto devido ao regulamento que obriga a não ultrapassar as duas horas de prova em eventos de pista urbana. Talvez ele pudesse chegar ao final...

Confundido? Também o estavam muitas equipes. Andretti recebera instruções para circular com uma mistura pobre de combustível para chegar ao final. Pelo contrário, Franchitti não tinha essa preocupação. Ele podia continuar numa base de mistura rica mas, seria capaz de arrumar um jeito de passar? "Eu estava a fundo", relatou Franchitti. "Tentei passar uma vez (na Curva Oito à volta 78) mas não deu."

Voltas depois Franchitti capitalizava de uma ligeira distração de Andretti na Curva Oito o que deu para emparelhar com o outro carro até alcançar maneira de passar na zona de freada para a Curva Nove. Foi uma brilhante e incisiva manobra do jovem escocês.

Andretti referiu o acontecimento da seguinte forma: "Tentava segurá-lo sem gastar mais metanol mas ele conseguiu ganhar vantagem. Acho que não fiz as coisas bem. Entrei para a Oito defendendo a minha trajetória e quando atingi a saída evitando de acelerar a fundo, olhei no retrovisor e vi que ele estava me passando. Quando colocou o carro ao meu lado já não havia nada a fazer. Acho que deixei as coisas correrem."

Uma vez na ponta, Franchitti ganhou terreno de imediato ao mesmo tempo que Andretti continuava a poupar combustível. Pouco depois os comissários confirmavam que a corrida não iria até ao final da distância prevista. Andretti voltou a acender a chama mas já era muito tarde. A segunda posição era o melhor que ele podia esperar.

Pruett também se encontrava na mesma situação. Também apertou o acelerador nas voltas finais para terminar perto de Andretti. Zanardi também estava na expectativa não obstante o seu erro anterior, tirando vantagem da pouca sorte de Kanaan que foi expelido da pista por Tracy na Curva Dois, volta 68.

Franchitti realizou uma boa operação. Tendo largado da pole, ficou credor do prêmio Marlboro para a Pole no valor de 330.000 dólares que tem vindo acumulando à razão de 15.000 dólares por evento desde a última vez em que foi reclamado por Zanardi em Cleveland, Julho de 97.

"Finalmente ganhamos o dinheiro", falou Franchitti. "Tivemos algumas oportunidades, é uma boa sensação e o pessoal da equipe bem o merece, eles trabalharam no duro. É uma boa sensação poder retribuir qualquer coisa para eles por tudo o que fizeram por mim."

BREVES VANCOUVER

• A frase da semana veio de Alex Zanardi depois duma breve visita a Itália onde sua mulher, Daniela, estava se preparando para o nascimento do primeiro filho do casal: "Foi bom poder dirigir na autopista de pé no fundo sem ter de pensar em polícias escondidos em todo o lado."

• Al Unser Jr. tirou partido de uma estratégia astuta vinda de Roger Penske (e de uma situação de precaução total bem calculada) para manter o recorde de chegadas em Vancouver (nove ao todo) entre os cinco primeiros.

• Quatro chassis diferentes (Reynard, Penske, Eagle e Swift) e quatro motores diferentes (Honda, Mercedes, Toyota e Ford/Cosworth) estiveram na liderança da corrida.

• Ninguém estava mais contente no final da corrida do que Dan Gurney, cujo protegido, Alex Barron, se tornou no primeiro piloto a liderar uma prova do CART com motor Toyota. Para mais, foi a primeira vez que um chassi Eagle rodou na ponta desde Rocky Moran em Watkins Glen em 1981. "O Alex e a equipe fizeram um trabalho excelente e o motor Toyota funcionou bem", falou Gurney. "

• Os estilos diferentes dos companheiros de equipe Bryan Herta e Bobby Rahal foram amplamente demonstrados em qualificação. De acordo com os dados da telemetria, Rahal era 0,7 segundos mais rápido que Herta entre as curvas oito, nove e 10, mas perdia 1,3 segundos na restante porção do circuito. "Se pudéssemos combinar os dois segmentos, estaríamos na pole com uma milha de vantagem," contou Herta.

• JJ Lehto, que foi oitavo, ficou surpreso e impressionado depois de Zanardi ter revisto no sábado a fita da corrida anterior em Mid-Ohio e do italiano ter pedido desculpa pela sua intervenção na colisão de ambos na reta principal.

• Depois de Robby Gordon ter destruído seu Reynard-Toyota na manhã de sexta-feira, a Arciero-Wells despachou durante a noite (via FedEx, claro) um chassi de reserva a partir da sede na Califórnia do Sul. Foi notável verificar que os mecânicos de Bobby Golanski procederam à transformação integral dum chassi nu em um carro de corridas na noite de sábado.

FEDEX CHAMPIONSHIP SERIES • PROVA 15

MOLSON INDY VANCOUVER

CONCORD PACIFIC PLACE, VANCOUVER, B.C., CANADA

6 SETEMBRO, 86 voltas – 249.403 Km

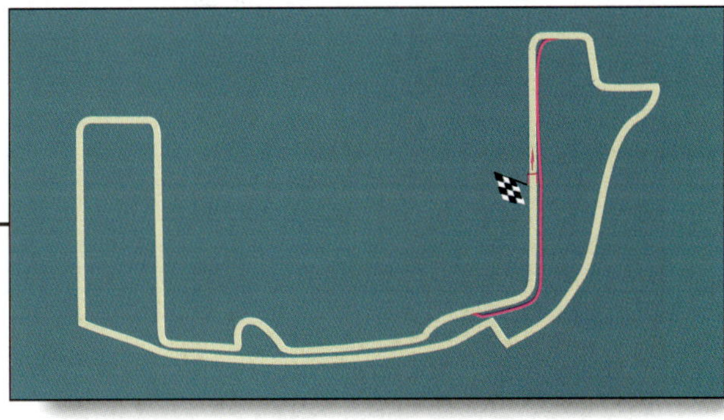

Clf	Piloto (Nac.)	Nº.	Patrocinadores Chassis-Motor	Pneus	Qlf Veloc.	Q Tempo	Pos.	Voltas	Tempo/Causa	Média	Pts.
1	**Dario Franchitti (GB)**	**27**	**Team KOOL Green Reynard 981-Honda**	**FS**	**162796**	**1m 04.130s**	**1**	**86**	**2h 00m 37.871s**	**124.049**	**22**
2	**Michael Andretti (USA)**	**6**	**Newman/Haas Kmart/Texaco Havoline Swift 009.c-Ford**	**GY**	**161484**	**1m 04.651s**	**6**	**86**	**2h 00m 41.308s**	**123.990**	**16**
3	**Scott Pruett (USA)**	**20**	**Patrick Visteon Reynard 971-Ford**	**FS**	**161412**	**1m 04.680s**	**8**	**86**	**2h 00m 42.616s**	**123.967**	**14**
4	**Alex Zanardi (I)**	**1**	**Target/Chip Ganassi Racing Reynard 981-Honda**	**FS**	**162064**	**1m 04.420s**	**3**	**86**	**2h 00m 42.873s**	**123.962**	**12**
5	**Al Unser Jr. (USA)**	**2**	**Marlboro Team Penske Penske PC27-Mercedes**	**GY**	**159537**	**1m 05.440s**	**22**	**86**	**2h 00m 51.703s**	**123.813**	**10**
6	**Mauricio Gugelmin (BR)**	**17**	**PacWest Racing Group Hollywood Reynard 981-Mercedes**	**FS**	**160882**	**1m 04.893s**	**13**	**86**	**2h 00m 52.804s**	**123.793**	**8**
7	**Andre Ribeiro (BR)**	**3**	**Marlboro Team Penske Penske PC27-Mercedes**	**GY**	**160227**	**1m 05.158s**	**19**	**86**	**2h 00m 54.177s**	**123.771**	**6**
8	***JJ Lehto (SF)**	**9**	**Hogan Motor Leasing Reynard 981-Mercedes**	**FS**	**160557**	**1m 05.024s**	**16**	**86**	**2h 00m 55.436s**	**123.748**	**5**
9	**Max Papis (I)**	**25**	**Arciero-Wells Racing MCI Reynard 981-Toyota**	**FS**	**159379**	**1m 05.505s**	**23**	**86**	**2h 00m 57.077s**	**123.721**	**4**
10	**Michel Jourdain Jr. (MEX)**	**19**	**Payton/Coyne Herdez/Viva Mexico! Reynard 971-Ford**	**FS**	**158209**	**1m 05.989s**	**25**	**86**	**2h 00m 57.486s**	**123.713**	**3**
11	**Paul Tracy (CDN)**	**26**	**Team KOOL Green Reynard 981-Honda**	**FS**	**161413**	**1m 04.679s**	**7**	**86**	**2h 00m 57.630s**	**123.711**	**2**
12	**Mark Blundell (GB)**	**18**	**PacWest Racing Group Motorola Reynard 981-Mercedes**	**FS**	**160419**	**1m 05.080s**	**18**	**86**	**2h 00m 58.155s**	**123.702**	**1**
13	Gil de Ferran (BR)	5	Walker Valvoline/Cummins Reynard 981-Honda	GY	160.800	1m 04.926s	14	85	Acidente/freios		
14	Christian Fittipaldi (BR)	11	Newman/Haas Kmart Swift 009.c-Ford	GY	161.056	1m 04.823s	12	85	Em prova		
15	Adrian Fernandez (MEX)	40	Patrick Tecate Beer/Quaker State Oil Reynard 971-Ford	FS	159.564	1m 05.429s	21	84	Em prova		
16	Richie Hearn (USA)	10	Della Penna Budweiser/Ralphs Swift 009.c-Ford	FS	161.159	1m 04.781s	10	73	Acidente		
17	Dennis Vitolo (USA)	34	Payton/Coyne SmithKline Beecham Reynard 971-Ford	FS	150.946	1m 09.164s	28	69	Transmissão		
18	*Tony Kanaan (BR)	21	Tasman Motorsports LCI Reynard 981-Honda	FS	161.552	1m 04.624s	5	67	Acidente		
19	*Alex Barron (USA)	36	All American Racers Castrol/Degree Eagle 987-Toyota	GY	155.607	1m 07.093s	27	62	Acidente		
20	Greg Moore (CDN)	99	Forsythe Player's Ltd./Indeck Reynard 981-Mercedes	FS	161.562	1m 04.620s	4	54	Acidente		
21	PJ Jones (USA)	98	All American Racers Castrol/Degree Reynard 981-Toyota	GY	157.976	1m 06.087s	26	53	Acidente		
22	Bryan Herta (USA)	8	Team Rahal Shell Reynard 981-Ford	FS	162.572	1m 04.218s	2	51	Acidente		
23	Robby Gordon (USA)	24	Arciero-Wells MCI/Panasonic/Duskin Reynard 971-Toyota	FS	158.517	1m 05.861s	24	47	Prob. eléctricos		
24	*Helio Castro-Neves (BR)	16	Bettenhausen Alumax Aluminum Reynard 981-Mercedes	GY	161.364	1m 04.699s	9	41	Falta combustível		
25	Bobby Rahal (USA)	7	Team Rahal Miller Lite Reynard 971-Ford	FS	161.076	1m 04.815s	11	30	Motor		
26	Jimmy Vasser (USA)	12	Target/Chip Ganassi Racing Reynard 981-Honda	FS	160.701	1m 04.966s	15	10	Acidente		
27	Patrick Carpentier (CDN)	33	Forsythe Player's Ltd./Indeck Reynard 981-Mercedes	FS	160.506	1m 05.045s	17	10	Acidente		
28	Arnd Meier (D)	77	Davis Hasseroder Pils/TotalTel Lola T98/00-Ford	GY	159.783	1m 05.339s	20	6	Suspensão		

* Piloto Rookie

Bandeira amarela: Voltas 10–16, acidente/Vasser e Carpentier; voltas 20–22, rodada/Jones e Vitolo; voltas 42–44, rebocado/Castro-Neves; voltas 51–53, acidente/Herta; voltas 55–60, acidente/Jones e Moore; voltas 63–64, acidente/Barron; voltas 68–69, acidente/Kanaan. **Total:** Sete durante 29 voltas.

Líderes: Dario Franchitti, 1–21 (21 voltas); Helio Castro-Neves, 22–41 (20 voltas); Al Unser Jr., 42–50 (9 voltas); Alex Barron, 51–62 (12 voltas); Michael Eretti, 63–79 (17 voltas); Franchitti, 80–86 (7 voltas). **Totais:** Franchitti, 28 voltas; Castro-Neves, 20 voltas; Andretti, 17 voltas; Barron, 12 voltas; Unser, 9 voltas.

Volta mais rápida: Helio Castro-Neves, 1m 06.939s, 155.964 Km/h na volta 30 (recorde).

Classificação no campeonato: 1 Zanardi, 218; 2 Vasser, 126; 3 Fernandez, 120; 4 Moore, 118; 5 Franchitti, 110; 6 Andretti, 109; 7 Pruett, 106; 8 Rahal, 80; 9 Herta e de Ferran, 67; 11 Unser e Kanaan, 58; 13 Tracy, 56; 14 Gugelmin, 38; 15 Hearn, 36; 16 Castro-Neves, 33; 17 Fittipaldi, 32; 18 Blundell, 26; 19 Carpentier, 23; 20 Papis, 14; 21 Ribeiro, 13; 22 Lehto, 12; 23 Gordon, 9; 24 Jourdain e Meier, 4; 26 Jones, 3; 27 Salles e Barron, 1.

LAGUNA SECA

FEDEX CHAMPIONSHIP SERIES • 16ª PROVA

1 - HERTA **2 - ZANARDI** **3 - KANAAN**

Bryan Herta lidera Jimmy Vasser, Dario Franchitti, Greg Moore, Alex Zanardi, Adrian Fernandez e o resto do pelotão na Curva Dois na primeira volta. Desta vez, Herta ainda estava na frente no fim.
Foto: Michael C. Brown

QUALIFICAÇÃO

Bryan Herta, que se qualificara na fila da frente nas suas três presenças em Champ Car em Laguna Seca, manteve a tradição ao reclamar para si a sua terceira pole do ano para a equipe Rahal (Reynard Ford/Cosworth). Herta, contudo, não era capaz de explicar a sua boa forma: "Engraçado, devia saber mas não sei", falou. "Em vez de falar o que tenho tendência para fazer antes afirmo que aqui é preciso entrar muito rápido nas curvas. Em certas pistas, particularmente nas de circuito de estrada, tende a dar bons dividendos. Por algum motivo as coisas aqui parecem correr bem para mim."

Tempo quente na tarde de sábado impediu Herta de melhorar o recorde existente da pista, que é seu, estabelecido em 1997. Não que isso fosse muito importante: "Temos que esperar pelo próximo ano," exclamou.

Dario Franchitti (Reynard-Honda), o homem em forma depois de vencer as duas mais recentes provas, em Road America e Vancouver, teve de contentar-se com um lugar no exterior da primeira fila.

Muito tranqüilamente, Zanardi resistiu à oportunidade de mostrar qualquer descontentamento depois de ter sido forçado a ficar parado nos oito minutos finais da sessão como penalização por ter estado na origem de uma interrupção nas últimas voltas da qualificação de sexta-feira (na qual ele foi o mais rápido), em conseqüência de ter chocado na Curva Seis.

"Os últimos minutos em qualificação parece proporcionarem os melhores tempos e não tenho receio em dizer que se tivesse tido esses oito minutos éramos nós que estaríamos na pole, mas, no fundo, nem tenho bem a certeza disso," admitiu o italiano. "Simplesmente afirmo que não tivemos o equilíbrio suficiente no carro para bater o Bryan. A pista estava muito escorregadia para obter uma boa volta, era muito difícil."

Jimmy Vasser, vencedor anterior do Honda Grand Prix de Monterrey, foi o terceiro mais rápido (Reynard-Mercedes). Alex Zanardi partiria de quinto lugar, o mais rápido de todos os do primeiro grupo de qualificação no sábado depois de ser castigado na sessão provisória de sexta por causa da sua participação no incidente com Herta. Al Unser Jr. no seu Penske-Mercedes foi o mais rápido dos clientes Goodyear, com o sétimo tempo.

Alex Zanardi e Tony Kanaan fazem a descida em Corkscrew com Dario Franchitti logo atrás. Os três ocuparam os lugares atrás do vitorioso Bryan Herta, tendo o jovem brasileiro obtido seu primeiro pódio na Champ Car após uma prestação de alto nível.

Abaixo: Max Papis marcou o anúncio da sua mudança para o Team Rahal em 1999 ao conquistar o ponto referente ao 12° lugar com o MCI Reynard-Toyota, mas foi outra corrida decepcionante para o piloto da Penske André Ribeiro.

Fotos: Michael C. Brown

A PISTA de Laguna Seca tem dado provas de ser um bom terreno de caça para Bryan Herta. Também já foi cenário de alguns grandes desgostos. Esse circuito pitoresco e difícil na Califórnia proporcionou vitórias em Fórmula Ford, Barber Saab e Indy Lights durante as etapas de formação de sua carreira. Mas, apesar de nunca ter falhado qualificar-se na fila da frente nas suas três primeiras presenças em Champ Car, Herta só tinha para mostrar, um segundo lugar em 1996, ano em que liderara praticamente durante toda a corrida até ser passado por Alex Zanardi, numa manobra bem controversa, na última volta.

Este Grande Prêmio Honda de Monterey, patrocinado pela Texaco/Havoline 300, viu Herta marcar o ritmo mais uma vez no Reynard-Ford/Cosworth. Perdeu a vantagem por momentos a favor de Dario Franchitti, no Reynard-Honda Kool, durante o segundo reabastecimento.

Algo sinistramente Herta viu-se pressionado nas últimas voltas por nenhum outro senão Zanardi, o homem que o privara tantas vezes da oportunidade de subir ao lugar mais alto do pódio. Mas Herta estava frio, não cometeu erros e manteve-se na frente das rodas do Reynard-Honda durante as intensas voltas finais. Finalmente, sua vitória inaugural em CART estava assegurada.

"Sabia que o Zanardi estava ali o tempo todo," declarou Herta. "Vive-se para aquele momento numa corrida e numa carreira. Ter ganho aqui em Laguna Seca é o que vai ser contado mas não sou esquisito, quero ganhar em todo o lugar."

Herta saiu bem da posição da pole na largada para as 83 voltas de prova segurando assim a melhor linha para a primeira curva. Franchitti, o piloto da linha exterior do grid não estava muito longe mas perdia um lugar na freada para Jimmy Vasser (Reynard-Honda) na Curva Dois. Greg Moore seguia em terceiro (Reynard-Mercedes), perseguido por Zanardi, Adrian Fernandez (Reynard-Ford), Al Unser Jr. (Penske-Mercedes) e Scott Pruett (Reynard-Ford) todos em formação pela ordem do grid. Seguiam-se Gil de Ferran (Reynard-Honda) e Maurício Gugelmin (Reynard-Mercedes) que trocaram de posições na descida para a Curva Dois. JJ Lehto, que se qualificara em 11° sendo o mais rápido dos estreantes no Reynard-Mercedes de Carl Hogan vinha a seguir mas logo era tocado na traseira na freada de Christian Fittipaldi (Swift-Ford). Lehto foi forçado a desistir com a suspensão quebrada enquanto Fittipaldi continuava, sem um arranhão, em 11°. Michael Andretti, inocente no processo, via-se também envolvido no segundo carro da Newman/Haas. Retomava a prova bem nas traseiras do pelotão depois de recorrer à sua assistência para trocar um pneu traseiro rebentado.

As ultrapassagens nunca são fáceis naquele circuito bastante ondulado, com os seus mais de cerca de 3.500 m de perímetro o que levou a que as primeiras nove posições se mantivessem imutáveis até à primeira ronda de paradas nos boxes na volta 21 as quais, aliás, aconteceram sob situação de precaução devido a Denis Vitolo (Reynard-Ford) ter protagonizado uma rodada na Curva Três, ficando por lá. A única alteração significativa na ordem foi Zanardi emergir dos boxes à frente de Moore. Imediatamente após o recomeço o italiano ganhou outro lugar quando suplantou Franchitti na freada para a Curva Dois. Seu companheiro Vasser deu provas de ser muito duro de roer. Durante as 25 voltas seguintes os dois carros da Target circulavam juntos, nariz com cauda, a um segundo atrás de Herta, até Vasser desviar-se para a pista dos boxes para a sua segunda parada prevista, quando estavam decorridas 51 voltas.

Herta e Zanardi ainda ficaram em pista por mais uma volta. Herta manteve a liderança embora com pouca margem sobre Zanardi. Franchitti esperou mais uma volta antes de realizar a última visita aos boxes aproveitando no caminho para saltar de quarto para terceiro classificado. A maior vantagem foi obtida pelo estreante Tony Kanaan que, tal como Franchitti, foi ao box na volta 53. Para além duma volta sensacional que ficou como sendo a mais rápida da corrida, aliada ao excelente serviço prestado pela equipe de Steve Ragan, permitiu que o Reynard-Honda saltasse da 10ª para a quarta posição.

O ordenamento depois das paradas no box mostrava Herta e Zanardi juntos na frente do pelotão. Franchitti encontrava-se alguns segundos para trás, perseguido por Kanaan e Vasser. Moore estava em sexto à frente de de Ferran, Unser, Fernandez e Pruett, todos em formação indiana, frente com traseira. A mudança seguinte aconteceu na volta 64 quando Franchitti blocou os freios na Curva Dois, fez uma derrapada, coisa que Kanaan aproveitou, agradecido para subir para terceiro posto.

É certo que as atenções estavam viradas para a luta na frente. Herta procurava desesperadamente a sua primeira vitória em Champ Car, contudo, mantinha-se ligeiramente na frente do sempre perigoso Zanardi. Era um duelo intrigante, exceto que não era assim tão simples por causa do fato de ter havido uma breve precaução total. A maior parte dos contendores (excepção feita para Kanaan e Franchitti) eram obrigados a manter os olhos no consumo de combustível. Seria quase impossível atingir o

Herta e Zanardi encontram-se de novo

JÁ MESMO no fim da primeira sessão de manhã de sexta-feira, quase dois anos passados sobre a fatal colisão na curva do saca-rolhas em 1996, Bryan Herta e Alex Zanardi voltaram, a bater quase exatamente no mesmo local. A bandeira axadrezada já tinha sido mostrada quando os dois chegaram à curva, um atrás do outro, com Herta na frente do seu rival e ambos se aproximando do Eagle-Toyota muito lento. Zanardi, contudo, estava com um jogo novo de pneus e ainda com muita garra, ansioso por ganhar mais alguns dados preciosos para a preparação do carro para a qualificação. Ele entrou sem pedir licença ao passar Herta no ponto de trajetória da curva engatando as rodas com o Reynard-Ford no ponto de saída, ao que o americano ripostou da mesma forma, na descida. Ambos os carros ficaram com as suspensões quebradas. Poucos minutos mais tarde, eram convidados a explicarem-se numa reunião com o chefe dos comissários Wally Dallenbach.

"O Alex entrou, olhou para mim e fez um risinho e eu também dei um risinho porque ambos achamos garça à situação," relatou Herta.

Depois de ouvir ambas as partes, Dallenbach decretou que Zanardi era mais culpado do que Herta. O italiano foi excluído da sessão de qualificação da tarde: "Não estou contente com a decisão mas tenho de aceitar a opinião dos comissários," falou Zanardi. "É uma pena porque a situação podia ter sido evitada pelos dois."

"Foi tudo um pouco de teimosia e de jogo de adulto o que agente fez na pista," concordava Herta, afirmando mais tarde que a reunião marcou uma viragem no complicado e muitas vezes antagônico relacionamento com o piloto que o substituiu na equipe Chip Ganassi em 96.

"Em certa medida foi uma catarse porque a gente falou muitas coisas," proclamou Herta. "Quanto mais a gente falou mais começávamos a compreender-nos melhor um ao outro. Estamos em equipes diferentes, temos experiências diferentes, somos totalmente diferentes como pessoas e eu não diria que seriamos os melhores amigos. Mas eu penso antes da largada para esta corrida que se a nossa relação não era tão boa como podia ser, senti-me muito melhor correndo contra o Alex, acerca de coisas que aconteceram no passado e acerca das perspectivas de corrida com o Alex no futuro."

Sonho da California para Herta

BRYAN Herta esteve muito próximo da vitória em diversas ocasiões nas suas 70 corridas mas a sorte nunca esteve com ele por várias razões, algumas delas envolvendo Alex Zanardi. Em 1996, é claro, depois de dominar a prova de Laguna Seca, Herta estava a menos de uma milha da bandeira de xadrez quando Zanardi lhe tirou a vantagem com uma sensacional quanto controversa ultrapassagem na mal afamada curva do saca-rolhas. O par voltou a bater em Vancouver em 1997. Mais recentemente, em março, Herta liderava em Long Beach, faltavam duas voltas para o final, até que um ataque de Zanardi, tirando partido de pneus mais frescos, impediu o talentoso americano de atingir a Alameda da Vitória. Em Portland também, Herta parecia estar por cima até que um erro estratégico permitiu a Zanardi assumir o controlo.

Finalmente, depois de se qualificar na pole pela sexta vez na sua carreira, as estrelas pareciam estar todas bem alinhadas para Herta que não cometeu a mais pequena falta, retendo todas as atenções em prejuízo de Zanardi nas últimas voltas. Umas quantas situações de precaução prepararam a cena para um clímax dramático mas, Herta, manteve o sangue frio e recebeu a bandeirada da vitória com a vantagem de 0,343 segundos.

"Para o final da corrida vi o Alex me perseguindo e eu tive então várias emoções misturadas", relatou Herta. "falei para mim, "o.k., Herta, isto é o que você estava desejando, Zanardi na sua cauda a poucas voltas do final da corrida." Não deixei nada de lado. Significa muito bater o Alex direito. É um grande feito porque o Alex é o melhor do campeonato."

Por fim, a longa espera chegara ao fim. "É engraçado, primeiro você tem essa sensação de alegria e euforia e alívio, " exclamou. "Depois as emoções e sensações são sacudidas de todos os lados. Vê-se tanta gente que você fica um pouco tonto. Ganhar era algo que eu queria fazer para o Bobby (Rahal) por muitas razões mas, em primeiro lugar, por mim próprio. Precisava disto para mim. Depois, precisava pelo Bobby, por toda a equipe, por todos os patrocinadores, por todos os que me ajudaram. Não acabam as pessoas que eu tenho de agradecer pelo seu contributo durante este tempo."

final sem um breve abastecimento nas ultimas voltas. Os receios foram afastados (e as esperanças de Kanaan e de Franchitti derrotadas) com uma segunda precaução na volta 68 quando Vicenzo Sospiri, que substituía PJ Jones na All American Racers, terminou a sua pouco brilhante estreia derrapando para uma caixa de brita. Duas voltas depois, ainda em situação de contenção, terminava o dia Moore com o motor quebrado.

Pela volta 73, as bandeiras verdes foram de novo mostradas mas para deram seguimento a mais uma precaução quando o companheiro de equipe de Sospiri, Alex Barron (Eagle Toyota) bateu na Curva Seis. Três voltas mais tarde, quase imediatamente a seguir ao recomeço, Pruett, de Ferran e o inocente Carpentier tocaram-se na zona de freada para a Curva Dois. Até todos os pedaços de carro serem removidos da pista já ficavam a faltar duas voltas.

Herta era nitidamente o favorito do público. Poderia ele conter o determinado Zanardi? Quebraria sob a enorme pressão? Até ao momento todas as preocupações com consumo tinham sido afastadas e Zanardi não tinha nada a perder, já que o resultado no Campeonato FedEx já tinha sido decidido na semana anterior em Vancouver. No seu pensamento residia somente a idéia de somar mais uma vitória para festejar o nascimento do seu primeiro filho, Nicolo, na segunda-feira anterior. Pelo rádio, o patrão Chip Ganassi implorava para ele dar gás, como se ele conhecesse outra maneira!

Mas Herta estava pronto para a luta. Preparou com perfeição o recomeço da corrida acelerando direito à Curva 11 de forma a manter Zanardi fora de qualquer ataque na zona de freada para a Curva Dois. Durante essas duas voltas finais de extrema intensidade, Herta assegurou-se que não havia hipótese de abrir nem que fosse um centímetro – nem mesmo para o sempre criativo Zanardi.

"Claro que olhava nos meus espelhos," admitiu Herta. "estava recebendo grande ajuda do box, eles falavam para mim "não olhes para trás", mas estava vendo sempre aquele bico encarnado no espelho. Sabia que ele estava bem ali."

Havia eletricidade no ar nas duas últimas voltas. O público se levantou acenando e gritando, quase abafando o ruído dos motores. A vitória de Herta seria recebida com um enorme aplauso. Até Zanardi estava impressionado: "Eu estava esperando uma falta que não aconteceu, Bryan fez uma corrida espantosa e só tenho que estar contente com o segundo lugar o melhor que eu pude sacar hoje", afirmou Zanardi.

Era inevitável que a batalha pela vitória obscurecesse o desempenho de Kanaan que dirigiu de forma soberba para lograr alcançar o terceiro lugar, o melhor de sempre e um lugar no pódio. Se não fosse a sucessão de situações de contenção no final, os cuidados do piloto brasileiro em poupar combustível pagariam dividendos. "Foi uma corrida muito dura," afirmou Kanaan. "Tentei gastar o mínimo possível no início e o Steve Horne realizou uma excelente estratégia de corrida. Ganhei umas boas posições na pista, para ser honesto, só larguei de 14º e passei três carros. O resto foi a minha equipe que fez. Estou muito feliz."

Pelo contrário, Franchitti não estava satisfeito com o equilíbrio do seu carro. Mesmo assim terminou em quarto à frente de Vasser que perdera terreno durante a segunda ronda de paradas nos boxes. Unser e Fernandez vinham logo a seguir, depois Paul Tracy no segundo Reynard-Honda da Kool Green, Fittipaldi, que perdera três posições no primeiro reabastecimento, e Andretti que conseguiu salvar a 10ª posição depois de perder tempo no início.

No fim de contas houve algumas ultrapassagens preciosas numa corrida grandemente marcada por uma procissão de carros mas o entusiasmo envolvendo a primeira vitória de Herta – especialmente pela forma como a alcançou – fez mais que tudo.

"Foi muito intenso", declarou um Herta aliviado e feliz. "Todas aquelas amarelas no final quebraram realmente o ritmo. Devo confessar que estou muito contente por ter sido o Alex, no final, a puxar por mim. Ele é realmente o melhor nesta fase do campeonato e eu sabia que se o pudesse manter em respeito eu afastaria todos os demônios para trás das costas. Foi uma corrida dura e pura, com o Alex a dar em cima. Vocês não podem imaginar o quanto foi intenso."

Abaixo: Ensombrado novamente pelo companheiro de equipe Dario Franchitti na qualificação, Paul Tracy esforçou-se para ascender ao oitavo lugar no fim da corrida no segundo KOOL Reynard-Honda, enquanto seu ex-companheiro na Penske, Al Unser Jr., era o melhor piloto Goodyear no sexto lugar.

Fotos: Michael C. Brown

BREVES LAGUNA SECA

• Bobby Rahal exultava com a vitória de Bryan Herta apesar da sua corrida ter ficado arruinada por incidente na freada para a curva do saca-rolhas na volta 26 quando Rahal, um tanto ironicamente, entrou em contato com Max Papis que o substituirá no Reynard-Ford da Miller Lite em '99. "Cheguei ao lado dele na subida e ele me apertou para cima da zebra," declarou Rahal com sorriso amarelo. "Acho que foi uma daquelas coisas que acontecem." Rahal perdeu duas voltas como resultado do incidente e terminou em 16°.

• U.E."Pat" Patrick convocou uma roda de imprensa para confirmar que PJ Jones vai dirigir para a equipe Visteon em 99, ao lado de Adrian Fernandez o qual manterá o apoio da cervejeira Tecate e do óleo Quaker State. Mais, a equipe vai trocar os chassis Reynard pelos Swift.

• Depois de ser informado sobre a decisão de Jones, o patrão da All American Racers, Dan Gurney pediu ao californiano se ele não se importava de colaborar com a equipe até ao final da temporada para ajudar a AAR a preparar o ano de 1999 com o prometedor chassi Eagle. Jones aceitou rapidamente. "Depois de tudo o que ele fez por mim nesses últimos sete anos como é que eu podia negar?", afirmou Jones. Gurney, entretanto, contratou Vicenzo Sospiri. O Campeão de Fórmula 3000 de 1996, que testou o Eagle-Toyota pela primeira vez em Portland, logo depois da semana que antecedeu a corrida de Vancouver, passou por um duro batismo, qualificando-se em 27° e terminando com problemas de freios.

• A especulação quanto ao futuro do campeão PPG de 96, Jimmy Vasser e, especificamente, os rumores segundo os quais iria para a Fórmula 1, terminaram com a notícia que Chip Ganassi tinha assinado um contrato com o americano de 32 anos até ao fim de 2001.

• Alex Zanardi virou pai baboso pela primeira vez, na segunda-feira, 7 de setembro, quando Daniela deu à luz um robusto menino, Niccolo. Zanardi não pode assistir ao acontecimento pois ainda estava a caminho de Itália após a corrida de Vancouver, mas ainda chegou ao hospital no final da tarde. "É incrível, estou no topo do mundo," falou ele depois de nova travessia do Atlântico para chegar à Califórnia a tempo dos treinos de sexta-feira em Laguna Seca. "É uma tamanha alegria que eu não posso esperar mais para o ver de novo."

FEDEX CHAMPIONSHIP SERIES • PROVA 16

HONDA GRAND PRIX OF MONTEREY FEATURING THE TEXACO/HAVOLINE 300

LAGUNA SECA RACEWAY, MONTEREY, CALIFORNIA

13 SETEMBRO, 83 voltas – 298.942 Km

Clf	Piloto (Nac.)	Nº.	Patrocinadores Chassis-Motor	Pneus	Qlf Veloc.	Q Tempo	Pos.	Voltas	Tempo/Causa	Média	Pts.
1	**Bryan Herta (USA)**	**8**	**Team Rahal Shell Reynard 98I-Ford**	**FS**	**190.271**	**1m 08.146s**	**1**	**83**	**1h 55m 13.472s**	**155.665**	**22**
2	**Alex Zanardi (I)**	**1**	**Target/Chip Ganassi Racing Reynard 98I-Honda**	**FS**	**189.220**	**1m 08.524s**	**5**	**83**	**1h 55m 13.815s**	**155.657**	**16**
3	***Tony Kanaan (BR)**	**21**	**Tasman Motorsports LCI Reynard 98I-Honda**	**FS**	**188.454**	**1m 08.803s**	**14**	**83**	**1h 55m 17.251s**	**155.580**	**14**
4	**Dario Franchitti (GB)**	**27**	**Team KOOL Green Reynard 98I-Honda**	**FS**	**189.691**	**1m 08.354s**	**2**	**83**	**1h 55m 17.874s**	**155.567**	**12**
5	**Jimmy Vasser (USA)**	**12**	**Target/Chip Ganassi Racing Reynard 98I-Honda**	**FS**	**189.419**	**1m 08.452s**	**3**	**83**	**1h 55m 20.646s**	**155.504**	**10**
6	**Al Unser Jr. (USA)**	**2**	**Marlboro Team Penske Penske PC27-Mercedes**	**GY**	**189.068**	**1m 08.579s**	**7**	**83**	**1h 55m 21.335s**	**155.488**	**8**
7	**Adrian Fernandez (MEX)**	**40**	**Patrick Tecate Beer/Quaker State Oil Reynard 98I-Ford**	**FS**	**189.188**	**1m 08.530s**	**6**	**83**	**1h 55m 22.601s**	**155.461**	**6**
8	**Paul Tracy (CDN)**	**26**	**Team KOOL Green Reynard 98I-Honda**	**FS**	**187.675**	**1m 09.088s**	**18**	**83**	**1h 55m 22.750s**	**155.457**	**5**
9	**Christian Fittipaldi (BR)**	**11**	**Newman/Haas Kmart Swift 009.c-Ford**	**GY**	**188.610**	**1m 08.746s**	**13**	**83**	**1h 55m 23.138s**	**155.448**	**4**
10	**Michael Andretti (USA)**	**6**	**Newman/Haas Kmart/Texaco Havoline Swift 009.c-Ford**	**GY**	**188.634**	**1m 08.737s**	**12**	**83**	**1h 55m 23.665s**	**155.436**	**3**
11	**Richie Hearn (USA)**	**10**	**Della Penna Budweiser/Ralphs Swift 009.c-Ford**	**FS**	**187.894**	**1m 09.008s**	**17**	**83**	**1h 55m 24.353s**	**155.420**	**2**
12	**Max Papis (I)**	**25**	**Arciero-Wells Racing MCI Reynard 98I-Toyota**	**FS**	**188.141**	**1m 08.917s**	**16**	**83**	**1h 55m 25.121s**	**155.404**	**1**
13	Robby Gordon (USA)	24	Arciero-Wells MCI/Panasonic/Duskin Reynard 97I-Toyota	FS	186.759	1m 09.427s	24	83	1h 55m 25.496s	155.395	
14	Andre Ribeiro (BR)	3	Marlboro Team Penske Penske PC27-Mercedes	GY	187.091	1m 09.304s	22	83	1h 55m 26.043s	155.383	
15	Arnd Meier (D)	77	Davis Hasseroder Pils/TotalTel Lola T97/00-Ford	GY	186.260	1m 09.613s	26	82	Em prova		
16	Bobby Rahal (USA)	7	Team Rahal Miller Lite Reynard 97I-Ford	FS	187.575	1m 09.125s	19	80	Em prova		
17	Patrick Carpentier (CDN)	33	Forsythe Player's Ltd./Indeck Reynard 98I-Mercedes	FS	187.461	1m 09.167s	20	76	Acidente		
18	Scott Pruett (USA)	20	Patrick Visteon Reynard 97I-Ford	FS	189.041	1m 08.589s	8	76	Acidente		
19	Gil de Ferran (BR)	5	Walker Valvoline/Cummins Reynard 98I-Honda	GY	188.763	1m 08.690s	10	76	Acidente		
20	*Alex Barron (USA)	36	All American Racers Castrol/Degree Eagle 987-Toyota	GY	186.867	1m 09.387s	23	71	Acidente		
21	Greg Moore (CDN)	99	Forsythe Player's Ltd./Indeck Reynard 98I-Mercedes	FS	189.336	1m 08.482s	4	70	Motor		
22	*Helio Castro-Neves (BR)	16	Bettenhausen Alumax Aluminum Reynard 98I-Mercedes	GY	187.388	1m 09.194s	21	70	Acidente		
23	*Vincenzo Sospiri (I)	98	All American Racers Castrol/Degree Eagle 987-Toyota	GY	181.236	1m 11.543s	27	64	Freios		
24	Michel Jourdain Jr. (MEX)	19	Payton/Coyne Herdez/Viva Mexico! Reynard 97I-Ford	FS	186.445	1m 09.544s	25	39	Motor		
25	Mark Blundell (GB)	18	PacWest Racing Group Motorola Reynard 98I-Mercedes	FS	188.338	1m 08.845s	15	31	Sobreaquecimento		
26	Dennis Vitolo (USA)	34	Payton/Coyne SmithKline Beecham Reynard 97I-Ford	FS	181.233	1m 11.544s	28	20	Rodada		
27	Mauricio Gugelmin (BR)	17	PacWest Racing Group Hollywood Reynard 98I-Mercedes	FS	188.777	1m 08.685s	9	13	Sistema arrefecimento		
28	*JJ Lehto (SF)	9	Hogan Motor Leasing Reynard 98I-Mercedes	FS	188.639	1m 08.735s	11	1	Suspensão/acidente		

* Piloto Rookie

Bandeira amarela: Voltas 21–23, rodada/Vitolo; voltas 67–75, rodada/Sospiri e acidente/Barron e Castro-Neves; voltas 77–80, acidente/de Ferran, Pruett e Carpentier. **Total:** Três durante 16 voltas.

Líderes: Bryan Herta, 1–51 (51 voltas); Dario Franchitti, 52–53 (2 voltas); Herta, 54–83 (30 voltas). **Totais:** Herta, 81 voltas; Franchitti, 2 voltas.

Volta mais rápida: Tony Kanaan, 1m 10.824s, 183.075 Km/h na volta 51.

Classificação no campeonato: 1 Zanardi, 234; 2 Vasser, 136; 3 Fernandez, 126; 4 Franchitti, 122; 5 Moore, 118; 6 Andretti, 112; 7 Pruett, 106; 8 Herta, 89; 9 Rahal, 80; 10 Kanaan, 72; 11 de Ferran, 67; 12 Unser, 66; 13 Tracy, 61; 14 Gugelmin e Hearn, 36; 16 Fittipaldi, 36; 17 Castro-Neves, 33; 18 Blundell, 26; 19 Carpentier, 23; 20 Papis, 15; 21 Ribeiro, 13; 22 Lehto, 12; 23 Gordon, 9; 24 Jourdain e Meier, 4; 26 Jones, 3; 27 Salles e Barron, 1.

Fotos: Michael C. Brown

HOUSTON

1 - FRANCHITTI
2 - ZANARDI
3 - KANAAN

FEDEX CHAMPIONSHIP SERIES • 17ª PROVA

Dario Franchitti pilotou imaculadamente em condições traiçoeiras para obter a sua terceira vitória em quatro corridas para a KOOL Green, tendo sobrevivido a um forte ataque de seu companheiro de equipe Paul Tracy a meio da corrida.

Abaixo à esquerda: O escocês saboreia o seu último sucesso com o terceiro classificado Tony Kanaan (à esquerda) e Alex Zanardi depois de uma tempestade ter forçado os comissários a interromperem prematuramente a corrida.

QUALIFICAÇÃO

O novo circuito urbano, situado a leste do centro de Houston, incluía quase exclusivamente curvas de segunda marcha o que não impediu de ser bem aceite pelos pilotos graças ao fato de ter ruas largas e do piso ser relativamente macio. Houve alguns incidentes menores durante os treinos e qualificação, nos quais se deve mencionar o recém coroado Campeão Alex Zanardi, que danificou a suspensão direita da frente do seu Reynard-Honda em ambas as ocasiões, após contatos com o muro de pneus.

Os problemas foram postos na conta do mecanismo de troca de marchas do câmbio, levando Zanardi a perder todas as esperanças de obter a primeira pole da sua temporada. A honra recaiu em Greg Moore que dirigiu no seu estilo habitual o Reynard-Mercedes. A quarta colocação do canadense surgiu apesar de ter sido obrigado a ficar retido nos boxes durante os oito minutos finais na qualificação de sábado – uma penalização obrigatória por ter originado a saída das bandeiras vermelhas que interromperam os trabalhos na tarde anterior por ter feito uma derrapada e ficado parado com o motor desligado na Curva Quatro.

"Acho que não conseguia reter a respiração durante os oito minutos", gracejou Moore, "mas tinha que ser assim aproveitando o tempo para verificar os tempos dos outros. Foram os oito minutos mais longos da minha temporada de 1998. Queria tanto aquela pole, para mim e para a minha equipe. Eles me deram um grande carro e essa é a melhor maneira que eu imagino de lhes agradecer."

O esforço de Moore garantiu o seu primeiro ponto na Copa PPG desde que ganhou em Julho em Michigan, cuja prova foi seguida de quatro desistências consecutivas.

Dario Franchitti foi ligeiramente mais lento mas, o escocês estava satisfeito apesar de ter encurtado o seu treino no sábado, quando bateu no muro: "Bloquei as rodas e danifiquei um pouco o carro mas o pessoal fez um grande trabalho."

Jimmy Vasser (Reynard-Honda) defendeu bem a terceira posição no grid logo seguido do segundo carro da Kool Green, a Reynard-Honda de Paul Tracy, felicíssimo por conseguir a melhor posição em toda a época: "O carro estava realmente bom e eu estava com três décimos de segundo de vantagem até à última curva", relatou Tracy. "Mas toquei com o pneu na zebra da corda da curva e, com isso, prejudicou a saída."

Michael C. Brown

A PRIMEIRA visita do CART ao Texas mostrou Dario Franchitti manifestando sua intenção de tornar-se o sucessor natural do bicampeão PPG Alex Zanardi que, a propósito, confirmou algumas semanas antes do Grande Prêmio Texaco de Houston, que iria seguir os passos do campeão de 95, Jacques Villeneuve, passando para a Fórmula 1 em 1999.

O escocês, de 25 anos, marcou mais uma importante vitória, a sua terceira em quatro largadas no Reynard-Honda nº 27, apesar do seu terceiro triunfo ter sido obtido em circunstâncias diferentes dos dois primeiros. Em Road America Franchitti tirou partido da excelente estratégia da equipe Kool Green para controlar a corrida; em Vancouver garantiu a vitória passando nada mais, nada menos do que um adversário como Michael Andretti nas voltas finais. Dessa vez Franchitti tomou o comando em prejuízo do homem da pole e seu grande amigo Greg Moore.

Foi uma bela exibição especialmente por ter caído uma chuvada que fez com que a prova largasse com a pista diabolicamente escorregadia. As condições mudaram radicalmente mais tarde mas Franchitti nunca colocou mal uma roda e manteve-se na ponta do pelotão até uma terrível trovoada obrigar os comissários do CART a terminar prematuramente às 70 voltas das 100 previstas.

"Não tenho problemas em dirigir à chuva, por isso não me preocupo, mas eu não esperava que estivesse tão escorregadio," relatou Franchitti. "Óleos estavam saindo do asfalto e isso tornou tudo muito vicioso. Era um caso de sobrevivência."

Se as condições climatéricas na sexta-feira e no sábado eram extremamente quentes e úmidas, no domingo foi adicionada nova dimensão com a chegada de espessas nuvens e ameaça de chuva. Era o verão no Texas na sua mais elevada expressão. Durante a corrida de Fórmula Atlantic caiu forte chuvada (que levou a antecipar o seu final), e um outro dilúvio obrigou a retardar a largada dos Champ Car em meia hora. Curiosamente, o entusiasmo da multidão manteve o seu ponto alto, tanto assim que quando foi dada a ordem para ligar os motores, ouviu-se um imenso som de aprovação vindo da arquibancada principal.

Michael Andretti era claramente um dos favoritos desse acontecimento patrocinado pela Texaco mas, infelizmente, ele teve de recorrer à sua assistência no final da volta de apresentação, queixando-se de não conseguir rodar a direção do seu Swift-Ford/Cosworth. A equipe técnica debruçou-se de imediato sobre o problema mas não encontrou a causa. Andretti ainda teve de realizar mais umas duas paradas nos boxes mas deu o dia por encerrado. Mais tarde seria encontrada uma obscura deficiência no pinhão da direção. "É um grande desgosto para todo o mundo", falou Andretti. "Texaco colocou tudo o que tinha para esta corrida e eu queria oferecer uma vitória para eles. Penso que era viável." Mas não foi.

Respeitando as condições extremas de umidade, os restantes 27 carros foram alinhados numa só fila para a bandeira verde o que, tal como em Mid-Ohio, se estendia pela longa reta, a Rua Austin que faz ligação entre as Curvas Quatro e Cinco nas traseiras do circuito. Moore, o homem da pole, era o único piloto cuja visão não era prejudicada pela pulverização da água deixada pelos pneus. Tal não impediu, contudo, Franchitti, de mergulhar corajosamente na linha interior da Curva Cinco. Moore não podia fazer nada mais do que ceder a passagem.

"Eu só queria olhar para onde estava indo," explicou Franchitti com um sorriso, "por isso queria ficar na frente do Greg. Ele me levantou dificuldades na primeira curva embora eu não esperasse outra coisa. Falamos disso antes e sabíamos os dois que não queríamos prejudicar o outro. Outra coisa é que a gente vai de férias amanhã para a Austrália, portanto, se a gente tivesse dado um toque, não seria muito boa maneira de começar as férias!"

Tracy também realizou uma saída desde a quarta posição no grid, segurando o interior da curva ao lado de Jimmy Vasser (Reynard-Honda) para, logo a seguir, encontrar um jeito de passar o Reynard-Mercedes de Moore. Na verdade, ele estava a par com Franchitti procurando passar para a ponta do pelotão quando as bandeiras amarelas duplas foram mostradas por causa de um incidente na primeira curva. Tracy fora obrigado a ficar na traseira do seu companheiro de equipe.

Gil de Ferran deu uma rodada em cada uma das duas primeiras curvas, uma espécie de novo recorde, mas foi capaz de segurar seu Reynard-Honda para poder continuar partindo da 12ª posição. Bryan Herta foi dos que também foram envolvidos na confusão, vendo o seu Reynard-Ford ficar encostado ao muro na saída da curva. Mais para trás, Al Unser Jr. deu uma derrapada acabando por ser tocado por Hélio Castro-Neves mas com tanta sorte que pôde continuar.

Não parecia fácil retomar o ritmo normal da corrida. Moore perdia o controlo do carro na Curva Dois e batia em Christian Fittipaldi, que não teve culpa nenhuma, tentando tudo para manter o quarto lugar. Toda a equipe Newman/Haas ficava fora de prova.

"Não há nada que possa exprimir o meu desgosto," falou Fittipaldi, que é tido, aliás, como o melhor piloto em piso molhado. "A gente tinha aqui uma grande hipótese de ganhar. Ficar de fora tão cedo é inacreditável."

A terceira tentativa de recomeçar tudo foi finalmente bem sucedida, altura em que Franchitti começou a abrir de Tracy. O canadense, por sua vez, começava a abrir de Alex Zanardi que tinha passado seu companheiro Vasser. Na volta 14, Robby Gordon acionava de novo uma situação na Curva 10 quando o Reynard-Toyota bateu no Reynard-Ford de Michel Jourdain. Ambos os carros rodaram e a pista ficou completamente entupida. Os comissários não tiveram outra opção senão mostrar as bandeiras encarnadas.

A corrida recomeçou após um intervalo de 20 minutos e, mais uma vez, Franchitti deu uma escapada. Pela volta 26 ele estava a mais de nove segundos de Tracy. Zanardi seguia a igual distância mas em situação de não impressionar os dois líderes. Parecia que a equipe Kool Green estava acima de qualquer ameaça. Vasser continuava em quarto à frente de Bobby Rahal (Reynard-Ford), Tony Kanaan (Reynard-Honda) e Adrian Fernandez (Reynard-Ford).

A pista começava a secar mas não o suficiente para Mark Blundell que, na volta 18, tinha sido o primeiro piloto a ir trocar para pneus de piso seco. O seguinte foi Max Papis o qual, no entanto, esperou até à volta 26 para levar seu Reynard-Toyota ao box. O resto do pelotão seguiu a mesma operação no

Michael C. Brown

À esquerda: Adrian Fernandez mete seu Tecate/Quaker State Reynard-Ford através de uma das muitas curvas de 90° em seu caminho para o sexto lugar.

Christian Fittipaldi (à direita) ganhou a reputação de grande piloto à chuva, mas as esperanças de vitória do desafortunado brasileiro terminaram quando ele foi tocado pelo Reynard nº 99 de Greg Moore depois do canadense ter rodado.

Abaixo: Perseguido por Helio Castro-Neves e Richie Hearn, Al Unser Jr. passa entre os muros de cimento a caminho do sétimo lugar.

decurso das oito voltas seguintes. Franchitti foi um dos últimos a realizar a troca, coisa que fez na volta 32. Em conseqüência, seu companheiro Tracy tinha oportunidade de aproximar-se da cauda do líder .

Após mais duas breves situações de bandeiras amarelas, uma quando o companheiro de Moore, Patrick Carpentier deu uma derrapada até ao muro de pneus na Curva 10 e outra quando André Ribeiro (Penske-Mercedes) deu também uma derrapada (pela terceira vez pelo menos) na Curva Dois. Tracy começava a montar o cenário para a liderança. Na volta 48, finalmente, Tracy mergulhava para o interior da Curva Cinco mas não conseguia completar a manobra, resultando uma breve perda de controlo que levou o piloto a realizar um contato violento com o muro de proteção danificando consideravelmente a suspensão frente esquerda.

"Pensei que a ultrapassagem estava consumada", reclamava Tracy. "Ele virou para dentro e só tive de tentar evitar. Estou bastante frustrado."

Franchitti saiu desta situação com bastante sorte. Assim, Zanardi herdava a segunda posição e envidava todos os esforços para reduzir a diferença de 3,6 segundos para metade na volta 55 até o líder entender a ameaça e começar a alargar de novo a vantagem. O espaço entre os dois chegou mesmo a atingir mais de 11 segundos até que a chuva veio complicar tudo obrigando os dois pilotos a recorrerem aos boxes para troca de pneus na volta 65. Todo o mundo passou para pneus com sulcos, a situação ficou igual até que a chuva voltou a intensificar o seu débito. Mas não só. Relâmpagos também. Muito avisadamente, os comissários da corrida fizeram, sair o Pace Car novamente antes de tomarem a decisão de encerrarem a corrida às 70 voltas completadas.

"Em definitivo foi a decisão acertada porque estava ficando demasiado perigoso", declarou Zanardi, que terminara em segundo junto à traseira de Franchitti. "Dei tudo para ganhar ao Dario mas, com toda a franqueza, o Dario estava com velocidade para ganhar a corrida. Eu, naturalmente preferia que a corrida tivesse continuado pois podia acontecer alguma coisa ao Dario mas isso teria sido pura sorte. Só esperava isso, ele mereceu ganhar."

Kanaan segurou a sua segunda posição no pódio consecutiva com base numa magnífica ultrapassagem a Rahal antes do veterano se ter retirado na seqüência dum contato com o muro. Vasser teve de contentar-se com o quarto lugar à frente de Papais que, pelo seu lado, estabeleceu a volta mais rápida da prova para demonstrar mais uma vez o quanto a Toyota progrediu no desenvolvimento do seu motor RV8D.

O dia pertenceu, no entanto, a Franchitti cuja vitória deu lugar a aproximar-se em pontos de Vasser na luta pelo segundo lugar, valendo 500.000 dólares das Industrias PPG, no final do campeonato.

"Meu engenheiro de pista Don Halliday e o pessoal tornaram esta corrida perfeita à minha intenção", falou Franchitti. "Foi um dia muito difícil por causa das condições, estava mais escorregadio que uma pista de gelo. Estou muito contente."

Fotos: Michael C. Brown

Papis tira o máximo do seu Toyota

O DESEMPENHO de Max Papis em Houston serviu para mostrar mais uma vez o quanto o motor Toyota progrediu na busca de competitividade nesse duro campeonato. No ano passado Toyota era virtualmente a gargalhada geral. Os seus motores eram incrivelmente subdesenvolvidos e, pior que isso, nada fiáveis. Num final de semana normal de corridas o pessoal da equipe tinha que trocar motores pelo menos uma vez, quando não duas, fazendo uns 30 no ano; em 1997, contudo, tanto a Aciero-Wells como a All American Racers terão efetuado umas 120 trocas não planejadas.

Os engenheiros no Japão e no Centro de Competição da Toyota em Costa Mesa, Califórnia trabalharam sem cessar durante todo o Inverno e durante a temporada de 1998, do que resultou numa melhoria enorme nos dois campos, isto é, na potência e na resistência. O mais recente RV8D deu bons sinais em Cleveland e continuou merecendo pontos no Campeonato de Construtores em cinco das seis corridas seguintes, culminando com uma espetacular quinta posição no Texas.

Papis voltou a dar sinais das suas intenções na sexta-feira sendo o terceiro mais rápido na sessão de treinamento da manhã, ocupando assim a quarta posição no grid provisório. Na contagem final para o alinhamento o jovem e talentoso italiano caía para 14° mas tirou bom partido das condições de pista escorregadia na corrida. Papis chegou mesmo a marcar com seu nome a segunda volta mais rápida da prova, a caminho de um magnífico quinto lugar na chegada.

"É um belo presente para mim e para a equipe MCI," exclamou Papis, que celebrara seu 29° aniversário no sábado. "Quero gozar e relembrar esse momento, todos trabalhamos no duro para chegarmos até aqui. Hoje foi divertido, tudo correu às maravilhas. O carro estava ótimo, o motor também. Estou muito feliz de ter dado a melhor classificação de sempre à Toyota. Estamo-nos aproximando cada vez mais."

Confirmando a veracidade das palavras de Papis, Alex Barron, sexta volta mais rápida na corrida ao volante do Eagle-Toyota, terminava em 12°, dando o primeiro ponto ao chassi Eagle da All American Racers de Dan Gurney. Robby Gordon, que fez a oitava volta mais rápida e terminou em 13°, também deu forte contributo à marca.

Michael C. Brown

Barry Green perde a calma

EMOÇÕES fortes passaram pelo box do Team Kool Green em conseqüência dum incidente entre os dois pilotos, Paul Tracy e Dario Franchitti. Quando Tracy regressou aos mecânicos apresentando a suspensão frente esquerda do seu Reynard-Honda visivelmente empenada, foi confrontado pelo patrão Barry Green que criticou a sua conduta considerando que Tracy tinha cometido um erro de apreciação ao tentar ganhar a liderança. Tracy e Green acabaram por se envolver numa cena de empurrão e chega para lá, que só terminou com a intervenção dos comissários da prova. Ambos foram castigados com uma multa de 5.000 dólares, em obediência à regra 6.1 do regulamento CART, segundo a qual "os concorrentes deverão manter um comportamento correto e não prejudicar a imagem e reputação do CART ou do esporte".

Robert Laberge/Allsport USA

"Provavelmente estou mais aborrecido com o que se passou do que o Barry", afirmou Tracy mais tarde. "Estávamos os dois muito frustrados só porque somos os dois muito lutadores. Julguei que já tinha a ultrapassagem concretizada. O Dario virou em minha direção, eu tentei evitar mas acabamos por nos tocar."

Já com a corrida terminada, Green mostrava-se muito mais calmo, o seu estado de espírito mudou radicalmente vendo Franchitti ganhar pela terceira vez em 4 provas. "Francamente o Paul tem feito um grande trabalho para a gente todo o ano", disse Green. "Estou agradecido pelo modo como Paul fez os treinos e se qualificou neste final de semana. Não nos tem sido possível dar-lhe um bom carro onde ele se sinta confortável por isso agora estamos a querer dar a volta por cima. Em relação ao incidente, foi uma lástima, é tudo o que tenho a falar sobre isso."

Para mostrar que não ficaram ressentimentos no ar, a equipe Kool Green confirmava mais tarde ter exercido o seu direito de opção alargando a contratação de Tracy por mais três anos.

Tivemos muita pouca sorte, cometemos alguns erros e a equipe também cometeu alguns erros," falou Tracy. "Mas aprendemos imenso e acho que estamos em posição de fazer o que Chip Ganassi fez durante esses três últimos anos. Quando a gente olha para a forma como a sua equipa funciona assim que se acertaram com Jimmy Vasser, primeiro eles bateram com a porta no primeiro ano, depois começaram a dominar. Penso que estamos à frente desse plano."

BREVES HOUSTON

• Alex Zanardi chegou a Houston diretamente de Barcelona, onde, após confirmar sua entrada na equipe de Fórmula 1 de Frank Williams para 1999, realizou o primeiro teste com o Williams-Mecachrome.

• A primeira qualificação na sexta-feira ficou na história. Os quatro construtores de motores estavam nos quatro primeiros: Bobby Rahal, em Reynard-Ford/Cosworth, liderando o Reynard-Mercedes de Greg Moore, o Reynard-Honda de Dario Franchitti e o Reynard-Toyota de Max Papis.

• Tony Kanaan recebeu o Troféu Jim Trueman do Estreante do Ano depois duma excelente exibição no Reynard-Honda de Steve Horne. "Era um dos objetivos que a gente traçou no princípio do ano," concluiu o brasileiro de 23 anos. "Esse já a gente conseguiu, agora quero é terminar nos 10 primeiros em pontos, por isso tenho agora novo horizonte para atingir."

Michael C. Brown

• Derrick Walker confirmou que o veterano japonês Naoki Hattori, 32, que fez um aprendizado de dois anos na Indy Lights com a Kool Green, seria admitido no Campeonato FedEx de 99, dirigindo o segundo Reynard-Honda ao lado de Gil de Ferran. "Era desejo meu alargar a nossa equipe e fazer correr um segundo carro," exclamou Walker. "Isso oferece a possibilidade de uma grande variedade de benefícios incluindo mais oportunidades de testar, o que é muito importante num campeonato tão competitivo como esse."

• Honda alcançou, pela primeira vez, as quatro melhores posições na classificação graças aos esforços de Dario Franchitti, Alex Zanardi, Tony Kanaan e Jimmy Vasser. O resultado, que englobava a 11ª vitória no ano foi o bastante para recolher o ambicionado Campeonato de Construtores do CART.

• JJ Lehto testou o Penske PC27 da Hogan Racing na pista de Sebring, Florida, antes da corrida de Houston, deixando no ar a sugestão de que a Penske Cars poderia voltar a vender carros a clientes em 99.

• Arnd Meier, Dennis Vitolo, Richie Hearn e Alex Barron foram multados em 2.500 dólares por terem ignorado a bandeira encarnada na volta 14 e não terem dirigido seus carros para os boxes.

FEDEX CHAMPIONSHIP SERIES • PROVA 17

TEXACO GRAND PRIX OF HOUSTON

HOUSTON, TEXAS

4 OUTUBRO, 70 voltas – 172.022 km

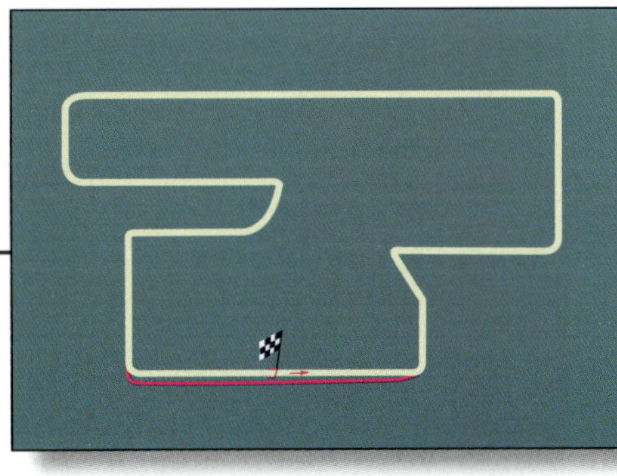

Clf	Piloto (Nac.)	Nº.	Patrocinadores Chassis-Motor	Pneus	Qlf Veloc.	Q Tempo	Pos.	Voltas	Tempo/Causa	Média	Pts.
1	**Dario Franchitti (GB)**	**27**	**Team KOOL Green Reynard 981-Honda**	**FS**	**148.511**	**59.570s**	**2**	**70**	**1h 36m 30.979s**	**106.298**	**21**
2	**Alex Zanardi (I)**	**1**	**Target/Chip Ganassi Racing Reynard 981-Honda**	**FS**	**147.481**	**59.986s**	**8**	**70**	**1h 36m 31.625s**	**106.287**	**16**
3	***Tony Kanaan (BR)**	**21**	**Tasman Motorsports LCI Reynard 981-Honda**	**FS**	**146.760**	**1m 00.281s**	**11**	**70**	**1h 36m 36.771s**	**106.192**	**14**
4	**Jimmy Vasser (USA)**	**12**	**Target/Chip Ganassi Racing Reynard 981-Honda**	**FS**	**148.140**	**59.720s**	**3**	**70**	**1h 36m 39.321s**	**106.145**	**12**
5	**Max Papis (I)**	**25**	**Arciero-Wells Racing MCI Reynard 981-Toyota**	**FS**	**146.595**	**1m 00.349s**	**14**	**70**	**1h 36m 42.149s**	**106.094**	**10**
6	**Adrian Fernandez (MEX)**	**40**	**Patrick Tecate Beer/Quaker State Oil Reynard 981-Ford**	**FS**	**146.651**	**1m 00.326s**	**12**	**70**	**1h 36m 44.404s**	**106.052**	**8**
7	**Al Unser Jr. (USA)**	**2**	**Marlboro Team Penske Penske PC27-Mercedes**	**GY**	**146.099**	**1m 00.554s**	**16**	**70**	**1h 36m 48.704s**	**105.973**	**6**
8	**Bryan Herta (USA)**	**8**	**Team Rahal Shell Reynard 981-Ford**	**FS**	**147.911**	**59.812s**	**6**	**70**	**1h 36m 57.885s**	**105.807**	**5**
9	**Richie Hearn (USA)**	**10**	**Della Penna Budweiser/Ralphs Swift 009.c-Ford**	**FS**	**145.891**	**1m 00.640s**	**18**	**70**	**1h 36m 58.791s**	**105.790**	**4**
10	***JJ Lehto (SF)**	**9**	**Hogan Motor Leasing Reynard 981-Mercedes**	**FS**	**145.259**	**1m 00.940s**	**21**	**70**	**1h 37m 06.068s**	**105.658**	**3**
11	**Scott Pruett (USA)**	**20**	**Patrick Visteon Reynard 971-Ford**	**FS**	**145.700**	**1m 00.720s**	**19**	**69**	**Em prova**		**2**
12	***Alex Barron (USA)**	**36**	**All American Racers Castrol/Degree Eagle 987-Toyota**	**GY**	**145.648**	**1m 00.741s**	**20**	**69**	**Em prova**		**1**
13	Robby Gordon (USA)	24	Arciero-Wells MCI/Panasonic/Duskin Reynard 981-Toyota	FS	144.987	1m 01.018s	24	69	Em prova		
14	Mark Blundell (GB)	18	PacWest Racing Group Motorola Reynard 981-Mercedes	FS	145.254	1m 00.906s	22	68	Em prova		
15	*Vincenzo Sospiri (I)	98	All American Racers Castrol/Degree Eagle 987-Toyota	GY	139.308	1m 03.506s	28	68	Em prova		
16	Arnd Meier (D)	77	Davis Hasseroder Pils/TotalTel Lola T97/00-Ford	GY	143.997	1m 01.438s	26	68	Em prova		
17	Andre Ribeiro (BR)	3	Marlboro Team Penske Penske PC27-Mercedes	GY	146.797	1m 00.266s	10	66	Em prova		
18	Mauricio Gugelmin (BR)	17	PacWest Racing Group Hollywood Reynard 981-Mercedes	FS	146.350	1m 00.450s	15	52	Prob. eléctricos		
19	Dennis Vitolo (USA)	34	Payton/Coyne SmithKline Beecham Reynard 971-Ford	FS	139.475	1m 03.430s	27	49	Prob. eléctricos		
20	Paul Tracy (CDN)	26	Team KOOL Green Reynard 981-Honda	FS	148.101	59.735s	4	48	Acidente		
21	Gil de Ferran (BR)	5	Walker Valvoline/Cummins Reynard 981-Honda	GY	147.832	59.844s	7	38	Porca da roda		
22	Patrick Carpentier (CDN)	33	Forsythe Player's Ltd./Indeck Reynard 981-Mercedes	FS	144.797	1m 01.098s	25	36	Acidente		
23	Bobby Rahal (USA)	7	Team Rahal Miller Lite Reynard 971-Ford	FS	146.979	1m 00.191s	9	35	Suspensão/acidente		
24	*Helio Castro-Neves (BR)	16	Bettenhausen Alumax Aluminum Reynard 981-Mercedes	GY	146.036	1m 00.580s	17	35	Suspensão/acidente		
25	Michel Jourdain Jr. (MEX)	19	Payton/Coyne Herdez/Viva Mexico! Reynard 971-Ford	FS	145.056	1m 00.989s	23	13	Motor		
26	Greg Moore (CDN)	99	Forsythe Player's Ltd./Indeck Reynard 981-Mercedes	FS	148.666	59.508s	1	3	Acidente		1
27	Christian Fittipaldi (BR)	11	Newman/Haas Kmart Swift 009.c-Ford	GY	148.032	59.763s	5	3	Acidente		
28	Michael Andretti (USA)	6	Newman/Haas Kmart/Texaco Havoline Swift 009.c-Ford	GY	146.624	1m 00.337s	13	2	Prob. Eléctricos		

* Piloto Rookie

Bandeira amarela: Voltas 1–2, rebocado/Herta, Unser e Castro-Neves; voltas 4–8, acidente/Moore e Fittipaldi; voltas 13–15, recomeço depois de bandeira vermelha; voltas 38–42, acidente/Carpentier; volta 45, rodada/Vitolo; voltas 67–70, chuva. **Total:** Seis durante 20 voltas.

Líderes: Dario Franchitti, 1–70 (70 voltas). **Total:** Franchitti, 70 voltas.

Volta mais rápida: Alex Zanardi, 1m 02.797s, 140.880 km/h na volta 59 (recorde).

Classificação no campeonato: 1 Zanardi, 250; 2 Vasser, 148; 3 Franchitti, 143; 4 Fernandez, 134; 5 Moore, 119; 6 Andretti, 112; 7 Pruett, 106; 8 Herta, 94; 9 Kanaan, 86; 10 Rahal, 80; 11 Unser, 72; 12 de Ferran, 67; 13 Tracy, 61; 14 Hearn, 42; 15 Gugelmin, 38; 16 Fittipaldi, 36; 17 Castro-Neves, 33; 18 Blundell, 26; 19 Papis, 25; 20 Carpentier, 23; 21 Lehto, 15; 22 Ribeiro, 13; 23 Gordon, 9; 24 Jourdain e Meier, 4; 26 Jones, 3; 27 Barron, 2; 28 Salles, 1.

SURFERS PARADISE

FEDEX CHAMPIONSHIP SERIES • 18ª PROVA

1 - ZANARDI

2 - FRANCHITTI

3 - FITTIPALDI

QUALIFICAÇÃO

Alex Zanardi parecida ter tudo do seu lado para sacar o troféu Marlboro da Pole quando marcou um tempo provisório que foi 2,5 segundos melhor que o recorde da pista, estabelecido por Nigel Mansell em 1994. "É um paraíso repavimentado", comentou Zanardi referindo as melhorias significativas feitas na pista desde a última visita dos Champ Car há ano e meio atrás. "Há muitíssimo mais garra que no ano passado, dá uma boa sensação, eu quero mesmo muito a pole até porque ainda não tive nenhuma este ano".

Depois de bater o seu colega na Kool Dario Franchitti (Reynard-Honda), por quase meio segundo, o novo duplo campeão sentia-se particularmente confiante. Mas nem tudo correu bem para ele. Foi com imensa frustração que viu suas esperanças de melhorar no sábado desvanecerem-se num enguiço do motor. Zanardi só podia ficar a ver e esperar os outros tirarem-lhe o tempo.

Bryan Herta estava entre os mais fortes depois duma noite de trabalho no seu Reynard-Ford do Team Rahal. Herta fez o terceiro tempo em 10 minutos e, logo a seguir, ficava parado com falta de combustível. Acabou por ficar em quinto para o grid. Christian Fittipaldi também foi dos que batalharam para melhor os tempos, subindo na tabela com um segundo a menos em relação à marca de sábado. Foi o melhor que conseguiu, o bastante para registrar a terceira posição, sua melhor da temporada.

Tudo ficava nas mãos de Franchitti. Com seu primeiro jogo de pneus não atingiu nem igualou a marca de Zanardi mas, cavando fundo em suas reservas de talento e confiança encontrou meio de tirar 0,022 de segundo ao italiano anexando assim a pole quando faltavam apenas cinco minutos.

"Não tínhamos a certeza de conseguir, mas eu pensei, "vou ter de dar 110% agora", foi como carregar uma arma. Para mim foi das voltas mais loucas que eu já fiz em toda a vida. É um grande resultado para a nossa equipe Kool Green."

Seu colega Paul Tracy voltou a andar bem igualizando seu esforço de Houston e averbando a quarta posição à frente de Herta e do segundo carro da Newman/Haas (Swift-Ford) de Michael Andretti que, por seu turno, se queixou forte de ter sido prejudicado por Tracy nas suas melhores voltas."

À esquerda: Demonstrando o instinto e agressividade que lhe garantiram dois títulos na Champ Cars, Alex Zanardi leva o seu Target Reynard-Honda em direção à sua sétima vitória da temporada.

À direita: As torres de apartamentos proporcionam camarotes perfeitos que permitem assistir à passagem do Penske-Mercedes de Al Unser Jr.

Ralph Hardwick

ALEX Zanardi voltou a lembrar todo o mundo sobre sua classe no Honda Indy em Surfers Paradise.

Um enguiço no motor, durante o dia de sábado retirou a oportunidade de Zanardi assumir a pole, tão ansiosamente esperada ao longo da temporada. Mas Zanardi compensou tudo na corrida ao perseguir Dario Franchitti nas primeiras voltas, tirando partido do exemplar trabalho da equipe de box de Rob Hill para assumir o comando seguindo assim para a sua sétima vitória do ano.

"Ontem estava muito desiludido por não ter assumido a pole," confirmou Zanardi, "mas hoje estou muito, mesmo muito contente. Sabia que tinha carro e então pensei que, já que estava na ponta, não tinha muito com que me preocupar senão em dirigir um excelente carro."

Relativamente contente por terminar em segundo estava Dario Franchitti, especialmente depois do companheiro de Zanardi, Jimmy Vasser se ter visto envolvido num incidente na chicane Honda, não terminando a prova.

"Teria sido muito melhor se estivesse no lugar do Zanardi", exclamou Franchitti na roda de imprensa depois da corrida, que ele terminou pela quinta vez entre os cinco primeiros, "mas você não pode ganhar sempre, assim a gente passa para segundo no Campeonato que é o que estávamos tentando fazer hoje. Acho que puxamos bem pelo Alex, foi uma bela corrida."

Condições climatéricas do tipo bilhete postal prevaleceram durante todo o final de semana na Costa Dourada de Queensland e a presença de mais de 95.000 pessoas no dia da corrida enquadrava um belo ambiente.

A largada, como de costume, foi precedida de toda uma série de corridas de apoio, espetáculos vários e exibições, incluindo o grande espetáculo aéreo «No Fear Air Show», com o fabuloso número acrobático executado sobre a linha de partida por um jato de guará da Força Aérea Australiana. Não há, de fato, melhor maneira de fazer subir a adrenalina.

O pelotão de 27 carros também proporcionou uma boa exibição em que Franchitti liderava em direção à bandeira verde do oficial de largadas, Jim Swintal. Zanardi deixou-se ficar um pouco para trás esperando poder saltar para a frente do escocês, mas Franchitti calculou na perfeição o que tinha que fazer e logo ganhou vantagem quando se dirigiam para a chicane Honda. Zanardi seguia em segundo enquanto Paul Tracy, companheiro de equipe de Franchitti, se colocava na frente Christian Fittipaldi. Michael Andretti seguia em quinto em cima dos calcanhares do seu companheiro e imediatamente à frente de Gil de Ferran, que saíra de oitava posição. Bryan Herta (Reynard-Ford) perdeu duas posições rodando em sétimo à frente de Vasser.

Após uma primeira volta muito vigorosa a corrida entrou num padrão em que Franchitti e Zanardi marcavam o ritmo afastando-se dos outros. Pela volta 12 os líderes tinham já uma vantagem de mais de 15 segundos sobre Tracy que se contentava, por seu turno, em fazer uma corrida com base na contenção do consumo. Fittipaldi estava a três segundos de Tracy, Andretti e de Ferran seguiam com idêntica margem.

As doze posições cimeiras não tiveram alteração durante as primeiras voltas, exceto JJ Lehto que foi o único piloto a provocar mudanças quando tirou vantagem duma derrapada de Tony Kanaan na volta nove. Duma só vez Lehto passava para a frente do brasileiro e de Max Papis em 13° ao volante do Reynard-Toyota.

A primeira ronda de paradas nos boxes surgiu mais cedo do que era esperado, na volta 13, disparada por uma situação de precaução total em virtude de Michel Jourdain Jr. ter dado uma rodada ficando parado no meio da pista entre a seqüência de esquerda-direita a 90 graus no extremo norte do circuito. Franchitti e Zanardi continuavam praticamente juntos até irem para os boxes onde não podem ultrapassar os 90 km/h. Quando as equipes completaram os respetivos reabastecimentos, a ordem estava invertida. O Reynard-Honda de Zanardi estava agora na frente de Franchitti em carro idêntico. "Houve alguma confusão quando entramos nos boxes porque os meus mecânicos estavam prontos e os do Paul também e foi um tanto difícil passar entre os pneus para ficar onde tinha de ser," relatou Franchitti. "Isso talvez nos tenha atrasado um pouco, depois, à saída, eu tinha que passar entre os pneus de Greg Moore, obrigando-me a sair num ângulo muito fechado em vez de sair direito. Acho que perdi ali mais algum tempo."

As outras posições na frente não mudaram, com excepção para Patrick Carpentier que subiu para sexto por a sua equipe ter decidido não o chamar. Com escassas cinco voltas corridas, nova situação de precaução total. Bobby Rahal acabava o seu dia parqueado contra um muro. Desta vez Carpentier realizou a sua parada, caindo para o fundo da tabela. Seu companheiro Moore também recorreu à assistência uma vez mais mas para resolver um problema no pedal do freio, cuja guarnição estava solta. A equipe optou por deixar cair a posição que tinham em pista para efetuarem uma operação de emergência antes que a peça caísse e ficasse entalada entre os pedais. O infeliz Moore regressava à pista em 23° lugar.

Zanardi começou a abrir de Franchitti logo que as bandeiras verdes foram mostradas para darem início à volta 25. Inicialmente Tracy manteve-se perto da traseira de seu companheiro mas acabava por se ver junto com Fittipaldi. Na volta 30, Fittipaldi atira-se de mergulho para o interior da Chicane MCI Worldcom no topo da Main Beach Parade. Tracy tinha que dar espaço.

Andretti, que estava por perto, nem queria acreditar, impressionado com o que viu. Aumentou a pressão sobre Tracy, que estava fazendo derrapadas sucessivas incluindo uma grande atravessada na freada para a Curva Conrad Jupiter, da qual, felizmente, conseguiu recuperar. Na volta 34 Andretti viu uma oportunidade de repetir a manobra de Fittipaldi mas Tracy bloqueou o caminho no momento em que Andretti estava passando. Os carros entraram em contato, a asa dianteira do Swift-Ford de Andretti

Muito público é Paraíso para organizadores

DESDE que os Champ Cars se deslocaram pela primeira vez à Costa Dourada de Queensland na Austrália, em 1991, o evento esteve sempre envolvido em controvérsia - muito pelo fato de a parte de leão do orçamento ser facultado pelo governo do Estado. Em 1998, o comitê organizador angariou alguma credibilidade obtendo patrocínio da Honda. A troca de março para o mês de outubro, pela primeira vez, também resultou bem graças ao tempo primaveril que assegurou boas condições ajudando a atrair um público recorde nos quatro dias.

"Termos aqui quase um quarto de milhão de pessoas nos quatro dias é simplesmente notável, " falou o presidente da Honda, Terry Jackman. "A corrida foi fantástica, todo o mundo estava entusiasmado apesar da corrida terminar com as bandeiras amarelas. Estamos todos ansiosos pelo próximo ano."

Bob Gibbs, o ministro do turismo de Queensland dava o mesmo tom: "Faz seis semanas (devido à recessão econômica no Sudoeste Asiático e aumentos de preços) estávamos desconcertados com perdas de 1,5 milhões de dólares; os resultados foram tão bons que agora estamos contando com 150.000 a 200.000 dólares. É espantoso. Isso facilita o meu trabalho e justifica manter o evento na Costa Dourada no futuro."

No dia seguinte, apressados em assegurar o futuro do evento, pessoal da organização e do Governo encontraram-se com o presidente do CART, Andrew Craig com o exclusivo objetivo de expandirem o contrato até ao ano 2005.

"O Governo vê com muito bons olhos este evento", continuou Gibbs. "Esta tarde transportamos o chefe do governo de Queensland Peter Beattie num helicóptero para sobrevoar o percurso e ficar com uma idéia do apoio da multidão. Foi muito bom. Ele está preocupado com a indústria do turismo e quer que o evento fique em Queensland. Estou confiante. Ele quer, nós queremos, a Costa Dourada adora e eu penso que tudo isso é muito bom."

Abaixo: O Valvoline Reynard-Honda de Gil de Ferran e o Shell Reynard-Ford de Bryan Herta tocam-se nas rodas enquanto percorrem lado a lado a Chicane Honda, mas ambos saíram incólumes.

Fotos: John Morris/M-Pix

Página ao lado, no topo: Enquanto Bryan Herta e Adrian Fernandez lideram meio pelotão para a Chicane Honda, o Reynard-Honda nº 12 de Jimmy Vasser é atirado ao ar após um contato com o Alumax Reynard de Helio Castro-Neves. O carro descontrolado de Vasser ficou seriamente danificado depois de roçar no muro (nesta página), e as suas esperanças de terminar em segundo no campeonato também foram severamente "amolgadas".

A espera de Fittipaldi continua

A VITÓRIA de Bryan Herta em Laguna Seca deixou ficar a dúvida sobre se Christian Fittipaldi é o mais experiente piloto do Campeonato FedEx que nunca obteve uma vitória. Esteve perto em algumas ocasiões, mais propriamente em Detroit em 96 quando dominou as terríveis condições e liderou na prática toda a distância sem cometer o mais leve erro abdicando do topo em favor do seu companheiro na Newman/Haas, Michael Andretti. O brasileiro, de 27 anos de idade parecia também em boa forma na recente prova de Houston. Esteve entre os da frente e tudo ia certo até a chuva começar antes da largada para, pouco depois, ver tudo ir por água abaixo quando Greg Moore deu uma derrapada na sua frente.

Fittipaldi regressou a Surfers Paradise qualificando-se na melhor posição da sua época, com a terceira marca: "Estou contente com a terceira posição," falou Fittipaldi, continuando: "mas a gente teve uma chance para a pole quando eu vi o Zanardi com problemas de motor eu pensei, já está, mas no meu segundo jogo de pneus tive muito tráfico e não me foi possível fazer uma boa volta toda inteira."

Mostrando seu sentido de humor, Fittipaldi também lembrou o seu horrível acidente na visita anterior a Surfers Paradise que o deixou com uma perna quebrada: "Quando cheguei no local levantei o pé porque tive um bocado de medo, se não fosse isso, teríamos sacado a pole!"

Os ferimentos fizeram Fittipaldi ficar ausente das pistas durante seis semanas em 1997 e, em certa medida, chegou a existir dúvidas sobre a sua motivação para continuar: "Quando eles estavam me tirando para fora do carro no ano passado interroguei-me a mim mesmo se valia a pena tanto sofrimento," admitiu ele. "É certo que a lembrança da dor vai-se embora com o tempo e eu continuava com vontade de correr a este nível com 100% de empenho."

Não houve motivos para duvidar da sua resolução já que Fittipaldi superou sempre seu companheiro e primeiro piloto, Michael Andretti, colocando a sua melhor marca anterior (Elkhart Lake) para trás das costas, obtendo a terceira posição: "Estou feliz pela maneira como o final de semana correu mas tenho que manifestar uma certa decepção porque achava que tinha carro para ganhar."

Steve Swope

tocou na traseira do Reynard-Honda de Tracy, daí resultando um furo no pneu. Perdendo aderência, Tracy passou entre as zebras com o carro atravessado. Tracy ainda continuou, atrasado nas traseiras do pelotão mas acabava por desistir com problemas de freios causados pelo impacto. Andretti também recomeçou bem mas seria envolvido noutra confusão pouco antes do final.

O incidente entre Andretti e Tracy fez sair as bandeiras de precaução total uma vez mais. Era um pouco cedo de mais para a maioria das equipas realizarem a segunda ronda de visitas aos boxes mas Zanardi foi o primeiro a tomar a decisão, levando com ele vários pilotos. Tudo se mantinha na mesma e, depois de mais duas breves interrupções – uma envolvendo um choque na Chicane Honda entre Vasser e Hélio Castro-Neves; a outra, uma rodada de Richie Hearn imediatamente antes do recomeço antecipado – Zanardi continuava a abrir de Franchitti e Fittipaldi.

De Ferran e Herta herdavam as duas posições seguintes, perseguidos por Scott Pruett, Lehto e os dois Reynard-Toyota de Max Papis e Robby Gordon. Apesar de Franchitti tentar tudo por tudo nunca pareceu em condição de desalojar Zanardi do comando. Teve uma pequena esperança com outra situação de bandeiras amarelas na volta 56 (depois de uma rodada de Castro-Neves) para, logo a seguir, um outro acidente entre três carros – Alex Barron, Richie Hearn e Andretti – ocorreu pouco tempo depois do recomeço da corrida, levando a que a prova fosse concluída sob situação de precaução.

"A única hipótese que eu tinha era depois dos recomeços", explicou Franchitti. "Não sendo isso, eu não tinha jeito de ficar mais próximo. Depois do primeiro serviço nos boxes foi uma tremenda batalha, puxei muito por ele mas, como campeão que é, não cometeu nenhum erro."

Zanardi, evidentemente, estava radiante com esta sua 15ª vitória em Champ Car, em somente 50 largadas.

"Foi maravilhoso estar no Círculo dos Vencedores num lugar como este que eu gosto tanto," falou ele. "É certo que eu sou um bom piloto mas este lugar parece ter sido feito à medida do meu estilo. É divertido regressar a casa com um troféu de vencedor especialmente porque nos dois últimos anos eu tinha velocidade mas a sorte não estava do meu lado. Hoje tudo correu com suavidade e bem, então eu estou muito contente."

Fittipaldi, em terceiro, seguiu os dois líderes durante a interrupção na volta 56. Todos os três precisavam dumas gotas de combustível para chegarem ao fim. Mas com a aproximação do limite das duas horas, a maior parte dos pilotos optou por correr com mistura pobre na esperança de chegarem ao fim sem terem de perder posição na pista. A coisa funcionou para Pruett, em quarto, e Lehto, que fez uma grande corrida para a pequena equipe de Carl Hogan a quem ofereceu a sua primeira classificação nos cinco primeiros. Adrian Fernandez, Kanaan e Moore, também se aproveitaram da estratégia. Herta que entretanto tinha passado de Ferran para quarto na volta 50 caiu para um pouco representativo 10º lugar depois de fazer uma parada no box. De Ferran, Papis e Gordon também perderam oportunidades de terminarem bem.

Foi uma pena a corrida ter acabado sob bandeiras de precaução – e três voltas mais cedo do que previsto devido ao problema das duas horas – mas Zanardi deu o seu melhor no sentido de acalmar a desilusão do público desempenhando uma série das suas rodadas tradicionais – na Chicane Foster e no gancho Honda.

"Foi o meu jeito de agradecer a estes torcedores," esclareceu. "Eles têm um belo país e eu gostava de poder passar mais tempo. De momento esta é a minha última corrida aqui em Champ Car. É fabuloso ir embora com uma vitória."

BREVES SURFERS

• Como a área dos boxes só tinha capacidade para 27 carros, isso provocou a retirada prematura de Denis Vitolo (Reynard-Ford) que foi incapaz de qualificar o carro.

• O incidente entre Paul Tracy e Michael Andretti na volta 34 atraiu a atenção do chefe dos comissários do CART, Wally Dallenbach, que afirmou no fim que iria visionar as fitas de vídeo mal chegasse aos Estados Unidos para regulamentar antes do final da temporada. Mais tarde, Dallenbach decretou que Tracy era culpado de obstrução, risco injustificado e de conduta anti-esportiva. O canadense foi informado que não poderia participar na primeira corrida de 1999.

• Jimmy Vasser esteve envolvido num violento acidente na Chicane Honda, volta 39, ao colidir com Hélio Castro-Neves. Foi a terceira vez que não terminou uma prova em 1998 e isto permitiu que Franchitti subisse para o segundo lugar da classificação a uma prova do final do Campeonato.

John Morris/M-Pix

• Na roda de imprensa depois da qualificação na sexta-feira, perguntaram a Alex Zanardi se ele poderia continuar a dar as suas habituais rodadas de vitória na Fórmula 1. Respondeu assim: "Quando estava negociando do meu contrato com Frank Williams perguntei se ele estava pronto a pagar minhas multas à FIA se eu tivesse a sorte de ganhar uma corrida e fazer o meu número, ao que ele me respondeu: "nem pensar, você não vai fazer uma coisa dessas com o meu carro!"

• Robby Gordon teve problemas elétricos durante a qualificação mas conseguiu voltar à pista para realizar o melhor tempo do warm-up antes da corrida, no Reynard-Toyota. Tanto Gordon como Max Papis estiveram entre os dez primeiros antes dos primeiros reabastecimentos nas voltas finais.

• Os dois pilotos da Penske foram forçados a usar seus carros de reserva na seqüência de acidentes durante o treino. Unser teve muita sorte em sair ileso quando um componente da suspensão dianteira perfurou o chassi bem perto das pernas.

FEDEX CHAMPIONSHIP SERIES • PROVA 18

HONDA INDY

SURFERS PARADISE, QUEENSLAND, AUSTRALIA

18 OUTUBRO, 62 voltas – 278.883 km

Clf	Piloto (Nac.)	Nº.	Patrocinadores Chassis-Motor	Pneus	Qlf Veloc.	Q Tempo	Pos.	Voltas	Tempo/Causa	Média	Pts.
1	**Alex Zanardi (I)**	**1**	**Target/Chip Ganassi Racing Reynard 98I-Honda**	**FS**	**175.421**	**1m 32.310s**	**2**	**62**	**2h 01m 51.170s**	**137.322**	**21**
2	**Dario Franchitti (GB)**	**27**	**Team KOOL Green Reynard 98I-Honda**	**FS**	**175.463**	**1m 32.288s**	**1**	**62**	**2h 01m 51.492s**	**137.315**	**17**
3	**Christian Fittipaldi (BR)**	**11**	**Newman/Haas Kmart Swift 009.c-Ford**	**GY**	**175.059**	**1m 32.501s**	**3**	**62**	**2h 01m 52.199s**	**137.302**	**14**
4	**Scott Pruett (USA)**	**20**	**Patrick Visteon Reynard 97I-Ford**	**FS**	**173.680**	**1m 33.236s**	**12**	**62**	**2h 01m 57.558s**	**137.201**	**12**
5	***JJ Lehto (SF)**	**9**	**Hogan Motor Leasing Reynard 98I-Mercedes**	**FS**	**172.877**	**1m 33.669s**	**15**	**62**	**2h 02m 01.962s**	**137.119**	**10**
6	**Adrian Fernandez (MEX)**	**40**	**Patrick Tecate Beer/Quaker State Oil Reynard 98I-Ford**	**FS**	**174.084**	**1m 33.019s**	**10**	**62**	**2h 02m 02.323s**	**137.112**	**8**
7	***Tony Kanaan (BR)**	**21**	**Tasman Motorsports LCI Reynard 98I-Honda**	**FS**	**173.110**	**1m 33.543s**	**14**	**62**	**2h 02m 02.850s**	**137.101**	**6**
8	**Greg Moore (CDN)**	**99**	**Forsythe Player's Ltd./Indeck Reynard 98I-Mercedes**	**FS**	**174.272**	**1m 32.919s**	**9**	**62**	**2h 02m 04.962s**	**137.063**	**5**
9	**Patrick Carpentier (CDN)**	**33**	**Forsythe Player's Ltd./Indeck Reynard 98I-Mercedes**	**FS**	**172.600**	**1m 33.819s**	**16**	**62**	**2h 02m 06.991s**	**137.024**	**4**
10	**Bryan Herta (USA)**	**8**	**Team Rahal Shell Reynard 98I-Ford**	**FS**	**174.895**	**1m 32.588s**	**5**	**62**	**2h 02m 07.190s**	**137.021**	**3**
11	**Mark Blundell (GB)**	**18**	**PacWest Racing Group Motorola Reynard 98I-Mercedes**	**FS**	**172.598**	**1m 33.820s**	**17**	**62**	**2h 02m 11.040s**	**136.948**	**2**
12	**Mauricio Gugelmin (BR)**	**17**	**PacWest Racing Group Hollywood Reynard 98I-Mercedes**	**FS**	**171.583**	**1m 34.375s**	**21**	**62**	**2h 02m 11.340s**	**136.943**	**1**
13	Andre Ribeiro (BR)	3	Marlboro Team Penske Penske PC27-Mercedes	GY	171.403	1m 34.474s	22	62	2h 02m 11.899s	136.932	
14	Gil de Ferran (BR)	5	Walker Valvoline/Cummins Reynard 98I-Honda	GY	174.399	1m 32.851s	8	62	2h 02m 13.242s	136.908	
15	*Vincenzo Sospiri (I)	98	All American Racers Castrol/Degree Eagle 987-Toyota	GY	167.700	1m 36.561s	27	62	2h 02m 13.978s	136.894	
16	Robby Gordon (USA)	24	Arciero-Wells MCI/Panasonic/Duskin Reynard 98I-Toyota	FS	171.639	1m 34.344s	20	62	2h 02m 14.917s	136.876	
17	Max Papis (I)	25	Arciero-Wells Racing MCI Reynard 98I-Toyota	FS	173.421	1m 33.375s	13	61	Prob. elétricos		
18	Richie Hearn (USA)	10	Della Penna Budweiser/Ralphs Swift 009.c-Ford	FS	171.337	1m 34.511s	23	60	Em prova		
19	*Alex Barron (USA)	36	All American Racers Castrol/Degree Eagle 987-Toyota	GY	169.945	1m 35.285s	26	59	Acidente		
20	Michael Andretti (USA)	6	Newman/Haas Kmart/Texaco Havoline Swift 009.c-Ford	GY	174.848	1m 32.613s	6	59	Acidente		
21	*Helio Castro-Neves (BR)	16	Bettenhausen Alumax Aluminum Reynard 98I-Mercedes	GY	172.246	1m 34.012s	18	54	Acidente		
22	Al Unser Jr. (USA)	2	Marlboro Team Penske Penske PC27-Mercedes	GY	171.792	1m 34.260s	19	53	Em prova		
23	Paul Tracy (CDN)	26	Team KOOL Green Reynard 98I-Honda	FS	174.905	1m 32.583s	4	45	Acidente		
24	Jimmy Vasser (USA)	12	Target/Chip Ganassi Racing Reynard 98I-Honda	FS	174.729	1m 32.676s	7	38	Acidente		
25	Bobby Rahal (USA)	7	Team Rahal Miller Lite Reynard 97I-Ford	FS	173.992	1m 33.068s	11	19	Acidente		
26	Michel Jourdain Jr. (MEX)	19	Payton/Coyne Herdez/Viva Mexico! Reynard 97I-Ford	FS	170.258	1m 35.109s	25	11	Acidente		
27	Arnd Meier (D)	77	Davis Hasseroder Pils/TotalTel Lola T97/00-Ford	GY	169.686	1m 34.534s	24	4	Fuga de óleo		
NQ	Dennis Vitolo (USA)	34	Payton/Coyne SmithKline Beecham Reynard 97I-Ford	FS	164.021	1m 38.726s	28	–	Não qualificado		

* Piloto Rookie

Bandeira amarela: Voltas 13–15, acidente/Jourdain; voltas 20–23, acidente/Rahal; voltas 35–36, destroços – acidente/Tracy e Andretti; voltas 39–40, acidente/Vasser e Castro-Neves; voltas 42–43, rodada/Hearn; voltas 55–57, acidente/Castro-Neves; voltas 60–62, acidente/Barron, Hearn e Andretti. **Total:** Sete durante 19 voltas.

Líderes: Dario Franchitti, 1–13 (13 voltas); Alex Zanardi, 14–62 (49 voltas). **Totais:** Zanardi, 49 voltas; Franchitti, 13 voltas.

Volta mais rápida: Alex Zanardi, 1m 33.780s, 172.672 Km/h na volta 54 (recorde).

Classificação no campeonato: 1 Zanardi, 271; 2 Franchitti, 160; 3 Vasser, 148; 4 Fernandez, 142; 5 Moore, 124; 6 Pruett, 120; 7 Andretti, 112; 8 Herta, 97; 9 Kanaan, 92; 10 Rahal, 80; 11 Unser, 72; 12 de Ferran, 67; 13 Tracy, 61; 14 Fittipaldi, 50; 15 Hearn, 42; 16 Gugelmin, 39; 17 Castro-Neves, 33; 18 Blundell, 28; 19 Carpentier, 27; 20 Lehto e Papis, 25; 22 Ribeiro, 13; 23 Gordon, 9; 24 Jourdain e Meier, 4; 26 Jones, 3; 27 Barron, 2; 28 Salles, 1.

FONTANA

1 - VASSER

2 - MOORE

3 - ZANARDI

FEDEX CHAMPIONSHIP SERIES • 19ª PROVA

À esquerda: Jimmy Vasser cruza a linha de chegada poucos centímetros na frente de Greg Moore para vencer o troféu referente ao "sprint" de uma volta que determinou o resultado da corrida.

Abaixo à esquerda: Vasser comemora a vitória que lhe deu o segundo lugar no campeonato bem como o prêmio de um milhão de dólares para o vencedor.

Abaixo: O Dispositivo Handford voltou a produzir muita ação espectacular. O co-proprietário da Newman/Haas Racing Paul Newman segue na TV as prestações de Michael Andretti e Christian Fittipaldi.

QUALIFICAÇÃO

Adrian Fernandez, Michael Andretti e Greg Moore ocuparam o topo das listas em cada uma das três sessões anteriores à qualificação com Moore a marcar de largo o novo recorde com 386,408 km/h na manhã de sábado. O mesmo aconteceu com o Aparato Handford, introduzido em Julho em Michigan com a finalidade de diminuir a escalada das velocidades nas pistas ovais de duas milhas. Mas nenhum dos concorrentes tinha ilusões: "Não há maneira de fazer estas velocidades sozinho, " confirmou Andretti. "Continuo a pensar que não tivéssemos aquele dispositivo estaríamos andando a 390 km/h ou perto disso, então esse é o caminho certo."

Assim, o recorde mundial de Maurício Gugelmin com 387,758 km/h estabelecido em qualificação para a prova inaugural Marlboro 500 em 1997 mantém-se intato. Na realidade, no sábado à tarde, ninguém conseguira passar os 380 km/h.

Scott Pruett esteve perto a 376,020 km/h na sua última presença ao volante do Reynard-Ford/Cosworth de Pat Patrick, não obstante ficar com a 11ª velocidade mais alta, 380,159 km/h nos dois dias de treinos. Foi interessante verificar que nenhum dos 10 pretendentes na final de um de cada vez pode melhorar o tempo de Pruett, o que, no fim das contas, assegurava para ele a primeira pole da temporada e a sua quarta da carreira.

"Pessoalmente é formidável , "declarou Pruett. "Desde que anunciamos a minha saída da equipe em relação à próxima época, o meu objetivo e o do pessoal era colocar o enfoque nas últimas corridas e terminar a época com nota alta. É uma excelente maneira de começar o final de semana e isso nos coloca em boa posição para amanhã."

Jimmy Vasser também rompeu a barreira dos 374 km/h assegurando o lado exterior da primeira linha. Seu colega de equipe Alex Zanardi não fazia melhor do que 18º. Michael Andretti ocupou a terceira posição do grid. Seu Swift-Ford foi o mais rápido dos clientes Goodyear pela sétima vez na temporada, ficando a seu lado na segunda fila o carro idêntico de Richie Hearn mas com pneus Firestone.

NEM mesmo Jimmy Vasser teria escrito melhor roteiro para a final do Campeonato FedEx. O piloto do Nevada, residente na Califórnia, de 32 anos, fora obrigado a realizar o segundo papel em relação a Alex Zanardi na Chip Ganassi desde que obteve o primeiro de uma série de três títulos consecutivos para a equipe em 1996; isso, depois de um acidente na recente corrida da Austrália em que ele perdeu virtualmente um mês ou mais para se fixar na segunda posição na tabela dos pontos. Vasser tinha absoluta necessidade de afirmação.

Conseguiu e, com isso, um imenso cheque de 1,5 milhões de dólares, numa perfeita vitória no Marlboro 500, apresentado pela Toyota na pista da Califórnia.

Vasser qualificou o carro na quinta posição superando seu companheiro de equipe pela 12ª vez em 19 provas. Manteve-se em atenção permanente durante as 250 voltas da corrida a qual, depois de algumas situações de bandeiras amarelas na parte final, conduziram a uma última volta escaldante.

Coincidência é o fato de terem sido os mesmos pilotos a preencherem as três posições do topo na U.S. 500, no circuito irmão de Michigan, em julho, com Greg Moore na frente de Vasser e Zanardi. Desta vez foi Vasser a emergir na cimeira não só pela bolsa de um milhão de dólares do vencedor mas também pelos 500.000 dólares de bônus por terminar em segundo na classificação da Copa PPG.

"Foi uma maneira fantástica de terminar a temporada," afirmou Vasser. "O milhão de dólares é ótimo mas o meu objetivo ao vir aqui era terminar o campeonato em segundo. O Alex já tinha o campeonato garantido faz tempo, então era objetivo da nossa equipe conseguir o segundo lugar. Travamos uma grande batalha e é ótimo terminar bem."

Uma multidão de 106 mil pessoas emoldurava o circuito numa atmosfera eletrizante. Perfeitas condições de tempo ajudaram ainda mais efeito do hino nacional desempenhado pela banda da Universidade da Califórnia do Sul.

O Dispositivo Handford – um aerofólio traseiro de efeito de grande resistência introduzido no início da temporada no circuito idêntico de Michigan destinado a conter a velocidade – era suposto produzir de novo sensacionais exibições de carona a mais de 370 km/h. Funcionou tão bem logo na largada que Vasser rapidamente passou o homem da pole Scott Pruett (Reynard-Ford/Cosworth) na primeira volta.

De quarto no grid, Michael Andretti (Swift-Ford) também deu forte à largada levando seu carro até junto de Vasser na aproximação à Curva Três. Os dois carros negociaram a curva lado a lado até Vasser conseguir ganhar vantagem para passar ligeiramente na frente de Andretti e Pruett no final da primeira volta. O veterano Bobby Rahal seguia em quarto no Reynard-Ford, dando boa conta do recado na sua última largada em Champ Car, enquanto Gil de Ferran (Reynard-Honda) completava a volta nº 1 em quinto, depois de largar de 10º. Outras movimentações englobavam Zanardi, de 18º para 12º e Robby Gordon, que saltou de 22º para 11º no seu Reynard-Toyota. Por incrível que possa parecer, só dois dos 28 à largada completaram a primeira volta na posição em que começaram: Dario Franchitti (Reynard-Honda) em oitavo e Denis Vitolo (Reynard-Ford) em 28º.

Cedo os líderes estabilizaram o andamento à volta dos 363 km/h com Andretti e Vasser trocando de lugar várias vezes antes de aparecerem as luzes de precaução na volta seis, pela primeira vez. O Penske-Mercedes de André Ribeiro, que já rebocava uma ligeira fumaça havia umas voltas em razão duma fuga de óleo, acabava de bater na Curva Três. O brasileiro não ficou ferido mas era mais um sinal de uma desapontadora temporada para a equipe de Roger Penske, que sofrera da mesma situação com o carro de Al Unser Jr.

Vasser voltou à liderança no recomeço e até subiu a parada para uma média acima dos 370 km/h o que não impedia de abrir de Andretti, ali bem perto da sua traseira. Na volta 25 a

Michael C. Brown

Rahal desce o pano de uma grande carreira

BOBBY Rahal encerrou sua gloriosa carreira em Champ Car na pista da Califórnia. Em homenagem, o tricampeão da Copa PPG foi convidado a realizar duas voltas de honra no final da sessão livre de aquecimento antes da corrida, na manhã de domingo. Quando regressou aos boxes, Rahal foi recebido por todo o pessoal do CART, com alguns usando máscaras de Groucho Marx com grandes óculos (embora Rahal já não os use graças a uma operação por laser), grandes sobrancelhas e um avantajado nariz. "Alguns desses caras nunca pareceram tão bem," exclamava Rahal realmente sensibilizado pelo gesto.

Para satisfação sua, Rahal, de 45 anos, continua sendo uma força mesmo em final de carreira. Qualificou seu Reynard-Ford em quinto e acrescentou dois pontos na Copa PPG à sua lista por terminar junto do estreante Hélio Castro-Neves em 11º. "Tenho pena de não termos terminado mais acima," falou ele quando viu que não tinha conseguido bater o recorde de 178 qualificações nos 10 primeiros, pertença de Al Unser Jr. "Não ia desistir hoje. Queria terminar em segurança mas fiquei triste de não ter passado o Hélio na última volta."

Foi uma semana em cheio, foi mesmo um ano em cheio para Rahal que distribuiu sorrisos em todos os passos das cerimônias alusivas às comemorações do programa da "Última corrida de Rahal".

"Não tinha a certeza de como me sentiria no sábado à noite mas eu estava tão cansado que adormeci rápido às 10 horas."

Rahal acabou o ano num merecido 10º lugar na classificação, tendo esta sido a 16ª vez em 17 temporadas de Champ Car, com um total de 24 vitórias. Ele completou mais voltas (2.387) que qualquer outro menos Zanardi (2.465), recebendo 47.740 dólares para a Fundação Bobby Rahal (à razão de 20 dólares por volta apoiados pela Miller Brewing, Philip Morris e Shell).

Quando perguntaram depois da corrida o que é que ele iria sentir menos falta ao deixar de dirigir, Rahal respondeu rápido: "Perder o controlo de carros nas ovais! Vêem todos estes cabelos grisalhos? São de perder carros nas ovais. Não há nada de mais assustador ou desconfortável no mundo, então não vou saudades nenhumas disso."

Fotos: Michael C. Brown

À direita: Bryan Herta e Max Papis – que se juntará ao californiano no Team Rahal em 1999 – eliminaram-se num acidente a alta velocidade na Curva Quatro quando discutiam o 12º lugar.

Abaixo à direita: Corridas em circuitos de alta velocidade no seu melhor: Greg Moore, Paul Tracy e Robby Gordon andam juntos a 370.149 Km/h. Tracy parecia estar à beira de obter a sua primeira vitória para o Team KOOL Green quando rodou num recomeço a quatro voltas do fim.

ultrapassagem era consumada. Greg Moore fazia uma corrida prudente no seu Reynard-Mercedes. Caiu de nono para 14º na primeira volta mas não desistiu de recuperar. O vencedor da U.S. 500 rodava entre os cinco da frente na volta 30 colocando-se no comando onze voltas mais à frente aproveitando a ida de Andretti ao box.

Moore e Andretti discutiram a posição do topo durante a segunda fase da prova, Vasser mostrava-se nos espelhos de Franchitti. A segunda ronda de paradas nos boxes viu Andretti recorrer ao serviço dos mecânicos nove voltas antes de Moore, uma vez que a sua equipe técnica preferiu desviar-se da espera duma precaução depois ter ficado com dúvidas de quanto combustível tinha sido introduzido na primeira parada. Entretanto Moore saía dos boxes na volta 80, ainda sob bandeiras verdes, mostrando uma vantagem considerável sobre Andretti. Contudo, essa vantagem seria apagada num instante na volta 88 quando o motor Ford do Lola de Arnd Meier quebrou, despoletando a segunda situação de precaução total.

Meier não estava só. A excelente corrida de Franchitti terminava da mesma forma na volta 113. Na altura, o escocês rodava à vontade em segundo. JJ Lehto também passou por uma quebra de motor, mas, mais dramático, foi a saída de Pruett que bateu forte na Curva Quatro, volta 139. Estava em quinto.

Terminada a limpeza, no final de 150 voltas, Andretti liderava na frente de Vasser, Moore, e Tracy no segundo Reynard-Honda. Maurício Gugelmin (Reynard-Mercedes) segurava sua quinta colocação na frente de Hearn (Swift-Ford), Gordon, que continuava a tirar bom partido do motor Toyota e Adrian Fernandez (Reynard-Ford) que deixava boa impressão vindo das traseiras do grid depois do acidente ocorrido na qualificação.

Vasser levantava a multidão passando Andretti e assumindo o comando mais uma vez na volta 151. Moore ameaçava Andretti, passava para a sua frente e deixava de novo Andretti ocupar a segunda posição na volta seguinte. Era uma corrida ao mais alto nível. Vasser manteve a liderança até voltar aos boxes para uma operação de rotina na volta 182. Gugelmin aproveitou então para se colocar na ponta tirando excelente partido da economia de consumo e também do magnífico trabalho da sua equipe chefiada por Mark Moore.

À medida que a corrida seguia em frente este era o quarteto das vedetas, onde Tracy queria entrar embora sem dar muito nas vistas, tal como Zanardi,

Jamie Squire/Allsport USA

W.P. Johnson/At Speed Photographic

Foi uma temporada muito trabalhosa para o Comissário-Chefe da CART Wally Dallenbach, que decretou no intervalo após a corrida em Surfers Paradise que Paul Tracy ficará suspenso na primeira prova do Campeonato FedEx de 1999, mas nesta prova a disciplina dos pilotos foi exemplar.

que seguia debatendo-se com alguns problemas de estabilidade. Zanardi fora ligeiramente atrasado no box devido a um incidente com um dos seus mecânicos tocado pelo carro mas, felizmente, sem ferimentos.

As esperanças de vitória de Andretti desapareciam entretanto na volta 211 quando o piloto meteu suas rodas para lá da linha branca na Curva Três, perdendo o controlo e batendo no muro. Nova precaução.

Nove carros restavam ainda na mesma volta do líder. Depois da última parada nos boxes a ordem era a seguinte: Gugelmin, Tracy, Moore, Mark Blundell (Reynard-Mercedes), Vasser, Zanardi, Fernandez, Hearn e Christian Fittipaldi. Tracy transitou para a frente passando Gugelmin logo após o recomeço. O canadense parecia estar em boas condições quando a prova foi novamente interrompida a 15 voltas do fim. Primeiro quando de Ferran viu quebrar o seu motor, depois, quando Bryan Herta (Reynard-Ford) e seu futuro colega Max Papis (Reynard-Toyota) colidiram à saída da Curva Quatro em disputa pelo 12º lugar.

Os elementos da segurança da prova trabalharam bem e depressa limpando os estragos justo a tempo de deixarem em aberto as quatro últimas voltas. Mas, não dando para entender, Tracy saía da pista, atravessava o gramado e batia no muro quando reacelerava na saída da Curva Dois preparando o arranque depois da precaução.

"Foi só pneus frios", admitiu Tracy. "Sabia que tinha carro para ganhar, então pensei que se largasse bem no recomeço tudo seria mais fácil. Foi erro meu. Nem sei como explicar o quanto triste eu estou. Não tanto por mim, mas pela equipe. Nós precisávamos mesmo desta vitória."

Nova precaução. A equipe de segurança voltou a funcionar. Faltava uma só volta e o público manifestava grande excitação. Estava em jogo um milhão de dólares e o público estava todo de pé.

Moore realizou um bom arranque no recomeço ganhando distância dos outros na reta oposta à da meta. Mas Vasser calculou tudo no mais pequeno detalhe tirando partido dum monumental arranque para passar Moore quando cruzavam a linha de meta sob as bandeiras brancas e verdes. Zanardi também usurpou a posição do canadense mas por pouco tempo. Moore recuperava na Curva Três. Mas Vasser mantinha-se fora de alcance.

"Acho que assistimos aqui a um padrão", notava Vasser após inverter a tendência da U.S. 500. "Não queremos estar na ponta na última volta e desta vez foi para mim uma sorte e pouca sorte para ele. Ele estava em posição indefensável, não podia fazer nada."

Moore tinha de contentar-se com a segunda posição: " É estranho como eles me alcançaram tão depressa," falou ele. "Esse é um dos dias em que ficar em segundo é ser o primeiro vencido. É uma pastilha amarga de tomar."

Zanardi terminou em terceiro à frente de Fernandez que terminou ligeiramente na frente de Gugelmin e Blundell. Fittipaldi e Hearn terminaram também na volta do vencedor na conclusão não só duma espetacular corrida mas também de uma temporada fantástica.

Firestone estão no topo do mundo

A VITÓRIA Jimmy Vasser concluiu uma sensacional e bem sucedida campanha para a Reynard e para a Firestone, cada um deles assegurando sua 18ª vitória consecutiva. No caso da Firestone, sua 29ª em 30 largadas. Mais ainda: Firestone alargou seu recorde intacto nas corridas de 500 milhas para sete desde que regressou ao Champ Car em 1995.

"É um argumento melhor do que se a gente o tivesse escrito", falou o diretor da Bridgestone/Firestone Al Speyer. "É melhor do que sempre imaginamos. Para a Firestone é um final perfeito para uma temporada quase perfeita. Hoje houve dose suficiente de drama e de excitação mas quando a poeira assentou, a Firestone estava no pódio e acabou nos seis primeiros lugares. Os pneus Firestone portaram-se muito bem, sem falhas e é sempre muito especial ganhar a última corrida da temporada. Agora podemos transportar toda essa embalagem para a primeira corrida de 99."

No cômputo geral foi um excelente final de semana para a Bridgestone/Firestone. Na tarde de sábado, Scott Pruett continuou o domínio desse gigante dos pneus em Champ Car arrecadando a pole a uma velocidade média de 376.180 Km/h. Na roda de imprensa pós-qualificação, o muito respeitado e admirado Trevor Hoskins, que se retirou recentemente do cargo de Vice-Presidente de relações públicas da Bridgestone/Firestone, foi homenageado com o troféu Figura PPG, o qual reconhece membros da comunidade das corridas que levaram colorido, estilo, personalidade e alegria ao campeonato.

Mais tarde, à noite, vários grupos juntaram-se no paddock para assistirem à cobertura televisiva em direto da última corrida do Mundial de Fórmula 1 no Japão. Mais uma vez a Firestone saiu por cima com a vitória de Mika Hakkinen e sua coroação como campeão do mundo.

Era quase inevitável que Vasser não continuasse a via vencedora da empresa no sábado à tarde: "Esta corrida pontua um ano especial para o esporte e Bridgestone/Firestone," declarou Speyer. "Vamos trabalhar no duro na pré-temporada para mantermos a nossa hegemonia na CART mas a única forma de ficar no topo é ganhar todas as corridas em 1999. Será bom tentar."

Michael C. Brown

BREVES FONTANA

• Frank Arciero e Cal Wells III anunciaram em Fontana que o campeão da Indy Lights Cristiano da Matta seria o piloto do Reynard-Toyota da MCI Worldcom em 1999.

• Na mesma ocasião, a Arciero-Wells Racing apresentou a Pioneer Electronics como principal patrocinador do Reynard-Toyota nº 24 de Scott Pruett em 1999.

• Alex Barron foi homenageado pela All American Racers de Dan Gurney pela melhor qualificação de sempre do Eagle 987: foi o mais rápido dos Toyota, com 370.841 km/h.

• Adrian Fernandez parecia ter uma boa oportunidade de obter a pole na U.S. 500 com o tempo de 31.366 segundos (374.777 km/h) na última volta no Reynard-Ford de Pat Patrick. Por azar, a menos de uma milha da sua volta, perdeu o controlo à saída da Curva Dois e bateu no muro. Os danos não foram grandes e o piloto pode regressar à pista graças ao trabalho da equipe liderada por Mike Sales.

Jamie Squire/Allsport USA

• Michel Jourdain Jr. confirmou seu novo contrato por três anos com os produtores mexicanos de alimentos Herdez continuando na Payton/Coyne Racing. A equipe anunciou ainda a troca dos chassis Reynard pelos Lola.

• Alex Zanardi terminou em terceiro com o Reynard 981 nº 006, o qual terminou a temporada com um total de 12.392 km e um recorde de cinco vitórias, quatro segundos lugares, um terceiro e um quarto.

• Hélio Castro-Neves teve uma misteriosa falta de potência na primeira volta descendo de 16º no grid para 27º no Reynard-Mercedes de Tony Bettenhausen. O jovem estreante conseguiu mesmo assim terminar em 10º lugar. Foi a primeira vez que viu a bandeira quadriculada desde julho na U.S. 500.

FEDEX CHAMPIONSHIP SERIES • PROVA 19

MARLBORO 500 PRESENTED BY TOYOTA

CALIFORNIA SPEEDWAY, FONTANA, CALIFORNIA

1 NOVEMBRO, 250 voltas – 816.339 Km

Clf	Piloto (Nac.)	Nº.	Patrocinadores Chassis-Motor	Pneus	Qlf Veloc.	Q Tempo	Pos.	Voltas	Tempo/Causa	Média	Pts.
1	Jimmy Vasser (USA)	12	Target/Chip Ganassi Racing Reynard 981-Honda	FS	375.556	31.301s	2	250	3h 17m 54.369s	247.492	21
2	Greg Moore (CDN)	99	Forsythe Player's Ltd./Indeck Reynard 981-Mercedes	FS	372.912	31.523s	9	250	3h 17m 54.729s	247.484	16
3	Alex Zanardi (I)	1	Target/Chip Ganassi Racing Reynard 981-Honda	FS	369.384	31.824s	18	250	3h 17m 55.486s	247.470	14
4	Adrian Fernandez (MEX)	40	Patrick Tecate Beer/Quaker State Oil Reynard 981-Ford	FS	s/ result.	s/ tempo	27	250	3h 17m 55.506s	247.468	12
5	Mauricio Gugelmin (BR)	17	PacWest Racing Group Hollywood Reynard 981-Mercedes	FS	374.027	31.429s	6	250	3h 17m 55.533s	247.468	10
6	Mark Blundell (GB)	18	PacWest Racing Group Motorola Reynard 981-Mercedes	FS	373.884	31.441s	7	250	3h 17m 55.832s	247.462	8
7	Christian Fittipaldi (BR)	11	Newman/Haas Kmart Swift 009.c-Ford	GY	371.462	31.646s	11	250	3h 17m 56.855s	247.441	6
8	Richie Hearn (USA)	10	Della Penna Budweiser/Ralphs Swift 009.c-Ford	FS	374.647	31.377s	4	250	3h 18m 05.953s	247.251	5
9	Robby Gordon (USA)	24	Arciero-Wells MCI/Panasonic/Duskin Reynard 981-Toyota	FS	367.204	32.013s	22	249	Em prova		4
10	*Helio Castro-Neves (BR)	16	Bettenhausen Alumax Aluminum Reynard 981-Mercedes	GY	370.199	31.754s	16	249	Em prova		3
11	Bobby Rahal (USA)	7	Team Rahal Miller Lite Reynard 971-Ford	FS	374.444	31.394s	5	249	Em prova		2
12	Michel Jourdain Jr. (MEX)	19	Payton/Coyne Herdez/Viva Mexico! Reynard 971-Ford	FS	362.124	32.462s	25	247	Em prova		1
13	*Alex Barron (USA)	36	All American Racers Castrol/Degree Eagle 987-Toyota	GY	370.841	31.699s	15	246	Em prova		
14	Paul Tracy (CDN)	26	Team KOOL Green Reynard 981-Honda	FS	371.438	31.648s	12	245	Acidente		
15	Bryan Herta (USA)	8	Team Rahal Shell Reynard 981-Ford	FS	370.058	31.766s	17	239	Acidente		
16	Max Papis (I)	25	Arciero-Wells Racing MCI Reynard 981-Toyota	FS	366.048	32.114s	24	239	Acidente		
17	Gil de Ferran (BR)	5	Walker Valvoline/Cummins Reynard 981-Honda	GY	371.779	31.619s	10	232	Motor		
18	Michael Andretti (USA)	6	Newman/Haas Kmart/Texaco Havoline Swift 009.c-Ford	GY	374.706	31.372s	3	210	Acidente		
19	*Tony Kanaan (BR)	21	Tasman Motorsports LCI Reynard 981-Honda	FS	366.471	32.077s	23	171	Estabilidade		
20	Scott Pruett (USA)	20	Patrick Visteon Reynard 971-Ford	FS	376.180	31.249s	1	138	Acidente		1
21	*JJ Lehto (SF)	9	Hogan Motor Leasing Reynard 981-Mercedes	FS	368.042	31.940s	20	124	Motor		
22	Dario Franchitti (GB)	27	Team KOOL Green Reynard 981-Honda	FS	373.018	31.514s	8	112	Motor		
23	*Vincenzo Sospiri (I)	98	All American Racers Castrol/Degree Reynard 981-Toyota	GY	361.366	32.530s	26	94	Fuga de água		
24	Arnd Meier (D)	77	Davis Hasseroder Pils/TotalTel Lola T97/00-Ford	GY	367.662	31.973s	21	85	Motor		
25	Dennis Vitolo (USA)	34	Payton/Coyne SmithKline Beecham Reynard 971-Ford	FS	s/ result.	s/ tempo	28	66	Estabilidade		
26	Patrick Carpentier (CDN)	33	Forsythe Player's Ltd./Indeck Reynard 981-Mercedes	FS	370.969	31.688s	14	59	Transmissão		
27	Al Unser Jr. (USA)	2	Marlboro Team Penske Penske PC27-Mercedes	GY	371.415	31.650s	13	33	Fuga de óleo		
28	Andre Ribeiro (BR)	3	Marlboro Team Penske Penske PC27-Mercedes	GY	368.073	31.887s	19	6	Acidente		

* Piloto Rookie

Bandeira amarela: Voltas 7–16, acidente/Ribeiro; voltas 88–95, motor/Meier; voltas 112–120, motor/Franchitti; voltas 126–129, motor/Lehto; voltas 139–147, acidente/Pruett; voltas 183–192, rodada/Hearn; voltas 211–220, acidente/Andretti; voltas 235–239, motor/de Ferran; voltas 240–245, acidente/Herta e Papis; voltas 246–248, acidente/Tracy. **Total:** Dez durante 74 voltas.

Líderes: Jimmy Vasser, 1–2 (2 voltas); Michael Andretti, 3 (1 volta); Vasser, 4–24 (21 voltas); Andretti, 25–40 (16 voltas); Greg Moore, 41–42 (2 voltas); Mauricio Gugelmin, 43–44 (2 voltas); Richie Hearn, 45–51 (7 voltas); Moore, 52–58 (7 voltas); Andretti, 59–70 (12 voltas); Moore, 71–80 (10 voltas); Gugelmin, 81 (1 volta); Mark Blundell, 82 (1 volta); Gugelmin, 83–84 (2 voltas); Moore, 85–121 (37 voltas); Gugelmin, 122–130 (9 voltas); Paul Tracy, 131–141 (11 voltas); Andretti, 142–150 (9 voltas); Vasser, 151–181 (31 voltas); Gugelmin, 182–200 (19 voltas); Andretti, 201–206 (6 voltas); Vasser, 207–213 (7 voltas); Gugelmin, 214–220 (7 voltas); Tracy, 221–245 (25 voltas); Moore, 246–248 (3 voltas); Vasser, 249–250 (2 voltas). Totals: Vasser, 63 voltas; Moore, 59 voltas; Andretti, 44 voltas; Gugelmin, 40 voltas; Tracy, 36 voltas; Hearn, 7 voltas; Blundell, 1 volta.

Volta mais rápida: Greg Moore, 31.119s, 377.753 Km/h na volta 78.

Classificação no campeonato: 1 Zanardi, 285; **2** Vasser, 169; **3** Franchitti, 160; **4** Fernandez, 154; **5** Moore, 140; **6** Pruett, 121; **7** Andretti, 112; **8** Herta, 97; **9** Kanaan, 92; **10** Rahal, 82; **11** Unser, 72; **12** de Ferran, 67; **13** Tracy, 61; **14** Fittipaldi, 56; **15** Gugelmin, 49; **16** Hearn, 47; **17** Castro-Neves e Blundell, 36; **19** Carpentier, 27; **20** Lehto e Papis, 25; **22** Ribeiro e Gordon, 13; **24** Jourdain, 5; **25** Meier, 4; **26** Jones, 3; **27** Barron, 2; **28** Salles, 1.

DA MATTA IMPÕE-SE...

ANÁLISE DO CAMPEONATO PPG-DAYTON INDY LIGHTS

por Jeremy Shaw

MUITA pressão recaía sobre os delicados ombros de Cristiano da Matta quando o Campeonato PPG-Dayton Indy Lights se iniciou em Homestead, Florida, em março. O jovem brasileiro terminara em terceiro no campeonato de 1997 e durante o inverno fez parte de um acordo que o levou a ele e ao seu compatriota Airton Dare, da equipe Brian Stewart Racing para a conceituada Tasman Motorsports Group de Steve Horne, que alcançara uma dobradinha no campeonato de 97 graças aos esforços de Tony Kanaan e Hélio Castro-Neves. Agora, da Matta tinha muito que provar.

"Sabia que iria ser difícil porque todos os anos se passa o mesmo," recorda. "Sabia que vinham bons pilotos de outros campeonatos, como Guy Smith, Oriol Servia, Philipp Peter; e também haviam outras equipes muito boas, pelo que sabia que a competição ia ser dura. Ao mesmo tempo, tinha muita confiança naquilo que a equipe (Tasman) poderia fazer e o que eu poderia fazer. Mas havia muita pressão porque sabia se queria entrar no Champ Cars, tinha de vencer."

Da Matta facilitou a sua própria vida terminando em segundo lugar atrás do surpreendente vencedor, Shigeaki Hattori, na primeira prova em Homestead, depois triunfou nas duas corridas seguintes em Long Beach e Nazareth. Após um sólido terceiro lugar em Gateway, um 10º em Milwaukee (apesar de largar em último devido a um acidente nos treinos causado por uma deficiência no cubo de uma roda), e um segundo lugar (atrás do seu companheiro Dare) em Detroit, da Matta detinha uma vantagem de 45 pontos sobre o seu mais direto adversário. Ele parecia encaminhar-se facilmente para o título. Porém, não pontuou nas três

corridas seguintes devido a diversos revezes. Pelo seu lado, o inglês Guy Smith venceu em Portland e Toronto, e ficou a 10 pontos do líder. Subitamente, da Matta tinha de brigar pelo título.

"Comecei a sentir a pressão," admite, "mas sabia que tinha o melhor equipamento. Só havíamos tido pouca sorte. A culpa não era de ninguém, foram apenas acidentes estúpidos de corrida."

A seguir vinha o Michigan Speedway, e da Matta teve muitos problemas nos treinos, não conseguindo acompanhar o ritmo dos primeiros. Todavia, em vez de desesperar, a equipe Tasman, dirigida tão sagazmente como sempre por Steve Dickson, reconfigurou a regulagem do carro de da Matta. A mudança foi incrível. Da Matta conseguiu terminar em segundo lugar numa corrida emocionante, que mais tarde descreveria como "o fim de semana mais importante do ano".

O jovem de 25 anos nunca mais olhou para trás, consolidando a conquista do título – o quarto em cinco tentativas da Tasman, com vitórias convincentes em Trois Rivieres e Vancouver. Suas prestações chamaram a atenção de vários proprietários de equipes da Champ Car, incluindo Cal Wells III, que o convidou a testar um dos seus Reynard-Toyota MCI em Homestead em outubro. Da Matta impressionou imediatamente a equipe e logo foi assinado um contrato que o fará seguir os passos do seu compatriota e amigo Tony Kanaan numa equipe de topo em 1999. É apenas uma questão de tempo até que se consiga destacar.

Dare, entretanto, nunca voltou a repetir a sua incrível prestação em Motown, onde conquistou a pole position e liderou toda a corrida apesar da pressão de da Matta. Com 20 anos, na sua segunda temporada completa em monopostos, terminou em sexto no campeonato, mas terá mostrar mais empenhamento pessoal se quiser tornar-se num candidato ao título.

A batalha pelo segundo lugar só se decidiu na última prova, sendo conquistado por Didier Andre para a equipe PacWest Racing Group dirigida por Ziggy Harcus. Andre já tinha dado sinais prometedores durante a sua primeira temporada em '97 com a equipe Autosport de Steve Erickson. Ele continuou a tirar partido da tutela contínua do seu amigo e antigo piloto Franck Freon, aliado aos serviços de engenharia de Erickson, para emergir como um candidato regular. Os pontos altos do amável francês foram a pole em Long Beach e a vitória, também desde a pole, em Laguna Seca. Uma prestação sensata no California Speedway, onde se contentou em andar no meio do pelotão até subir a um quinto lugar no final, foi suficiente para lhe proporcionar o segundo lugar no campeonato.

Guy Smith teve de se conformar com o terceiro lugar – e primeiro dos rookies –, com a equipe de Stefan Johansson dirigida por Vern Schuppan. O inglês terminou numa excelente terceira posição em sua estreia em Homestead, sua primeira corrida num circuito oval, e mais tarde voltou a vencer em Portland e Toronto. Qualificou-se entre os dez primeiros nas últimas 10 provas e será um dos candidatos ao título de '99.

O acordo de Felipe Giaffone com a Conquest Racing do antigo campeão Eric Bachelart só foi concluído pouco tempo antes da primeira corrida, pelo que perdeu grande parte dos testes de

Página ao lado: Cristiano da Matta mudou-se para a dominadora equipe Tasman com o objetivo de obter sua graduação para a Champ Car ao conquistar o título e alcançou sua pretensão com um estilo impressionante.

O segundo lugar no campeonato foi para o francês Didier Andre (à direita), que só obteve uma vitória para a PacWest mas pontou regularmente.

Abaixo: Quatro dos principais pilotos travam um duelo roda a roda na animada corrida no Michigan Speedway (de cima para baixo): Jorge Goeters, Guy Smith, Airton Dare e Didier Andre.

Fotos: Michael C. Brown

Prejudicado por falta de testes na pré-temporada, Felipe Giaffone não conseguiu vencer uma corrida, mas três segundos lugares e outros resultados consistentes proporcionaram-lhe o quarto lugar na classificação final.

Foto: Michael C. Brown

pré-temporada. Isso foi uma forte desvantagem, visto que as limitações orçamentais deixaram-no sem carro em '97. Apesar de tudo, o brasileiro terminou em segundo em três ocasiões, fazendo uma grande corrida na última prova.

A temporada '98 revelou-se uma das mais renhidas e imprevisíveis na história de 13 anos da Indy Lights, como é evidenciando pelo fato de em 14 corridas terem havido nove vencedores diferentes. Além disso, nove equipes estavam representadas entre os dez primeiros lugares do campeonato de pilotos.

Entre os recém-chegados, a Go Motorsports de Guillermo Oliveras e a Mattco Raceworks de Matthew Cohen revelaram-se as mais eficazes. Derek Higins, piloto da Go, acumulara muita experiência durante uma carreira que o levara desde a sua Irlanda natal até Inglaterra, Japão e, mais recentemente, ao México, onde ganhou dois títulos de Fórmula 3 antes de ele e a equipe apostarem na Indy Lights. Esta decisão também foi tomada bastante tarde, mas a entrada do veterano engenheiro de pista/diretor de equipe Peter Jacobs foi benéfica, pois Higgins obteve uma impressionante vitória em Milwaukee e três outros pódios. Seu companheiro de equipe, o mexicano Jorge Goeters, também esteve bem, nomeadamente em Gateway, onde largou da pole.

A Mattco Recaworks estabeleceu, de algum modo, uma nova referência na preparação, especialmente após a chegada do chefe de equipe Ron Brown, que passou muitos anos na organização do Miss Budweiser Unlimited Hydroplane. A falta de experiência em corridas, e, especialmente de testes, teve custos para a equipe em termos de consistência, mas no jovem Tony Renna, a Mattco tem uma estrela em potencial. Também Chris Simmons trouxe muito a esta nova equipe, apesar de ter sido afetado por todo o género de infortúnios durante a temporada. O veterano Mark Hotchkis demonstrou as suas qualidades quando entrou na equipe para substituir Simmons, que se lesionara em Nazareth num grande acidente em testes. Hotchkis voltou a brilhar quando entrou numa corrida com a equipe KOOL Green em Trois Rivieres e na última prova em Fontana onde voltou a correr com a Mattco e sobressaiu de todo pelotão de pilotos para obter uma magnífica vitória num carro que foi especialmente construído para a ocasião.

Os outros vencedores em '98 foram Shigeaki Hattori, que obteve dois excelentes triunfos para a equipe Indy Regancy de Sal Incandela, em Homestead e Gateway, mas raramente brilhou nos outros circuitos; e Luiz Garcia Jr., que levou o carro do veterano Brian Stewart até ao primeiro lugar em Cleveland, mas também nunca mais conseguiu repetir o feito. Seu companheiro de equipe, Sérgio Paese, era rápido mas ganhou a reputação de selvagem, o que acabou por lhe causar uma pesada penalização depois de um incidente fora da pista na última prova.

A Doricott Racing foi bastante mais regular com os seus dois estreantes pilotos, o austríaco Philip Peter e o espanhol Oriol Serviá. Peter, contudo, parecia possuir um imã que atraía o azar. Sua qualificação média era em segundo lugar atrás de da Matta, embora só tenha terminado no 11º lugar da classificação final com um segundo lugar (em Gateway) e dois quintos. Serviá também demonstrou ser uma grande promessa, obtendo dois segundos lugares em Trois Rivieres e Laguna Seca.

O nono lugar na classificação final representou uma grande decepção para Geoff Boss. O ambicioso piloto de Rhode Island começou bem a temporada com a Lucas Place Motorsport e, na verdade, estava em segundo atrás de da Matta, depois de obter o terceiro lugar em Detroit pelo segundo ano consecutivo. Contudo, Boss teve muitos problemas, tal como seu companheiro de equipe Brian Cunningham, cujos esforços foram mitigados por ter terminado apenas metade das 14 corridas.

Outros que se destacaram de vez em quando foram o veterano japonês Naoki Hattori (não tem relação com Shigeaki), que obteve três pódios mas nunca se deu bem nas ovais; os primos Casey e Clint Mear, cujos esforços foram prejudicados por orçamentos reduzidos; o bicampeão australiano de Super Turismo Paul Morris, cuja maior desvantagem era a sua grande estatura; e o índio navajo Cory Witherill, que quase dava uma surpresa à Genoa Racing na emocionante final de Fontana.

CAMPEONATO PPG-DAYTON INDY LIGHTS 1998

Classificação final após 14 corridas:

Pos.	Piloto (Nac.), Patrocinador(s)-Equipe	Pts.
1	Cristiano da Matta (BR), Medley/LCI-Tasman Motorsports Group	154
2	Didier Andre (F), Motorola/Mack Trucks-PacWest Racing Group	123
3	Guy Smith (GB), NTS Computers/Swift Caravans-Johansson Motorsports	110
4	Felipe Giaffone (BR), Hollywood/Cafe do Ponto/Banco Sofisa-Conquest Racing	104
5	Derek Higgins (IRL), Quaker State-Team Go Motorsports	94
6	Airton Dare (BR), Banestado/LCI Tasman Motorsports Group	78
7	Oriol Servia (E), Catalonia/Elf/Heritage Bank-Dorricott Racing	73
8	Tony Renna (USA), Alcoa Capital Group/The Nassi Group-Mattco Raceworks	68
9	Geoff Boss (USA), LCI/Exide Electronics-Lucas Place Motorsports	67
10	Naoki Hattori (J), KOOL/JACCS-Team KOOL Green	66
11	Philipp Peter (A), Sebring/Red Bull/Estebe-Dorricott Racing	62
12	Luiz Garcia Jr. (BR), LUBRAX/Banco Sofisa/Marlboro/STP-Brian Stewart Racing	60
13	Sergio Paese (BR), Coimex/STP-Brian Stewart Racing	53
14	Shigeaki Hattori (J), Epson-Indy Regency Racing	52
15	Mark Hotchkis (USA), Alcoa Capital/Nassi-Mattco Raceworks/Team KOOL Green	50
16	Jorge Goeters (MEX), Quaker State-Team Go Motorsports	34
17	Casey Mears (USA), MCI/Penske Auto Centers/Mobil 1/American Racing-Team Mears	33
18	Brian Cunningham (USA), LCI/Exide Electronics-Lucas Place Motorsports	33
19	Chris Simmons (USA), Alcoa Capital Group/The Nassi Group-Mattco Raceworks	32
20	Andy Boss (USA), Cross Pens/Boarder Patrol/Mi-Jack-Conquest Racing	22

Nota: Todos os pilotos utilizaram o mesmo chassis Lola T97/20-Buick V6 com pneus Dayton.

Tabela de performances

Piloto	Vitórias	Poles	Melhores voltas	Voltas liderança
Cristiano da Matta	4	3	5	4
Guy Smith	2	2	–	2
Shigeaki Hattori	2	–	2	2
Didier Andre	1	2	1	1
Tony Renna	1	2	–	2
Airton Dare	1	1	2	1
Luiz Garcia Jr.	1	1	1	1
Derek Higgins	1	–	1	1
Mark Hotchkis	1	–	–	–
Sergio Paese	–	2	2	–
Jorge Goeters	–	1*	–	–

Nota: * Choveu na qualificação em Gateway; grid determinado pelos tempos nos treinos livres.

FATOS & NÚMEROS

Posição	Piloto	Carro	Pneus	Homestead	Motegi	Long Beach	Nazareth	Rio de Janeiro	Gateway	Milwaukee	Detroit	Portland	Cleveland	Toronto	Michigan	Mid-Ohio	Road America	Vancouver	Laguna Seca	Houston	Surfers Paradise	Fontana	Total
1	**Alex Zanardi** (I)	Target/Chip Ganassi Racing Reynard 98I-Honda	FS	**3**	23	**1**	**2**	**2**[†]	**1**	**8**	**1**[†]	**1**[†]	**1**[†]	**1**	**3**[†]	**12**[**]	**2**	**4**	**2**	**2**	**1**[†]	**3**	**285**
2	**Jimmy Vasser** (USA)	Target/Chip Ganassi Racing Reynard 98I-Honda	FS	**16**	**7**[P]	**8**	**1**	**6**	**4**	**1**[†]	**6**	**8**	**7**[P]	**3**	**2**	27	**9**	26	**5**	**4**	24	**1**[†]	**169**
3	**Dario Franchitti** (GB)	Team KOOL Green Reynard 98I-Honda	FS	**9**	**8**	**2**	21	19[P]	27	**4**	**4**	21	**3**	20[P†]	21	26[P]	**1**[†]	**1**[P†]	**4**	**1**[†]	**2**[P]	22	**160**
4	**Adrian Fernandez** (MEX)	Patrick Tecate Beer/Quaker State Oil Reynard 98I-Ford	FS	**6**	**1**[†]	–	26	–	18	**9**	–	–	**5**	**9**	–	**1**	**5**	–	**7**	**6**	**6**	**4**	**154**
		Patrick Tecate Beer/Quaker State Oil Reynard 97I-Ford	FS	–	–	**4**	–	**3**	–	–	**2**	24	–	–	23[P]	–	–	**15**	–	–	–	–	
5	**Greg Moore** (CDN)	Forsythe Player's Ltd./Indeck Reynard 98I-Mercedes	FS	**2**[P]	**4**	**6**	**3**	**1**	**3**[P]	**13**	**5**[P]	27	25	**11**	**1**	22	21	20	21	26[P]	**8**	**2**	**140**
6	**Scott Pruett** (USA)	Patrick Visteon Reynard 98I-Ford	FS	**5**	21	–	–	18	**5**	–	**9**	**2**	–	–	**4**	**2**	–	–	–	–	–	–	**121**
		Patrick Visteon Reynard 97I-Ford	FS	–	–	**12**	22	–	–	**10**	–	–	**4**	**6**	–	–	20	**3**	18	**11**	**4**	20[P]	
7	**Michael Andretti** (USA)	Newman/Haas Kmart/Texaco Havoline Swift 009.c-Ford	GY	**1**[†]	**14**	21	18[†]	**5**	**2**[†]	26	**10**	**17**	**2**	**2**	**6**	21	15[P]	**2**	**10**	28	20	18	**112**
8	**Bryan Herta** (USA)	Team Rahal Shell Reynard 98I-Ford	FS	**8**	28	**3**[P]	**8**	**4**	23	**11**	21	**3**[P]	13	**5**	**10**	25	23	22	**1**[P†]	**8**	**10**	15	**97**
9	***Tony Kanaan** (BR)	Tasman Motorsports LCI Reynard 98I-Honda	FS	29	**6**	**5**	**9**	27	24	**17**	**8**	**4**	**14**	22	**11**	**8**	**4**	18	**3**	**3**	**7**	19	**92**
10	**Bobby Rahal** (USA)	Team Rahal Miller Lite Reynard 98I-Ford	FS	**19**	17	**17**	–	**8**	–	–	–	–	**8**	**4**	–	–	**8**	–	–	–	–	–	**82**
		Team Rahal Miller Lite Reynard 97I-Ford	FS	–	–	–	**6**	–	**8**	**5**	**11**	**6**	–	–	**7**	**3**	–	25	**16**	23	25	**11**	
11	**Al Unser Jr.** (USA)	Marlboro Team Penske Penske PC27-Mercedes	GY	22	**2**	29	–	16	19	**3**	24	**5**	17	**17**	22	**6**	27	**5**	**6**	**7**	**22**	27	**72**
		Marlboro Team Penske Penske PC26-Mercedes	GY	–	–	–	**15**	–	–	–	–	–	–	–	–	–	–	–	–	–	–	–	
12	**Gil de Ferran** (BR)	Walker Valvoline/Cummins Reynard 98I-Honda	GY	**7**	**3**	20[†]	**4**	26	**6**	22	**3**	20	**6**	27	16	**9**	16	13	19	21	**14**	17	**67**
13	**Paul Tracy** (CDN)	Team KOOL Green Reynard 98I-Honda	FS	27	**5**	25	**5**	25	26	**7**	**7**	28	19	**14**	**9**	**5**	**6**	**11**	**8**	20	23	14	**61**
14	**Christian Fittipaldi** (BR)	Newman/Haas Kmart Swift 009.c-Ford	GY	**4**	25	26	**11**	21	**11**	NS	**17**	26	**11**	**16**	25	**13**	**3**	**14**	**9**	27	**3**	**7**	**56**
15	**Mauricio Gugelmin** (BR)	PacWest Racing Group Hollywood Reynard 97I-Mercedes	FS	**10**	20	**10**	–	–	–	–	–	–	–	–	–	–	–	–	–	–	–	–	**49**
		PacWest Racing Group Hollywood Reynard 98I-Mercedes	FS	–	–	–	17	**9**	**16**	21	**19**	**7**	20	**12**	**13**	**4**[†]	19	**6**	27	18	**12**	**5**	
16	**Richie Hearn** (USA)	Della Penna Budweiser/Ralphs Swift 009.c-Ford	FS	**13**	27	23	**10**	**7**	28	**6**	23	**10**	**18**	**7**	**5**	24	**13**	16	**11**	**9**	**18**	**8**	**47**
17 =	***Helio Castro-Neves** (BR)	Bettenhausen Alumax Aluminum Reynard 97I-Mercedes	GY	24	–	–	–	–	–	–	–	–	–	–	–	–	–	–	–	–	–	–	**36**
		Bettenhausen Alumax Aluminum Reynard 98I-Mercedes	GY	–	**11**	**9**	23	23	**7**	**2**	**12**	**13**	27	**10**	**12**	17	26	24	22	24	21	**10**	
17 =	**Mark Blundell** (GB)	PacWest Racing Group Motorola Reynard 97I-Mercedes	FS	**12**	**10**	**7**	–	–	–	–	–	–	–	–	–	–	–	–	–	–	–	–	**36**
		PacWest Racing Group Motorola Reynard 98I-Mercedes	FS	–	–	–	20	**11**	**10**	**12**	22	22	**10**	26	**17**	19	**7**	**12**	25	**14**	**11**	**6**	
19	**Patrick Carpentier** (CDN)	Forsythe Player's Ltd./Indeck Reynard 98I-Mercedes	FS	**11**	19	28	**13**[P]	17	**15**	25[P]	**15**	**9**	**9**	25	**8**	**7**	28	27	17	22	**9**	26	**27**
20 =	***JJ Lehto** (SF)	Hogan Motor Leasing Reynard 98I-Mercedes	FS	**14**	29	**18**	**16**	**10**	**9**	19	26	25	28	24	20	**15**	18	**8**	28	**10**	**5**	21	**25**
20 =	**Max Papis** (I)	Arciero-Wells Racing MCI Reynard 98I-Toyota	FS	26	**13**	24	**14**	28	22	**16**	**18**	**11**	**12**	**8**	19	**14**	**11**	**9**	**12**	**5**	17	16	**25**
22 =	**Andre Ribeiro** (BR)	Marlboro Team Penske Penske PC27-Mercedes	GY	**17**	**9**	22	NQ	22	20	**18**	**16**	15	22	23	28	**10**	25	**7**	**14**	**17**	**13**	28	**13**
22 =	**Robby Gordon** (USA)	Arciero-Wells Panasonic/Duskin Reynard 98I-Toyota	FS	–	–	–	**7**	–	**13**	20	–	23	23	**13**	27	**11**	**12**	–	–	**13**	**16**	**9**	**13**
		Arciero-Wells Panasonic/Duskin Reynard 97I-Toyota	FS	–	–	–	–	–	–	–	**14**	–	–	–	–	–	–	23	**13**	–	–	–	
24	**Michel Jourdain Jr.** (MEX)	Payton/Coyne Herdez/Viva Mexico! Reynard 97I-Ford	FS	28	22	27	–	24	–	–	–	19	26	**18**	–	–	**14**	**10**	24	25	26	**12**	**5**
		Payton/Coyne Herdez/Viva Mexico! Reynard 98I-Ford	FS	–	–	–	**12**	–	**17**	**15**	**13**	–	–	–	**18**	28	–	–	–	–	–	–	
25	**Arnd Meier** (D)	Davis Baan Business Software/TotalTel Lola T97/00-Ford	GY	**21**	–	**15**	–	**14**	–	23	–	–	–	–	–	**18**	–	–	**15**	**16**	27	24	**4**
		Davis Baan Business Software/TotalTel Lola T98/00-Ford	GY	–	**15**	–	24	–	21	–	27	**12**	**16**	**15**	**14**	–	**10**	28	–	–	–	–	
26	**PJ Jones** (USA)	All American Racers Castrol/Degree Reynard 98I-Toyota	GY	**20**	30	**11**	–	**13**	–	**14**	25	**16**	–	–	–	20	22	21	–	–	–	–	**3**
		All American Racers Castrol/Degree Reynard 97I-Toyota	GY	–	–	–	19	–	**12**	–	–	–	21	19	24	–	–	–	–	–	–	–	
27	***Alex Barron** (USA)	All American Racers Castrol/Degree Reynard 97I-Toyota	GY	**18**	24	**14**	NQ	**12**	–	–	–	–	**15**	28	–	–	–	–	–	–	–	–	**2**
		All American Racers Castrol/Degree Reynard 98I-Toyota	GY	–	–	–	–	–	**14**	NQ	**20**	**14**	–	–	**15**	–	–	–	–	–	–	–	
		All American Racers Castrol/Degree Eagle 987-Toyota	GY	–	–	–	–	–	–	–	–	–	–	–	–	**16**	24	19	20	**12**	19	**13**	
28	**Gualter Salles** (BR)	Payton/Coyne SmithKline Beecham Reynard 97I-Ford	FS	–	**12**	**13**	–	20	–	–	–	–	–	21	–	23	17	–	–	–	–	–	**1**
	***Vincenzo Sospiri** (I)	All American Racers Castrol/Degree Eagle 987-Toyota	GY	–	–	–	–	–	–	–	–	–	–	–	–	–	–	–	23	**15**	**15**	–	**0**
		All American Racers Castrol/Degree Reynard 98I-Toyota	GY	–	–	–	–	–	–	–	–	–	–	–	–	–	–	–	–	–	–	23	
	Hiro Matsushita (J)	Arciero-Wells Panasonic/Duskin Reynard 98I-Toyota	FS	23	**16**	**19**	–	**15**	–	–	–	–	–	–	–	–	–	–	–	–	–	–	**0**
	Roberto Moreno (BR)	Project Indy Hawaiian Tropic Reynard 97I-Mercedes	GY	**15**	26	–	–	–	–	–	–	–	–	–	–	–	–	–	–	–	–	–	**0**
		Newman/Haas Kmart Swift 009.c-Ford	GY	–	–	–	–	–	–	24	–	–	–	–	–	–	–	–	–	–	–	–	
	Mimmo Schiattarella (I)	Project Indy Hawaiian Tropic Reynard 97I-Mercedes	GY	–	–	16	–	–	–	–	–	–	–	–	–	–	–	–	–	–	–	–	**0**
	Dennis Vitolo (USA)	Payton/Coyne SmithKline Beecham Reynard 97I-Ford	FS	25	–	–	25	–	25	NQ	28	**18**	24	–	26	–	–	17	26	19	NQ	25	**0**
	***Hideshi Matsuda** (J)	Della Penna BMB MiniJuke Swift 007.i Ford	FS	–	**18**	–	–	–	–	–	–	–	–	–	–	–	–	–	–	–	–	–	**0**

Negrito indica que o carro chegou ao fim

* rookie

[†] liderou mais voltas

** Zanardi não obteve o ponto referente ao 12º lugar por determinação do Comissário-Chefe da CART

[P] pole position

NQ Não se qualificou

NS Não largou

Pole positions

1	Dario Franchitti	5
2	Greg Moore	4
3	Bryan Herta	3
4 =	Patrick Carpentier	2
4 =	Jimmy Vasser	2
6 =	Michael Andretti	1
6 =	Adrian Fernandez	1
6 =	Scott Pruett	1

Taça das Nações

1	Estados Unidos	303
2	Itália	285
3	Brasil	203
4	Canadá	181
5	Escócia	160
6	México	158
7	Inglaterra	36
8	Finlândia	25
9	Alemanha	4
	Japão	0

Campeonato de fabricantes

1	Honda	365
2	Ford	293
3	Mercedes-Benz	225
4	Toyota	41

Campeonato de Construtores

1	Reynard	408
2	Swift	167
3	Penske	72
4	Lola	4
5	Eagle	1

Troféu Jim Trueman Rookie do Ano

1	Tony Kanaan	92
2	Helio Castro-Neves	36
3	JJ Lehto	25
4	Alex Barron	2
	Vincenzo Sospiri	0

PROGRESSO DA SWIFT

ANÁLISE DO CAMPEONATO KOOL/TOYOTA ATLANTIC

por Jeremy Shaw

O TÃO ansiado 25° aniversário do Campeonato KOOL/Toyota Atlantic atravessou algumas dificuldades de crescimento mas proporcionou uma excelente competitividade até o veterano Lee Bentham conquistar o título para a Player's/Forsythe Racing. O canadense de 28 anos viu-se envolvido numa dura disputa com o vice-campeão de '97, Memo Gidley, até que, a meio da temporada, assumiu o controlo com uma sequência de cinco pódios em seis corridas. O dono da equipe, Jerry Forsythe, pode por fim desfrutar do seu primeiro título desde que entrou neste campeonato (inicialmente juntamente com Barry Green) em 1993 com Jacques Villeneuve e Claude Bourbannais. Não será de estranhar que Betham estivesse satisfeitíssimo depois de terminar em segundo lugar em Vancouver, sagrando-se campeão virtual a duas corridas do fim.

"Isto é absolutamente fantástico," afirmou o piloto de Toronto, que foi segundo atrás de Patrick Carpentier em '96, antes de se mudar para a Indy Lights em '97 com a Player's Forsythe Racing. "Esta é a primeira vez que a equipe Player's ganha o campeonato. Significa muito para eles e muito para mim. Antes da corrida sonhava em vencer o campeonato e ver toda a equipe a gritar de alegria, e tornou-se realidade."

A Toyota Atlantic conheceu uma metamorfose nos últimos dois anos. Primeiro, Vicki O'Connor abandonou o controlo do campeonato (embora não o expediente quotidiano) a favor de Forsythe, que depois passou a organização para a Championship Auto Racing Teams, Inc., que passou a funcionar como sociedade anônima no início da temporada de '98 e agora detém os direitos da Toyota Atlantic e do Campeonato PPG-Dayton de Indy Lights. A aquisições foram feitas "como medida para desenvolver uma sistema escalonado de progresso que proporciona aos pilotos uma clara progressão para as suas carreiras, com o objetivo final de ascensão ao Campeonato FedEx", explicou o Presidente da CART, Andrew Craig.

A outra mudança importante em '98 foi a introdução do novo chassis Swift em substituição do vetusto Ralt que fora utilizado nos últimos cinco anos. Roman Slobodynskyj foi encarregado do trabalho de desenho. Infelizmente, o atrativo Swift 008.a nasceu com problemas de juventude que surgiram como resultado da produção simultânea, não só do novo carro e de um novo câmbio, mas também da introdução do novo sistema de instalação e manutenção do motor Toyota e dos novos pneus radiais Yokohama.

A dificuldades aumentaram devido ao atraso na entrega dos chassis, de tal forma que a maioria das equipes optaram por começar a temporada com os seus fiáveis Ralt. Mas isto não foi tudo, pois vários acidentes e problemas obrigaram os comissários a diminuírem artificialmente a velocidade dos Ralt – com a redução da eficácia aerodinâmica – com o objetivo de obrigar as equipes de topo a optarem pelo chassis Swift.

Felizmente, a intensidade da competição serviu para aliviar a tensa atmosfera que existiu durante as primeiras corridas das 13 que compõem o campeonato, o qual se desenvolveu em três fases distintas. Na primeira assistiu-se, tal como nos dois anos anteriores, à continuação do domínio da Lynx Racing, que venceu as quatro primeiras corridas com os Ralt. Gidley, o principal candidato ao título, conquistou três das vitórias, enquanto seu companheiro de equipe, o "rookie" Buddy Rice demonstrou o seu potencial obtendo a pole nas duas primeiras provas e vencendo em Nazareth.

A partir daí, a balança inclinou-se a favor dos Swift; nem Lynx nem os Ralt voltaram às vitórias. Bentham conseguiu o primeiro triunfo do novo carro em Montreal, dando início a uma sequência de domínio canadense. Kenny Wilden acrescentou uma magnífica primeira vitória tanto para ele como para o piloto-tornado-dono-de-equipe Mike Skank em Cleveland; depois, o companheiro de equipe de Bentham, Alexandre Tagliani, venceu duas corridas consecutivas em Toronto e Trois Rivieres antes de Bentham voltar a triunfar em Mid-Ohio.

Outro canadense, Andrew Bordin, que terminara em segundo lugar nas três primeiras corridas pela BDJS Motorsport e que seguiu os passos de Bentham na descida desde a Indy Lights, também saboreou a vitória pela primeira vez em Vancouver. Mas depois, o americano Antonio Lazzaro e a equipe MCI/PPI encontraram o caminho certo. Tinham tido um fraco início de temporada com o Swift, mas recuperaram com estilo vencendo três das últimas quatro corridas. Bordin, que foi amadurecendo muito à medida que avançava a temporada, acabaria por terminar em segundo no campeonato e conquistou o prémio KOOL Rookie Challenge. Gidley teve de se conformar com o terceiro lugar na frente Lazzaro e Tagliani. Este último, porém, ainda tem de aprender a combinar o seu incrível talento e velocidade com uma maior regularidade.

Matt Sielsky também impressionou na sua primeira temporada com a equipe patrocinada pela LCI, a D&L Racing de Dave Meehan e Eric Lang. O jovem de Chicago acabaria por superar Rice, o seu antigo companheiro de equipe na F2000, por um só ponto. Outros pilotos que se destacaram foram o italiano Rino Mastronardi, que se mostrou muito rápido com a Condor Motorsports apesar de não ter participado nas cinco primeiras corridas; Derek Hill, que foi rápido mas pouco regular no Swift da P1 Racing; Jeff Shafer, que brilhou nas únicas quatro corridas que disputou para a equipe MCI/PPI; e Nicolas Rondet, proveniente da Barber Dodge, que se qualificou em terceiro em Houston na sua segunda corrida de Toyota Atlantic.

CAMPEONATO KOOL/TOYOTA ATLANTIC 1998
Classificação final após 13 corridas:

Pos.	Piloto (Nac.), Patrocinador(s)-Equipe-Carro	Pts.
1	Lee Bentham (CDN), Player's/Indeck-Forsythe Racing Ralt RT40/Swift 008.a	163
2	Andrew Bordin (CDN), Millennium Data System-BDJS Motorsport Ralt RT40/Swift 008.a	139
3	Memo Gidley (USA), Lynx Racing Scholarship Ralt RT41/Swift 008.a	134
4	Anthony Lazzaro (USA), MCI-Precision Preparation Inc. Swift 008.a	133
5	Alexandre Tagliani (CDN), Player's/Indeck-Forsythe Racing Ralt RT40/Swift 008.a	130
6	Matt Sielsky (USA), LCI/Emerald Financial-D&L Racing Ralt RT41/Swift 008.a	109
7	Buddy Rice (USA), Lynx Racing Scholarship-Ralt RT41/Swift 008.a	108
8	Kenny Wilden (CDN), Trizec Hahn/Newcourt-Mike Shank Racing Swift 008.a	92
9	David Rutledge (CDN), TTF/Player's/The Keg-Binder Racing Ralt RT40/Swift 008.a	70
10	Rob MacDonald (CDN), NTN Bearings/Player's-P1 Racing Swift 008.a	62

Tabela de performance

Piloto	Vitórias	Poles	Melhor volta	Volta liderança
Anthony Lazzaro	3	2*	2	3
Memo Gidley	3	2*	–	3
Lee Bentham	2	3	2	2
Alexandre Tagliani	2	3	2	3
Buddy Rice	1	2	1	1
Andrew Bordin	1	–	2	–
Kenny Wilden	1	–	1	–
Jeff Shafer	–	1	–	–
Derek Hill	–	–	1	–
Rino Mastronardi	–	–	1	–
David Rutledge	–	–	1	–
Matt Sielsky	–	–	–	1

O canadense Lee Bentham (à esquerda e abaixo) regressou à categoria após um ano na Indy Lights e relançou a sua carreira ao vencer o título para a Player's/Forsythe Racing.

Anthony Lazzaro (página ao lado) evidenciou-se como um homem a observar, vencendo três das últimas quatro corridas. Andrew Bordin (ao centro à esquerda) assumiu o segundo lugar final à frente de Memo Gidley (abaixo à direita).

Abaixo à esquerda: Ladeado por Bordin (à esquerda) e Matt Sielsky, Buddy Rice celebra a sua solitária vitória em Nazareth.

Fotos: Michael C. Brown

Calendário do Campeonato FedEx 1999*

21 março, Marlboro Grand Prix of Miami Presented by Toyota, Miami-Dade Homestead Motorsports Complex, Florida

10 abril, Japan 500, Twin Ring Motegi, Tochigi Prefecture, Japão

18 abril, Toyota Grand Prix of Long Beach, California

2 maio, Bosch Spark Plug Grand Prix Presented by Toyota, Nazareth Speedway, Pennsylvania

15 maio, Rio 400, Emerson Fittipaldi Speedway, Jacarepagua, Rio de Janeiro, Brasil

29 maio, Motorola 300, Gateway International Raceway, Madison, Illinois

6 junho, Miller Lite 200, The Milwaukee Mile, West Allis, Wisconsin

20 junho, Budweiser/G.I. Joe's 200 Presented by Texaco/Havoline, Portland International Raceway, Oregon

27 junho, Medic Drug Grand Prix of Cleveland Presented by Star Bank, Burke Lakefront Airport, Cleveland, Ohio

11 julho, Texaco/Havoline 200, Road America, Elkhart Lake, Wisconsin

18 julho, Molson Indy Toronto, Exhibition Place, Toronto, Ontario, Canadá

25 julho, U.S. 500 Presented by Toyota, Michigan Speedway, Brooklyn, Michigan

8 agosto, Tenneco Automotive Grand Prix of Detroit, The Raceway on Belle Isle, Detroit, Michigan

15 agosto, Miller Lite 200, Mid-Ohio Sports Car Course, Lexington, Ohio

22 agosto, Target Grand Prix of Chicago, Chicago Motor Speedway, Cicero, Illinois

5 setembro, Molson Indy Vancouver, Concord Pacific Place, Vancouver, B.C., Canadá

12 setembro, Honda Grand Prix of Monterey Featuring the Texaco/Havoline 300, Laguna Seca Raceway, Califórnia

26 setembro, Texaco Grand Prix of Houston, Texas

17 outubro, Honda Indy, Surfers Paradise, Queensland, Austrália

31 outubro, Marlboro 500 Presented by Toyota, California Speedway, Fontana, Califórnia

* Sujeito a alteração